AS RELAÇÕES ENTRE PROTESTANTISMO E MODERNIDADE
HISTÓRIA E MEMÓRIA

RONALDO CAVALCANTE

AS RELAÇÕES ENTRE PROTESTANTISMO E MODERNIDADE
HISTÓRIA E MEMÓRIA

Dados Internacionais de Catalogação na Publicação (CIP)
(Câmara Brasileira do Livro, SP, Brasil)

Cavalcante, Ronaldo

As relações entre protestantismo e modernidade : história e memória / Ronaldo Cavalcante. -- São Paulo : Paulinas, 2017. -- (Coleção iguais e diferentes)

Bibliografia.
ISBN: 978-85-356-4309-1

1. Modernidade 2. Protestantismo 3. Protestantismo - Brasil - História 4. Protestantismo - História 5. Reforma I. Título II. Série.

17-04771 CDD-230.044

Índice para catálogo sistemático:
1. Teologia protestante 230.044

1ª edição – 2017

Direção-geral: Flávia Reginatto
Conselho editorial: Dr. Antonio Francisco Lelo
Dr. João Décio Passos
Maria Goretti de Oliveira
Dr. Matthias Grenzer
Dra. Vera Ivanise Bombonatto
Editores responsáveis: Vera Ivanise Bombonatto
João Décio Passos
Copidesque: Mônica Elaine G. S. da Costa
Coordenação de revisão: Marina Mendonça
Revisão: Sandra Sinzato
Gerente de produção: Felício Calegaro Neto
Projeto gráfico: Jéssica Diniz Souza
Capa e diagramação: Claudio Tito Braghini Junior

Nenhuma parte desta obra poderá ser reproduzida ou transmitida por qualquer forma e/ou quaisquer meios (eletrônico ou mecânico, incluindo fotocópia e gravação) ou arquivada em qualquer sistema ou banco de dados sem permissão escrita da Editora. Direitos reservados.

Paulinas
Rua Dona Inácia Uchoa, 62
04110-020 – São Paulo – SP (Brasil)
Tel.: (11) 2125-3500
http://www.paulinas.org.br – editora@paulinas.com.br
Telemarketing e SAC: 0800-7010081

© Pia Sociedade Filhas de São Paulo – São Paulo, 2017

*Às minhas netas Helena, Olívia e Maria,
sem saber, ajudaram muito!*

À CAPES pela Bolsa de Estágio Sênior nos EUA
À Faculdade UNIDA pela licença remunerada e apoio constante,
na pessoa de seu diretor, prof. Wanderley Rosa
Ao PTS – Princeton Theological Seminary
pela acolhida fraterna e estrutura de pesquisa,
na pessoa do prof. Raimundo Barreto
À minha esposa Mirian pelo companheirismo e amor
À Deus, razão maior do nosso existir

SUMÁRIO

Apresentação 13
Prefácio 17
Introdução 23

1. Princípio protestante e pensamento moderno 33
   1.1 O *background* intelectual 36
   1.2 O paradoxo da recepção do pensamento moderno no protestantismo 50
   1.3 Protestantismo e modernidade – O *novum* na filosofia e na educação 67
   1.4 Protestantismo, Ciência Moderna e Iluminismo –
       O impacto no mundo religioso 87
   1.5 Síntese 104

2. Identidade protestante e sociedade moderna 107
   2.1 Protestantismo e a defesa da sociedade 108
   2.2 Protestantismo e espírito revolucionário 121
   2.3 Protestantismo e uma nova cultura social – *Tolerantia* 130
   2.4 Protestantismo e mudança social 145
   2.5 Síntese 193

3. O caráter plural da teologia protestante: 4 ensaios 195
   3.1 Ensaio 1 – Protestantismo e o evangelho social como caráter da teologia 198
   3.2 Ensaio 2 – Protestantismo e o caráter dialético-político da teologia 214
   3.3 Ensaio 3 – Protestantismo e o caráter fragmentário e alternativo da teologia 236
   3.4 Ensaio 4 – Protestantismo e o caráter ecumênico-social da teologia 273
   3.5. Síntese 285

Considerações finais 287
Bibliografia 291

*Há momentos na história das pessoas e dos povos,
particularmente em tempos de crises,
quando a memória do ontem abre um caminho para o amanhã,
quando o despertar de um sentido de herança
se converte em poderoso determinante de um destino.*

APRESENTAÇÃO

No decorrer deste ano, quando se comemoram os 500 anos da Reforma Protestante, muitos eventos e lançamentos têm criado inúmeras oportunidades para uma aprofundada reflexão sobre o seu legado. A obra diante do leitor contribui de forma única para esta conversa a partir de um lócus de enunciação específico: a realidade evangélica brasileira na segunda década do século XXI. O subtítulo do livro diz tudo: história e memória. Esse livro busca recuperar o que parece ser, pelo menos no contexto do evangelicalismo brasileiro, uma memória perdida.

A recuperação desta memória se dá por causa do presente, na esperança de se impactar o futuro. Como Wanderley Pereira da Rosa afirma com muita propriedade no prefácio deste livro, as motivações do autor são teológicas, mas também pastorais. Pulsa um coração aflito, que sofre com a memória empobrecida de seu povo e a subsequente limitação da fé protestante no contexto brasileiro. A citação inicial de John Mackay funciona quase como um sumário do projeto inteiro, desvendando de cara o propósito do autor. Vivemos, no Brasil e no mundo, "em tempos de crises". Esses são momentos "quando a memória do ontem abre um caminho para o amanhã, quando o despertar de um sentido de herança se converte em poderoso determinante de um destino".

Trata-se, portanto, de uma obra ambiciosa, não apenas em seu amplo escopo, que cobre desde a formação da identidade protestante moderna até o desenvolvimento de legados teológicos importantes no século XX. Esta obra é ambiciosa e ousada também por sua aspiração de impactar o destino do protestantismo brasileiro. Ela surge na esteira das teologias da esperança, não apenas as que emergiram no contexto europeu, representadas acima de tudo por Jürgen Moltmann e seu diálogo com Ersnt Bloch, mas se vincula mais ainda ao pensamento latino-americano e sua problematização da esperança a partir de Rubem Alves, passando também por John Mackay, chamado de escocês de alma latina, e Richard Shaull, um dos primeiros em solo latino-americano a enxergar o futuro como construção histórica, a partir de um diálogo com o teólogo protestante tcheco Josef Lukl Hromádka.

Vale lembrar que temos diante de nossos olhos apenas a primeira parte de uma obra de dois volumes. Neste primeiro momento, o autor se debruça sobre a memória esquecida de um protestantismo produtor de uma cultura tolerante, humanista, democrática e pacificadora. Em nenhum momento, o autor se esquece das contradições do legado protestante, das guerras e intolerâncias que também marcam tal história. Não se trata de esquecimento ou de triunfalismo, mas do desejo, em tempos de crise e tendências hegemônicas e verticais, de se salientar a riqueza da produção teológica horizontal que emerge no contexto do pensamento social protestante.

A partir dos marcos destacados na formação da identidade protestante no contexto moderno e de seu pensamento social, pretende o autor, num segundo volume, se voltar para o significado deste legado no contexto latino-americano e particularmente brasileiro, assim como no diálogo de tal tradição com a cultura brasileira, e o desenvolvimento de movimentos que formam uma tradição brasileira protestante a partir de sua matriz cultural eclética. Nas últimas décadas, autores diversos como Andrew Walls, Lamin Sanneh, Afe Adogame, Dana Robert, Paul Kollman têm voltado sua atenção para as consequências da transformação do cristianismo numa religião mundial, não mais vinculada predominantemente a raízes europeias, mas cada vez mais impactada pelo encontro com culturas diversas, em contextos variados. Um cristianismo, portanto, cujo pano de fundo é a sua emergência em relação com as diversas religiões do mundo. Análises que apontem tal formação no contexto do protestantismo brasileiro, não apenas com um foco em suas contradições e problemas, mas também em suas construções no âmbito da cultura e da ética social, ainda são raras no Brasil.

Diante disso, cremos estar diante de uma obra duplamente importante. Trata-se primeiramente de um magistral resgate da memória histórica da teologia protestante, a partir de uma ótica que valoriza suas contribuições culturais e sociais na modernidade, com a ambição de propiciar uma releitura do presente. Por outro lado, trata-se também do prelúdio de um segundo momento, no qual tal tradição se encontra com uma cultura em formação, mas com profunda tradição católica. Esse encontro não reflete um choque de civilizações, tampouco a ideia de superioridade da cultura anglófona *vis-à-vis* a sua contrapartida latina, como algumas obras estrangeiras insinuaram na década de 1990. Pelo contrário, lida-se com a formação cultural do pensamento social protestante brasileiro que carece de uma exploração mais abrangente. Ao passo que alguns historiadores católicos, como Eduardo Hoornaert, têm refletido sobre a emergência de um cristianismo moreno no Brasil, o protestantismo brasileiro necessita de uma abordagem semelhante. Gedeon Alencar aponta para este caminho ao se referir a um protestantismo tupiniquim. Mas ele o faz como sociólogo, não como teólogo. Além do que, sua referência a uma "não construção" protestante parece dar um tom pejorativo ao abrasileiramento do protestantismo. Seriam os protestantismos brasileiros apenas reprodutores dos estereótipos negativos da identidade brasileira, a partir de jeitinhos e de uma ética desvirtuada? Acreditamos que da mesma forma que a história da formação dos protestantismos europeus carrega enormes contradições em si, os protestantismos brasileiros nas suas diversas versões não podem esconder irreconciliáveis contradições. Não foi diferente a história do cristianismo latino-americano, predominantemente católica até o terceiro quarto do século passado. Ainda assim, em tal contexto, sem intenção de minimizar as crueldades perpetradas pelos cristãos ibéricos sobre os povos colonizados ou escravizados, o historiador cubano-americano Justo Gonzalez salientou o papel do que ele chamou de "vozes de compaixão" no decorrer de tal história.

São várias as obras que destacam os problemas do protestantismo brasileiro, a começar pelos clássicos de Rubem Alves e João Dias de Araújo. Tais análises permanecem importantes e válidas. Mas cabe uma reconstrução histórica do pensamento social protestante no contexto brasileiro que destaque suas possíveis contribuições, apontando possibilidades de futuros mais desejáveis. Assim, ao apresentarmos esse importante volume ao leitor brasileiro, já antecipamos a expectativa que tal leitura gera com relação ao seu complemento no volume que o segue.

Raimundo C. Barreto Jr.
Princeton, NJ, 26 de março de 2017

PREFÁCIO

Em outro texto eu pude escrever que "a Reforma Protestante foi um movimento profundamente contraditório".[1] Reforma que não foi uma, mas muitas, gerando protestantismos de diversas colorações. Os movimentos protestantes ora ajudaram a dar luz àquelas características que fizeram da modernidade um mundo melhor – liberdade de pensamento e de expressão, pluralismo social, princípios democráticos, crescentes conquistas nos direitos humanos, avanço das ciências e da educação etc. –, ora flertaram ou foram os responsáveis diretos por aquilo que houve de mais obscuro: sectarismo religioso, racismo, capitalismo predatório, individualismo egoísta, materialismo, fideísmo cego, fundamentalismo doutrinário e seus corolários.

Os séculos XVII e XVIII são, provavelmente, os mais ricos e interessantes, quando se trata de entendermos essas ambiguidades e ambivalências que marcam a história dos grupos protestantes. Destaca-se, neste contexto, a Inglaterra. De um lado tínhamos os realistas, representantes da aristocracia, na sua maioria anglicanos, e de outro lado os parlamentares puritano-calvinistas que não toleravam o *césaro-papismo* inaugurado por Henrique VIII. A esses dois elementos bipolares descritos pela historiografia se junta um terceiro, conforme destacado por Renato Janine Ribeiro em sua apresentação do livro *O mundo de ponta-cabeça*, do historiador inglês Christopher Hill, que consistia na introdução das classes populares.[2]

Esses grupos, que constituíam a Quinta Monarquia, faziam parte das camadas mais baixas da população e, embora tenham apoiado a revolução, não estavam no foco dos benefícios que dela adviriam. A classe burguesa que se aliou a esses grupos nos combates à nobreza depois os alienará dos

---

[1] Wanderley Pereira da Rosa. *Por uma fé encarnada*: teologia social e política no protestantismo brasileiro. (Tese de Doutorado). PUC-RJ, 2015, p. 199.
[2] Cf. Renato Janine Ribeiro. "Apresentação". In: HILL, Christopher. *O mundo de ponta-cabeça*: ideias radicais durante a Revolução Inglesa de 1640. São Paulo: Companhia das Letras, 2002, p. 16.

benefícios e dos centros de poder, inaugurando um longo período de lutas sociais que se estenderão por toda a época da Revolução Industrial. Seus ideais de igualdade social ficaram bem representados pelos *Diggers*, que defendiam como nenhum outro os interesses dos despossuídos. Tinham como ideal uma reforma agrária. Seus adeptos afirmavam que a vitória do povo havia libertado o solo da Inglaterra e denunciavam os proprietários ricos que cercavam as terras comunais, impedindo o acesso dos pobres sem-terra. Ameaçavam derrubar essas cercas, dizendo que nenhum homem deveria possuir mais terra do que pudesse arar com as próprias mãos.[3] Esse caldeirão religioso que caracterizou a Inglaterra do século XVII estava prenhe de utopias sociais semelhantes àquelas que vão inspirar os teólogos da libertação na América Latina na segunda metade do século XX.

Além das revoltas burguesas e populares que deram origem à democracia na Inglaterra na segunda metade do século XVII, importantes reflexões filosóficas em torno do sistema político, do Estado, da sociedade e da tolerância religiosa foram gestadas nessa centúria. Nomes como Locke e Milton darão importantes contribuições conforme o autor desta obra nos mostrará. O tema da tolerância foi especialmente importante em função das tragédias humanitárias ocorridas em consequência das diversas guerras religiosas que arrasaram a Europa nos séculos XVI e XVII, sendo a Guerra dos 30 Anos, a última grande guerra religiosa do continente. A intolerância entre católicos e protestantes se fez notar em todas as regiões. Na França, a perseguição foi especialmente atroz contra os protestantes e apenou o país por décadas. Na Inglaterra, Elizabeth usou de crueldade contra católicos que, ainda vivos, tiveram corações e vísceras arrancados.[4] Diante dessas escaramuças, que tornavam a vida na Europa impossível, cresceu a tomada de consciência e defesa da tolerância religiosa. O caso mais impressionante de defesa da plena liberdade religiosa nesses dias foi o protagonizado por Roger Williams, fundador da cidade de Providence,

---

[3] Cf. André Biéler. *A força oculta dos protestantes*. São Paulo: Cultura Cristã, 1999, pp. 78-79.
[4] Cf. Jean Delumeau. *Nascimento e afirmação da Reforma*. São Paulo: Pioneira, 1989, p. 163.

na colônia de Rhode Island, e da primeira congregação batista na América. Em sua obra *The Bloudy Tenent of Persecution for Cause of Conscience Discussed*, publicada em 1644, mesmo ano da *Areopagítica* de Milton, foi muito além da maioria dos seus contemporâneos, defendendo uma tolerância religiosa extrema que incluía os católicos, judeus, turcos, pagãos e os direitos dos indígenas americanos.[5]

Ao fim e ao cabo, os séculos XVI e XVII, com todas as guerras e intolerâncias, haviam deixado um lastro de ideias libertárias e tolerantes que ganhariam novo impulso na Era do Iluminismo (séc. XVIII), secularizando-se cada vez mais. Era urgente uma nova forma de organização social que recobrasse um mínimo de unidade cultural, proporcionando estabilidade política aos povos europeus. A secularização da esfera pública, com a exclusão da religião do centro dos debates políticos, era o caminho apontado pelos pensadores leigos identificados com o Iluminismo, especialmente franceses.

Cabe ainda ressaltar que a relação do protestantismo com o mundo moderno já foi destrinchada em um sem-número de livros e artigos. Uma estreita relação foi reconhecida, por exemplo, entre os puritanos e o nascimento da ciência moderna.[6] Os próprios fundadores da *Royal Society* eram cristãos protestantes, e alguns muito devotos: o bispo John Wilkins, Sir Isaac Newton, Robert Boyle etc.[7] Esses homens, e junto com eles Francis Bacon, afirmaram por diversas vezes que o estudo científico da natureza empreendido por eles visava, ao final, à glorificação de Deus.[8] Além disso, conforme a observação de Robert Merton, "o segundo dogma dominante no *éthos* puritano designava o bem-estar social, o bem da maioria como

---

[5] Cf. Roger Williams. *"The Bloudy Tenent of Persecution" for cause of conscience discussed*. London: Printed by J. Haddon, 1848, pp. 141-142.
[6] Robert K. Merton. *Ciência, tecnologia y sociedad en la Inglaterra del siglo XVII*. Madrid: Aliança Editorial, 1984, pp. 85-108.
[7] Cf. Christopher Dawson. *A divisão da cristandade*: da Reforma Protestante à Era do Iluminismo. São Paulo: É Realizações, 2014, p. 283.
[8] Cf. Robert K. Merton. *Ensaios de sociologia da ciência*. São Paulo: Editora 34, 2013, pp. 15-20.

um objetivo a ter sempre em mente".[9] A pesquisa científica enobrecia os homens e evitava o ócio. Assim como os puritanos eram diligentes e metódicos no labor teológico, da mesma forma empregariam esses métodos no estudo das ciências para a glória de Deus e para o bem-estar coletivo. O utilitarismo puritano casou-se bem com o empirismo científico. Dessa forma, instituições educacionais dirigidas ou fundadas por puritanos desenvolveram currículos que deram grande importância ao estudo das ciências, diferentemente das universidades católicas. Isso pôde ser verificado, por exemplo, em Cambridge e Harvard.[10]

Então, temos lutas sociais, defesa da tolerância religiosa, avanços científicos e educacionais, tudo isso sendo gestado no seio de grupos e pensadores protestantes. Mas enfatize-se: foram lutas necessárias em função de resistências vindas também de setores do protestantismo. Esse binômio avanço-retrocesso tem marcado a história protestante desde o seu início.

Ora, o texto de Ronaldo Cavalcante que temos em mãos nos apresenta um lúcido e esclarecedor panorama da história dos movimentos protestantes, com enfoque em sua relação com o surgimento da Modernidade, destacando-se exatamente este lado iluminado, progressista e revigorante da Reforma, que citamos antes. Isto só foi possível devido a um fato: o domínio que o autor revela da história e teologia protestantes e da filosofia contemporânea, notadamente dos filósofos políticos. Sua erudição não torna a obra complexa ou hermética. Ao contrário, a leitura flui e nos prende, nos cativa e nos desafia, nos incomoda e nos faz querer sonhar.

Se, por um lado, os protestantes escreveram tristes páginas da nossa história – intolerâncias de toda sorte; martírios (Miguel de Servetus [1553], bruxas de Salém [Massachusetts – 1692]); escravidão de afrodescendentes; genocídio dos indígenas; *Apartheid* (África do Sul) etc. –, por outro lado, em seus momentos mais sublimes foram gerados utopias sociais e movimentos revolucionários de inspiração evangélica que trouxeram ao

---

[9] Ibid., p. 20.
[10] Ibid., pp. 36-37.

Ocidente o frescor de uma manhã de primavera. Se o protestantismo europeu nos legou a genialidade de um I. Newton, a beleza da música de um J. S. Bach, o compromisso humanitário de um A. Schweitzer; se o protestantismo norte-americano nos deu o destemor apaixonado de um M. L. King; nosso protestantismo nos deixou como herança a capacidade visionária de um Erasmo Braga e a teopoética do nosso teólogo maior, Rubem Alves. Ronaldo sabe disso e quer mais. Ele deseja ver protestantes desta terra, mulheres e homens, descobrirem a luminosidade de uma fé que, inspirada nos profetas do Antigo Testamento, na Boa-Nova dos evangelhos e nos reformadores de outrora, descortina novos mundos e novas possibilidades de vida cristã. Ele sonha com esta nova geografia que nos conduz por caminhos de liberdade e riqueza existencial. Ele anseia poder juntar sua voz com seu compositor preferido e cantar em uníssono: "Meu Deus, vem olhar/Vem ver de perto uma cidade a cantar/A evolução da liberdade/Até o dia clarear!".

Assim, seu texto é acadêmico, mas seu propósito está focado no cotidiano. Ele propõe uma reflexão teológica que esteja voltada "às questões nacionais da sociedade em torno da construção da cidadania e da cultura brasileira como um todo e igualmente tornar familiar uma *performance* protestante pouco conhecida no Brasil".

Em sua obra, Ronaldo Cavalcante destaca os aspectos horizontais da fé, sem embargo dos verticais. O céu, ele mantém no mundo porvir. O que ele deseja, no entanto, é pensar "uma teologia que pudesse falar sobre a vida na terra". O que *angustia* Ronaldo e o faz lamentar é ser ele conhecedor do potencial transformador da Igreja evangélica, força essa que tem sido desperdiçada por sua opção teológico-eclesial conservadora, dogmática, sectária, institucionalizada, obscurantista e carismático-quietista. O que o move em sua paixão é o compromisso de um teólogo-pastor que, ao mesmo tempo que mergulha nas causas, estruturas e entranhas históricas e epistemológicas de seu objeto de estudo, transforma este sólido conhecimento em vivência comunitária e prática pastoral, e o faz porque ainda sonha e acredita que "amanhã vai ser outro dia". Fazendo isso, ele se junta a outros tantos protestantes brasileiros, de ontem e de hoje, que não arredam o pé do "princípio protestante" e insistem em denunciar toda forma de absolutismo, especialmente eclesial e doutrinário, como idolatria e pecado contra o Deus e Pai de Jesus de Nazaré.

Wanderley Pereira da Rosa
março de 2017

INTRODUÇÃO

No Ocidente, os conceitos de diálogo, tolerância, respeito e progresso social, inicialmente, foram desenvolvidos ao redor da temática religiosa. O grave conflito entre católicos e protestantes na Europa – Guerra dos Trinta Anos (1618-1648),[1] sucessora das Guerras de Religião (desde 1524), ensejou que a busca da paz e da concórdia era premente, dada a condição de erosão social gerada. O século XVII, "cadinho" da ciência moderna e receptáculo das ideias humanistas e reformistas que ajudaram a engendrar a modernidade ocidental, coloca-se aqui como balizamento relativo, no sentido de *norma normata*,[2] a ser considerado para o diálogo e a tolerância religiosa na atualidade. A religião como "fato social" (Durkheim), integrante e integradora do espectro cultural diversificado da sociedade e cooperadora na coesão social, se insere como elemento relevante da cultura de qualquer povo que tenha participado com protagonismo na formação cultural do Ocidente.

No nosso caso, o colorido do *éthos* protestante latino-americano e, em especial, o do Brasil, que será tratado num segundo volume, considerando sua riqueza fenomenológica religiosa a partir de sua matriz cultural eclética,[3] indicam a necessidade de uma abordagem histórico-analítica

---

[1] Tal guerra, travada entre diversas nações europeias por motivos religiosos originais e, na sequência, por envolver questões políticas e territoriais, teve seu fim decretado na *Paz de Westfália* (1648), que ratificou as decisões do Tratado de Augsburg (1555), contemplando o calvinismo e garantindo a católicos e protestantes a liberdade de culto.

[2] O século XVII, sem um *status* absoluto (como qualquer outro), guarda, porém, uma importância singular para a compreensão dos elementos que iriam compor a modernidade. Ele possui características de *continuidade* e *descontinuidade*, conforme Anthony Giddens observou em *As consequências da modernidade* (São Paulo: Unesp, 1991). Diz ele: "Refere-se a estilo, costume de vida ou organização social que emergiram na Europa a partir do século XVII e que ulteriormente se tornaram mais ou menos mundiais em sua influência" (p. 11).

[3] A rica variedade do fenômeno religioso brasileiro, de certa forma, reflete e replica a formação mestiça do Brasil. Diversidade descrita por Darcy Ribeiro como "caldeirão de raças": "Por essas vias se plasmaram historicamente diversos modos rústicos de ser dos brasileiros, que permitem distingui-los, hoje, como sertanejos do Nordeste, caboclos da Amazônia, crioulos do litoral, caipiras do Sudeste e Centro do país, gaúchos das campanhas sulinas,

supraconfessional que resguarde a especificidade de cada credo, em respeito à liberdade de crença e de culto preconizada em nossa *Carta Magna* de 1988.

À vista disso, tal realidade demanda uma abordagem irênica[4] de respeito à alteridade para o auxílio na convivência pacífica e na prevenção de situações sociais anômalas, com base no estado de direito e objetivando a maturidade democrática para o bem comum da sociedade como um todo. Nesse sentido, não a renúncia mal dissimulada, mas a relativização corajosa de aspectos doutrinários de cada segmento religioso, uma vez que a doutrinação se dá a partir de uma construção humana passível de modificação; e não a importação fideísta, mas a recuperação consciente da dimensão ética do Evangelho, são princípios imprescindíveis e urgentes diante da mundialização do cristianismo.

Com a expressão *Pia conspiratio* ("Conspiração piedosa"), presente na tradição protestante, extraída do reformador francês João Calvino,[5] quer-se indicar aqui a possibilidade de elaboração de uma forma de *teologia pública*[6] como produto da experiência subjetiva humana da fé a partir

---

além de ítalo-brasileiros, teuto-brasileiros, nipo-brasileiros etc. Todos eles muito mais marcados pelo que têm em comum como brasileiros do que pelas diferenças devidas a adaptações regionais ou funcionais, ou de miscigenação e aculturação que emprestam fisionomia própria a uma ou outra parcela da população" (*O povo brasileiro*. São Paulo: Companhia das Letras, 1995, p. 21). Para a questão religiosa plural do Brasil, ver o clássico: José Bittencourt Filho. *Matriz religiosa brasileira*: religiosidade e mudança social. Petrópolis: Vozes, 2003; obra indispensável, pois estabelece a relação entre o fenômeno religioso e a dinâmica social no Brasil.

[4] No final do século XVIII (1795), Kant amalgamou um desejo antigo de paz social, após tantos séculos de guerras na Europa: I. Kant. *A paz perpétua*: um projeto filosófico. Covilhã (Portugal): Univ. da Beira Interior, 2008.

[5] Calvino a utilizou no prefácio do *Catecismo de Genebra* de 1542: ... *piam inter nos conspirationem ineamus necesse est, ac mutuam pacem foveamus, quam suis non commendat modo, Sed etiam inspirat...* In: *Opera Calvini V*, p. 321.

[6] Sobre esta temática, ver especialmente: Rudolf von Sinner. "Teologia pública: um olhar global". In: Ronaldo Cavalcante e Rudolf von Sinner (org.). *Teologia pública*: em debate. São Leopoldo: Sinodal/EST, 2011, pp. 11-36; Afonso M. L. Soares e João D. Passos. *Teologia pública*: reflexões sobre uma área de conhecimento e sua cidadania. São Paulo: Paulinas, 2011.

de um patrimônio histórico vivenciado. E posteriormente, desbordada e enriquecida pela potencialidade humana: racional, psíquica e corporal. Nesse particular, a teologia possui um sentido horizontal; ocupa-se, pois, do mundo dos homens e mulheres, uma vez que está gestada exatamente aí. Insere-se nas "humanidades". Suas perguntas são mundanas, seu enfoque é "humano, demasiado humano". Ao mesmo tempo, são questões referenciadas e conectadas a vários conjuntos ou, conforme M. Eliade, a tipologias de hierofanias.[7] Hierofanias como mediadoras de realidades transcendentes e também forjadoras de realidades culturais e princípios axiais observados em atos revelatórios e oportunamente preservados em escritos primordiais, tornando-se no próprio substrato para a intelecção da fé – *intelligentia fidei* –, dando origem, propriamente dita, à teologia como reflexão humana sobre o falar humano de Deus à luz da palavra humanamente transmitida de Deus. É precisamente no falar humano de fé sobre Deus que se verifica a inspiração dos escritos.

A adesão *per fidem*[8] em Deus, presente nos escritores (hagiógrafos), os faz emissores da revelação, outorgando a esse *corpus* literário resultante o *status* de palavra de Deus, escritos divinamente inspirados e, portanto, dignos de credibilidade. Não por um artifício mágico e "sobrenatural", mas pela dinamicidade da comunidade de fé que retém, reproduz e transmite a fé, aquilo que se crê, por meio dos escritos. Destarte a fé revela-se central não apenas como veículo da relação humano-divina, mas igualmente como "produtora" final da Palavra de Deus e sua mantenedora. O cenário já montado de um sistema religioso completo e autossuficiente recebe

---

[7] Formas escolhidas pelo "sagrado" para manifestar-se, obviamente àqueles que creem. Sobre hierofanias, ver Mircea Eliade. *Tratado de história das religiões*. São Paulo: Martins Fontes, 2008. Também a sacralização do profano na hierofania em José Severino Croatto. *As linguagens da experiência religiosa*: uma introdução à fenomenologia da religião. São Paulo: Paulinas, 2001.

[8] Fé como dom de Deus aos homens, no sentido normatizado pelo apóstolo Paulo na carta aos Efésios (2,8) e aos Romanos (10,17), bem como descrita na "galeria dos heróis da fé" como descrita na Carta aos Hebreus (11). Ou, ainda, como exposta pelos medievais, a *fides qua*, ato singular de confiança gerando uma experiência de Deus, conforme mais à frente, no caso de Lutero (1.2).

o influxo de uma velha "novidade", vinculada aos tempos dos patriarcas, sobretudo, Abraão, e reutilizada, ocasionando uma reviravolta sem precedentes no caso de Saulo de Tarso, que em sua trajetória tardia subverteu os cânones do *establishment* religioso, acentuando precisamente tal aspecto "esquecido" do judaísmo – o exercício da fé como instrumento de mudança, como em áureos tempos proféticos. Algo realmente insólito, uma vez que a crença fora durante séculos uma guardiã da ordem e das tradições, funcionando mais como elemento de conservação na previsibilidade do ritmo sacerdotal. Os posicionamentos religiosos podem alternar em sua atitude diante do contexto social em que estão inseridos. Na história da cultura judaico-cristã, ora a crença atuou como legitimadora e mantenedora do poder político, por meio da eficiência religiosa sacerdotal em apaziguar os espíritos, conformando-os aos ditames políticos vigentes, ora se levantava em atitude profética e denunciadora contra o poder estabelecido, ansiando por mudanças morais com repercussões sociais e econômicas significativas.[9] Sugere-se aqui um paralelismo analógico entre a experiência do cristianismo nascente egresso do judaísmo, de um lado, e o surgimento do protestantismo de sua matriz católica, de outro. Com isso, estabeleceu-se um novo lócus teológico fundante que possibilitaria o surgimento de novos *loci*. Justifica-se tal investigação pela necessidade de se desenvolver, no campo religioso evangélico brasileiro, reflexões teológicas mais independentes, não confessionais, irrestritas (isentas) e contextualmente vinculadas às questões nacionais da sociedade em torno da construção da cidadania e da cultura brasileira como um todo, e igualmente tornar familiar uma *performance* protestante pouco conhecida no Brasil.[10] Por conseguinte, o fortalecimento da cultura libertária da tolerân-

---

[9] Para aprofundar a temática, ver: Georg Fohrer. *História da religião de Israel*. São Paulo: Paulinas, 1982; J. L. Sicre. *Profetismo en Israel*. Navarra: Estella, 1992; Robert R. Wilson. *Profecia e sociedade no Antigo Israel*. São Paulo: Paulinas, 1993; Milton Schwantes. Profecia e Estado: uma proposta para a hermenêutica profética, em *Estudos Teológicos*, São Leopoldo: Sinodal/EST, v. 22, 1982, p. 105-145.

[10] Sobre o protestantismo em perspectiva crítica, ver sobretudo: Rubem A. Alves. *Protestantismo e repressão*. São Paulo: Ática, 1979; Gedeon Alencar. *Protestantismo*

cia religiosa na formação cidadã, em uma sociedade civil que dê garantias reais aos direitos naturais do homem, é princípio inalienável de convivência, deslocando o olhar religioso da esfera metafísica para o mundo dos homens, onde se produz o fenômeno histórico das crenças com todo aquele arsenal de ritos e rituais, mitos, símbolos, signos e lugares que concretizam a esfera pública como lócus da religiosidade humana.

Nos séculos XVI e XVII, pensadores como J. Bodin, F. Bacon, H. Grotius, T. Hobbes, J. Locke, S. Pufendorf, B. Spinoza, P. Bayle, e vários outros, elaboraram significativos documentos, livros, tratados, cartas, panfletos sobre liberdade religiosa, tolerância e intolerância. Em consequência o "estilo tolerante" ligado à religião, pouco a pouco, foi impondo-se nos vários nichos protestantes, os quais tiveram grande influência na erupção da modernidade. A doutrinação religiosa, que *de per si* favoreceu o divisionismo, bem manifestado no surgimento de várias denominações, fragmentando ainda mais um universo já cindido, estava sendo repensada e o resultado foi o envolvimento de grupos e denominações protestantes nas questões sociais mais urgentes como educação das mulheres e das crianças, campanhas pela abolição da escravidão e do comércio (tráfico) escravo, legislação trabalhista e apoio ao sufrágio universal, entre várias outras conquistas na ciência em geral.

À guisa de introdução, vale ainda salientar, corroborando a ideia de que a fixação na doutrina religiosa não deve necessariamente estabelecer um boicote social, que William Wilberforce, nos séculos XVIII e princípios do XIX, tornou-se o líder inglês mais destacado na luta por uma sociedade mais justa, em sua cruzada contra o sistema escravista e seu comércio, como também em outras causas sociais, como necessidade da educação infantil. Wilberforce, que mais adiante (2.4.1) trataremos com maiores detalhes, recebeu uma influência direta de alguns grupos religiosos, entre eles há que se mencionar com justiça:

tupiniquim: hipóteses sobre a (não) contribuição evangélica à cultura brasileira. São Paulo: Arte editorial, 2005; Tiago H. B. Watanabe. A construção da diferença no protestantismo brasileiro. *Revista Aulas*, Campinas: Unicamp, 2008.

a) A *Sociedade dos Amigos* (*Quakers*), que durante um bom tempo se ressentiu de um quietismo imobilista, muito dependente de seu fundador George Fox (1624-1691) e de sua doutrina central da "Luz interior", a qual isolava seus integrantes das questões prementes da sociedade. Os *quakers* foram pesquisados por Max Weber em seu emblemático ensaio *A ética protestante e o espírito do capitalismo*. O sociólogo alemão deu ênfase à vida peculiar na *Sociedade dos Amigos*, com destaque para a frugalidade e o *ascetismo intramundano*, pelo trabalho, disciplina, poupança, temperança; práticas que muito ajudariam no surgimento de empresários de grande prestígio e sucesso profissional. Contudo, sob o influxo dos *Revivals*, movimentos espirituais de avivamento, um tipo de evangelicalismo aflorou de maneira irreversível, abrindo a "Sociedade dos Amigos ao mundo".[11] Os *quakers* ingleses passaram a ter uma intensa atividade filantrópica em vários setores da sociedade e historicamente capitanearam a luta em favor da abolição dos escravos e seu comércio.

b) Juntamente, há que se destacar também o *Grupo de Clapham* – fundado por Henry Venn, cujos membros, da igreja da Santíssima Trindade, foram também chamados pejorativamente de "santos". Entre seus frequentadores estavam o banqueiro e abolicionista Henry Thornton, Lord Teignmouth, o parlamentar Edward Eliot, o próprio Wilberforce e muitos outros reformadores sociais na Inglaterra. Eram intelectuais, nobres e comerciantes endinheirados, majoritariamente da Igreja Anglicana Evangélica (*low church*), que se reunia neste povoado no sudoeste de Londres.

c) De igual modo, fez-se sentir sobre Wilberforce a influência do *Grupo de Teston*,[12] pessoas que se reuniam com frequência na vila de

---

[11] A. P. Rocha. *Abolicionistas brasileiros e ingleses*: a coligação entre Joaquim Nabuco e a British and Foreign Anti-Slavery Society (1880-1902). São Paulo/Santana do Parnaíba: Unesp/BBS, 2009, p. 45.

[12] Também chamados de *testonites*; os principais nomes eram Sir Charles Middleton e Lady Middleton, Thomas Clarkson, que se tornaria o grande colaborador de Wilberforce, Hanna More, escritora e filantropa etc.

Teston, localizada no distrito de Kent, sul de Londres, e que tinham clara preocupação de vivenciar um cristianismo verdadeiro. Confrontados com os terríveis relatos de James Ramsay sobre a vida dos escravos,[13] foram os principais estimuladores e patrocinadores para que Ramsay escrevesse seus relatos, uma vez que fora testemunha ocular daquele horror.

d) Também, há que se mencionar certamente a influência de John Wesley (1703-1791). Já no final de sua vida, Wesley escreveu sua última carta (de que se tem notícia) precisamente para Wilberforce. Vale aqui registrá-la como um libelo em favor da liberdade dos escravos:

> Dear Sir:
>
> Unless the divine power has raised you up to be as "Athanasius against the world". I see not how you can go through your glorious enterprise in opposing that execrable villainy, which is the scandal of religion, of England, and of human nature. Unless God has raised you up for this very thing, you will be worn out by the opposition of men and devils. But if God be for you, who can be against you? Are all of them stronger than God? O be not weary of well-doing! Go on, in the name of God and in the power of His might, till even American slavery (the vilest that ever saw the sun) shall vanish away before it. Reading this morning a tract wrote by a poor African, I was particularly struck by the circumstance, that a man who has a black skin being wronged or outraged by a white man, can have no redress; it being a LAW in all of our Colonies that the OATH of a black man against a white goes for nothing. What villainy is this! That He who has guided you from youth up may continue to strengthen you in this and all things is the prayer of,
>
> Your affectionate servant,
John Wesley[14]

---

[13] James Ramsay. *An essay on the treatment and conversion of African slaves in the British Sugar Colonies*. Middletown-DE-USA: Forgotten Books, 2012 (1784).

[14] "The letters of John Wesley". In: Wesley Centre Online. Consta que Wesley escreveu 18 cartas em 1791, e a última delas, endereçada a Wilberforce, foi escrita no dia 24 de fevereiro, de Balam, na Inglaterra.

Estimado senhor:

A menos que o poder divino levantou o senhor para ser para nós um *Athanasius contra mundum*, não vejo como o senhor pode ser bem-sucedido em seu glorioso empreendimento e opondo à vilania execrável que é o escândalo da religião, da Inglaterra e da natureza humana. A não ser que Deus o levantou para esta tarefa, o senhor será desgastado pela oposição de homens e demônios. Mas se Deus é pelo senhor, quem pode ser contra o senhor? São todos eles juntos mais fortes do que Deus? Não canse de fazer o bem! Vá em frente, em nome de Deus e na força do seu poder, até que mesmo a escravidão americana (a mais vil já vista debaixo do sol) desapareça ante Seu poder. Lendo esta manhã um tratado escrito por um pobre africano, eu fiquei particularmente impressionado com a circunstância em que um homem que tem a pele negra, em sendo prejudicado ou ofendido por um homem branco, não pode responder; uma vez que é "lei" em nossas colônias que o juramento de um negro contra um branco não vale nada. Que vilania é essa? Que aquele que o guiou desde a juventude possa continuar a fortalecê-lo nisto e em todas as coisas, é a oração de,

Seu servo afetuoso,
John Wesley.[15]

As preocupações religiosas protestantes, horizontalizadas no século XVII, denotam uma mudança gradual e sintomática no rumo das prioridades trazidas do século XVI, que possuíam um interesse confessional (compreensível) evidente nas diversas declarações de fé como resposta ao catolicismo romano em seu centralismo dogmático e excludente. A propósito, particularmente considero tanto o Sínodo de Dort, realizado na cidade holandesa de Dordrecht nos anos 1618-1619 – no qual

---

[15] Tradução de Helmut Renders. "'Vá em frente, em nome de Deus': seis cartas abolicionistas dos anos 1787 e 1791, escritas por John Wesley, traduzidas e interpretadas". *Revista Caminhando*, v. 18, n. 1, pp. 183-198, jan./jun. 2013. Disponível em: <http://dx.doi.org/10.15603/2176-3828/caminhando.v18n1p183-198>.

se promulgaram cinco pontos teológicos oriundos da posição do teólogo Francisco Gomarus (1563-1641) contra os arminianos (*remonstrantes*), dando formas quase finais a um ultracalvinismo – como a Confissão de Westminster, escrita entre 1643 de 1646 e composta de trinta e três capítulos. Ela é utilizada como pré-requisito para a ordenação pastoral, por exemplo, na Igreja Presbiteriana do Brasil, e imagino que em outras.

Acontecimentos desalojados de seu *habitat* natural, o séc. XVI, esses são os últimos gritos de um estilo apologético agonizante, os estertores de um modelo doutrinário-confessional, uma espécie de excrescência medieval, dogmática e anacrônica com forte apelo retórico que se entrincheirava, ignorando os novos tempos de busca da concórdia. Uma visão teológica que ainda insistia em uma defesa da fé com aquela concepção antiga da posse da verdade e no direito de reparti-la aos demais em uma ação proselitista, tomando do catolicismo uma herança que a própria Igreja Católica revisaria mais tarde.

Em contrapartida, aqui se objetiva a recuperação de um *éthos* protestante que, com raras exceções, ainda está ausente da geografia brasileira, mas que teve papel significativo no surgimento da modernidade ocidental, com envolvimento direto na política, na ciência e na vida religiosa, mediante ideias, leis, propostas e projetos que efetivamente ajudaram a sociedade a combater males endêmicos como analfabetismo, desemprego, sufrágio restrito, trabalho infantil, escravidão e seu tráfico etc. – tarefas consideradas integrantes da moralidade cristã. Ao mesmo tempo, ele forneceu um "estoque" de utopias religiosas para o mundo secular que se impunha. O presente livro é uma extensão da minha própria trajetória, mesclando prática pastoral e suas preocupações com experiência docente e vida acadêmica nestes últimos trinta anos. É, pois, um exercício dialético, muitas vezes debatendo contradições, paradoxos e ambiguidades, raciocinando, argumentando, sobretudo, procurando pontes de conciliação para o *éthos* protestante; ou, como diria o Apóstolo Paulo: "E tudo isso provém de Deus, que nos reconciliou consigo mesmo por Jesus Cristo e nos deu o *ministério* da *reconciliação*" (2Cor 5,18).

Princípio protestante e pensamento moderno

O protestantismo encerrava aspirações que iam ao encontro ao mundo moderno...
e que lhe permitiam amalgamar-se com o novo. (E. Troeltsch)

O pensamento moderno gradualmente se insinuava no "outono da Idade Média" (Huizinga). Filósofos, literatos, homens da Igreja e pensadores renascentistas, desde a segunda metade do século XIV, já vinham sinalizando a erupção do novo tempo, uma nova era em que a razão se imporia sobre o obscurantismo e a superstição. Muito embora, mesmo nesse novo tempo, a religião não pudesse ser simplesmente descartada. Durante séculos ela ajudara, com suas relações, influências e presença pública, na construção e proteção do Velho Mundo. A grande questão era: que religião poderia participar desse fenômeno moderno, dessa vanguarda cultural que nascia?

Tendo esse panorama como cenário, o pensamento protestante surge no contexto do *novum* – na política, o nacionalismo crescia e se firmava; na economia, a burguesia mercantil agilmente ocupou o espaço deixado pelos velhos feudos; na geografia, o "caminho das Índias" se tornaria habitual; no pensamento, o humanismo, decorrente dos esforços renascentistas, marcava o tom da nova filosofia; na ciência, a partir da epistemologia racional e empírica, passou-se a desvendar os mistérios da natureza e do cosmos até então encobertos; a invenção da imprensa subsidiou a liberdade de expressão manifesta na multiplicidade de livros, tratados, panfletos, jornais etc. Tudo isso indicava também a necessidade de uma nova religiosidade que se adaptasse a esse novo mundo.[1] Com essa renovação cultural,[2] a Reforma aventou uma nova maneira de relação com o sagrado. Tal condição foi descrita, ulteriormente, como "princípio protestante". Segundo P. Tillich, trata-se de uma categoria teológica que fornece discernimento e capacidade crítica diante dessa realidade nova que sobreveio e do oferecimento religioso ou secular de "absolutos" para a condição humana. Conforme Brown, interpretando Tillich, o princípio protestante

> contém o protesto divino e humano contra qualquer reivindicação absoluta feita para uma realidade relativa, mesmo se este pedido for feito por uma igreja protestante. O princípio protestante é o juiz de toda a realidade religiosa e cultural, incluindo a religião e cultura que se chama de "protestante".[3]

A "era protestante" afirma a inevitabilidade de avanço e progresso do conhecimento humano concomitante com o posicionamento dos limites protetores contra a idolatrização do humano. Ou, como disse C. Ribeiro, interpretando Tillich: "Este princípio é o guardião contra as tentativas do finito e do condicionado usurparem o lugar do incondicional no pensamento e na ação".[4] O "princípio protestante", recuperado e nomeado por Tillich, "é o julgamento profético contra o orgulho

---

[1] Ver, a respeito do surgimento do pensamento moderno, Richard Tarnas. *A epopeia do pensamento ocidental*: para compreender as ideias que moldaram nossa visão de mundo. Rio de Janeiro: Bertrand do Brasil, 2008. Considero essa obra como o mais esclarecedor panorama sobre o conjunto de fatos, personalidades e pensamentos que forjaram a modernidade no Ocidente.

[2] A renovação cultural dando forma à modernidade teve seu início no Renascimento, passa pela Reforma Protestante e Ciência Moderna e alcança seu clímax na Revolução Industrial.

[3] Robert M. Brown. *The spirit of Protestantism*. Oxford: Oxford University Press, 1965, p. 43.

[4] Cláudio de Oliveira Ribeiro. *Pode a fé tornar-se idolatria?* Rio de Janeiro: Mauad/Instituto Mysterium, 2010.

religioso, arrogância eclesiástica e autossuficiência secular, e suas consequências destrutivas".[5] O princípio protestante torna-se o instrumento para a própria renovação do protestantismo – *Ecclesia semper reformanda est*. Na concepção protestante, a Igreja jamais poderia ter novamente o *status* de mediadora, tampouco o próprio cristianismo. Em Tillich, "Religião e Igreja não são garantias para os protestantes".[6] Estamos no meio da guinada individual, a supremacia dos particulares contra os universais, como pensava Ockham. Com isso, foi possível cogitar uma íntima relação entre protestantismo e mundo, conforme, por exemplo, E. Troeltsch (1865-1923), que realiza uma abordagem analítica das crenças e práticas protestantes, especialmente nos dois segmentos teológicos principais: luteranismo e calvinismo. Para a questão da modernidade, reitera que o calvinismo se desenvolveu com maior eficácia. Reconhece que o protestantismo, não obstante as mudanças efetuadas, ainda mantém uma relação importante com o mundo medieval católico,[7] ou mesmo, como queria M. Weber (1864-1920), sobre a relação entre religião e economia, que diz:

> A Reforma, por sua vez, repercutiu fortemente sobre o desenvolvimento econômico [...] e, entre os calvinistas, abrange também explicitamente o lucro legítimo obtido com empreendimentos capitalistas. Este lucro e os meios racionais para sua obtenção receberam então, no desenvolvimento consequente do calvinismo – que não é idêntico à atitude do próprio Calvino – um caráter cada vez mais positivo: a inescrutabilidade da predestinação à salvação ou à condenação e a impossibilidade de conhecê-la naturalmente eram insuportáveis para o

---

[5] P. Tillich. *A era protestante*. São Bernardo do Campo-SP: Ciências da Religião, 1992, p. 183.
[6] Ibid., p. 215.
[7] E. Troeltsch. *El protestantismo y el mundo moderno*. México: FCE, 2005. Dessa forma Troeltsch afasta-se do espírito ufanista protestante, ao se considerar artífice da modernidade. Diz ele: "Uma grande massa dos fundamentos do mundo moderno a respeito do Estado, a sociedade, a economia, a ciência e a arte se originaram com completa independência do protestantismo" (p. 28).

crente; ele procurava pela *certitudo salutis*, isto é, por um sintoma que lhe mostrasse que figurava entre os predestinados.[8]

Destarte, tanto em Troeltsch como em Weber, a relação entre protestantismo e capitalismo não diz respeito a causas determinantes, mas a algo como convergência e adequação de postulados.

1.1 O *background* intelectual

A reforma religiosa que originou o protestantismo, como se sabe, não foi um acontecimento isolado; ela integrou em seu *corpus* um conjunto de acontecimentos culturais envolvendo política, arte, ciência, economia, religião etc., ocorridos na Europa. Num espaço de tempo de menos de um século, do início da segunda metade do século XV até meados do século XVI, o Ocidente testemunhou uma concentração singular de invenções, descobertas e mudanças de paradigmas que iriam transformar permanentemente a história da humanidade e cujo paralelo só pode ser encontrado nos avanços tecnológicos do século XX. Nessa explosão do *novum* surge o período ulteriormente denominado *Moderno*.

Ele está antecedido, como sabemos, pela *Renascença* e seus logros, precisamente naquela concepção, embora ainda religiosa, que situava o homem acima das demais criaturas mas, ainda que entesourado e destinado para Deus, de que falava Tomás de Aquino (1224-1274), doravante ganharia autonomia para decidir sobre seu destino; algo de difícil concepção no período medieval. A centralidade do humano nesse "novo tempo" nascente está bem representada por uma *nova filosofia* de corte humanista, ainda que religiosa em geral, como reação ao aristotelismo desenvolvido

---

[8] Em *Economia e sociedade*. Brasília: Editora UNB, 1999, vol. 2, pp. 397-398. Também presente mais de uma vez na sua *Ética protestante e espírito do capitalismo*. A respeito do tema, recomendo: Michael Löwy. "Sobre o conceito de 'afinidade eletiva' em Max Weber". *Plural – Revista de Ciências Sociais da USP*, São Paulo, v. 17.2, 2011, pp. 129-142. Também: Wolfgang Schluchter. Religião, economia e política: perfil histórico-sociológico de Max Weber. In: *Paradoxos da modernidade*: cultura e conduta na teoria de Max Weber. São Paulo: Editora Unesp, 2011, pp. 145-324.

na escolástica. A escolástica cristã (XII-XV) pode ser dividida em *via antiqua*, ligada ao pensamento tradicional do agostinismo e do tomismo, e via moderna, ligada ao pensamento nominalista. No século XVI ressurge um pensamento neoescolástico, ligado à escola de Salamanca.

Contra tal escolasticismo surge essa novidade entremeada de racionalismo e antropocentrismo, como "*background* intelectual remoto", que ia se solidificando gradualmente, e que pode ser bem ilustrada, entre outras, pelas obras de diversos pensadores, como, por exemplo, Guilherme de Ockham (1285-1347), Nicolau de Cusa (1401-1464), Lorenzo Valla (1407-1457), Pico de La Mirandolla (1463-1494), Leonardo da Vinci (1452-1519), Nicolau Maquiavel (1462-1527), Erasmo de Roterdã (1466-1536); pensadores do amanhã, deslocados em seu tempo histórico:

α – **Guilherme de Ockham**, sacerdote inglês e membro da ordem franciscana; revelou-se um árduo defensor da liberdade humana e do indivíduo como realidade verdadeiramente concreta em detrimento dos conceitos universais. Ao enfrentar com coragem o poder papal, chamado por ele de "tirânico", Ockham ressaltou como poucos em sua época o princípio político da liberdade. Deu continuidade e aprofundamento ao movimento nominalista iniciado por Roscelino (c. 1050-1125). Nunca é demais lembrar que Lutero e Calvino foram formados em ambiente nominalista, Erfurt e Montaigu, respectivamente. Para Ockham, ninguém pode, em nome da política ou da religião, usurpar o livre-arbítrio do indivíduo, uma vez que este é outorgado ao ser humano por Deus. Advogando a separação de teologia e filosofia, de *fides et ratio*, Ockham prepara o caminho para o advento da ciência moderna dois séculos mais tarde. Essa separação dos conhecimentos fica bem clara na querela que desenvolveu com o papa Benedito XII em suas obras políticas. No *Livro VI* de seu *Tratado contra Benedito*, ele afirma:

> ... o papa não possui a plenitude do poder sobre a esfera temporal, pois, se a possuísse, não exerceria mais poder sobre uma terra ou uma região do que sobre outras. Ainda, os bens temporais não são possuí-

dos mediante o direito canônico ou espiritual, mas através do direito dos imperadores e reis. Logo, o papa não possui tal plenitude do poder sobre a esfera temporal.[9]

β – **Nicolau de Cusa**, sacerdote alemão e posteriormente cardeal. Defensor do conciliarismo e da unidade do cristianismo, especialmente em sua obra *A douta ignorância* (*De docta ignorantia*, 1440), nele se percebe uma forma de ecletismo não usual na época e nada ortodoxo, no qual se encontram tanto o neoplatonismo do Pseudo-Dionísio e de Scotus Erígena como o nominalismo ockhamista, produzindo ainda obras de cunho científico e jurídico com significativa influência em pensadores modernos. Na sua obra *A douta ignorância* ele pontua:

> Mas a natureza humana é aquela que é elevada acima de toda obra de Deus e é um pouco inferior à natureza angélica. Ela complica a natureza intelectual e a natureza sensível e reúne tudo em si, pelo que os antigos a chamaram com razão microcosmo, ou seja, pequeno mundo. Por isso, ela é aquela que, se fosse elevada à união com a maximidade, existiria como plenitude de todas as perfeições do universo e de cada uma das coisas, de tal maneira que nessa humanidade todas as coisas atingiriam o grau supremo.[10]

γ – **Lorenzo Valla**, humanista italiano, filólogo com incursões precisas na filosofia e na teologia. Tinha temperamento crítico especialmente ao aristotelismo e à escolástica, tendências dominantes em algumas universidades italianas. No período em que esteve em Gênova (cerca de quinze anos), entre outras obras, publicou um tratado (1440) que o tornaria bem conhecido, ao provar a inautenticidade do documento "A doação

---

[9] Guilherme de Ockham. *Obras políticas*. Porto Alegre: EDIPUCRS/USF, 1999, vol. II, p. 31.
[10] Nicolau de Cusa. *A douta ignorância*. Livro III, Cap. III. Lisboa: Fundação Calouste Gulbenkian, 2003, pp. 139-140. Sobre Nicolau de Cusa, há pouco material sobre ele em nossa língua. Ver: Leandro Konder. Nicolau de Cusa (1401-1464). *Revista Alceu*, v. 2, n. 4, p. 5-14, jan./jun. 2002. Disponível em: <http://revistaalceu.com.puc-rio.br/media/alceu_n4_Konder.pdf>.

e Constantino", no qual a autoridade imperial teria sido transmitida ao Papado. Nesse mesmo período escreveu seu *De libero arbítrio*, no qual propõe o método histórico-filológico e rejeita o uso que a teologia fazia da filosofia, presente no escolasticismo, sublinhando a salvação como ato sobrenatural de Deus em sua revelação. Como ele diz:

> ... a vontade de Deus tem uma causa antecedente que reside na sabedoria de Deus. Essa causa é absolutamente justa, porque é de Deus, tornando-se para nós e pelo mesmo motivo absolutamente incógnita.[11]

δ – **Pico de la Mirandola**, filósofo italiano, foi um notável erudito renascentista que construiu um pensamento filosófico a partir de fontes originais, árabes e judaicas. Em Roma fez uma defesa pública de 900 teses, algumas num primeiro momento condenadas pela Igreja e, posteriormente, todas elas, o que forçou sua fuga para a França sob a proteção dos Médicis. Em 1489 publicou seu "Discurso sobre a dignidade humana" (*Oratio de hominis dignitate*), no qual esclarece:

> E somos o grande milagre porque todas as outras criaturas já nascem com um destino traçado, já nascem destinadas a serem o que são e não podem ser outra coisa. Já o homem tem a capacidade e a possibilidade de fazer-se a si próprio, a sua natureza não é predeterminada. O grande milagre no homem é que ele pode inventar a si próprio, o homem pode construir a si mesmo. Não somos nem terrestres nem celestes, não somos imortais, nem mortais, estamos na divisa dos dois mundos. Temos a liberdade de nos fazer conforme nossa preferência, somos criadores de nós mesmos.[12]

---

[11] *De libero arbitrio*. In: Paula Oliveira e Silva. "Liberdade humana e presciência divina. A novidade de Lorenzo Valla". Covilhã-PO, 2011. Disponível em: <http://www.lusosofia.net/textos/oliveira_e_silva_paula_liberdade_humana_presci__ncia_divina_novidade_lorenzo_valla.pdf>.

[12] Pico de la Mirandola, Giovanni. *Discurso sobre a dignidade do homem*. Lisboa: Edições 70, 1989. Em português, ver: Newton Bignotto. *Considerações sobre a antropologia de Pico della Mirandola*. Disponível em: <http://www.oquenosfazpensar.com/adm/uploads/artigo/consideracoes_sobre_a_antropologia_de_pico_della_mirandola/newton_bignotto_p139-148.pdf>.

ε – **Leonardo da Vinci**, artista italiano que na mesma época valorizou sobremaneira tanto as realidades matemáticas de número, peso e medida quanto o rigor de suas demonstrações. Gastou sua vida conhecendo os alcances e limites da engenhosidade humana. Além de suas muitas invenções, produziu a gravura que melhor ilustra a importância central do humano, o "Homem vitruviano" (1490), cujo nome fora dado em homenagem ao arquiteto romano Vitrúvio (séc. I a. C.), pelos seus trabalhos de arquitetura – *De architectura* (10 volumes) e especialmente aquele dedicado às proporções do corpo humano masculino. Nessa pequena obra artística, Leonardo da Vinci estabelece aquilo que seria o centro das preocupações modernas.

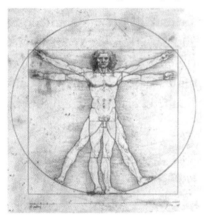

ζ – **Nicolau Maquiavel**, pensador renascentista italiano que, com justiça, foi considerado o primeiro cientista da sociedade moderna. Maquiavel, em sua tarefa humanista, fez a opção de entender e decifrar o Estado independentemente da religião e da moralidade. Nesse intuito uniu a cultura clássica latina a uma visão secular. Com esses elementos, privilegiou a política para a construção de uma república em Florença. Em 1513 escreveu sua *opus magna*, "O príncipe". Nela, entre tantas afirmações desconcertantes para a época, afirmou:

> O amor cria um vínculo de gratidão que se rompe facilmente, porque o homem é de mau caráter, enquanto o temor é seguro pelo liame do receio do castigo, que traz o homem submetido. O príncipe deve, no

entanto, ser temido, de modo que, não sendo amado, também não seja odiado. E ele pode ser temido e não ser odiado, desde que respeite os bens e as mulheres dos seus súditos e, quando for preciso matar alguém, faça com justificação e causa manifesta. Deve, sobretudo, não apropriar-se dos bens alheios, porque os homens esquecem mais facilmente a morte do pai do que a perda do patrimônio.[13]

η – **Erasmo de Roterdã**, filósofo holandês, considerado por muitos o principal humanista da época. Em 1509 publicou sua principal obra, *Elogio da loucura*, na qual faz uma crítica mordaz à superstição religiosa e à corrupção do clero. Em 1516 publicou uma nova versão do *Novo Testamento* em grego. Após seu interesse inicial pela Reforma e seus postulados, se afastou por perceber no movimento reformista radicalismos como fonte de distúrbios sociais; ademais, se indispôs com Lutero, precisamente na questão do livre-arbítrio humano. Em seu tratado "Sobre o livre-arbítrio" (*De libero arbitrio diatribe sive collatio*, 1524), escreve:

> ... existem, sim, obras boas, mesmo que imperfeitas, e das quais o homem pode valer-se sem fazer delas motivo para ensoberbecer-se; existe, sim, algum merecimento, mas é preciso reconhecer que, se foi conquistado, isso se deve a Deus. Quem sabe fazer um exame de consciência terá de abdicar de qualquer pretensão de arrogância ao dar-se conta do quanto a vida humana está cheia de fraquezas, vícios e delitos, mas não iremos tão longe a ponto de dizer que o homem, mesmo se justificado, não é mais que um cúmulo de pecados, quando o próprio Cristo nos fala de um novo nascimento e Paulo, de uma nova criatura.[14]

A figura de Erasmo e seu legado nos remetem diretamente ao século XVII, em duas geografias bem próximas – Inglaterra e Holanda – e tendo como ponto em comum o humanista holandês. Esta nova criatura de que

---

[13] Nicolau Maquiavel. *O príncipe*. São Paulo: Editora Moraes, 1992. Cap. XVII, p. 90.
[14] Erasmo de Roterdã. *Sobre o livre-arbítrio*. Disponível em: <http://teologiaarminiana.blogspot.com/2009/01/erasmo-de-rotterdam-desidrio-1466-1536.html>.

falava Paulo, o Apóstolo, segundo Erasmo, é precisamente a que emergiu em um protestantismo conectado com a cultura e que, não obstante seus excessos ou extremos, contribuiu decisivamente na nova sociedade insurgente. Uma cultura tolerante produziu igualmente uma teologia compatível com o novo tempo e consciente de querer superar os radicalismos egressos do século anterior e ainda resistentes. Nesse sentido é que se entende o "*background* intelectual imediato" na confluência teológica inglesa e holandesa.[15] Rosalie Colie pontua que na Inglaterra, nesse mister, sobressaíram os Platonistas de Cambridge – movimento muito interessante e bem importante na teologia, em meados do século XVII, de filósofos e teólogos professores na Universidade de Cambridge que defendiam aspectos do neoplatonismo, bem como o uso da razão com forte ênfase no *cogito* cartesiano, como a única forma de diálogo nas questões religiosas e teológicas para as tradições da *high church* e do puritanismo. Segundo ela

> os platonistas de Cambridge foram certamente, como eles frequentemente têm sido chamados, os herdeiros de Erasmo; em seu irenismo e teologia aberta eles foram, gostando ou não, os precursores do deísmo. Como Erasmo, Chillingworth, Jeremy Taylor e Lord Falkland, os platonistas de Cambridge procuraram a paz civil e religiosa em um mundo dilacerado pela guerra física e espiritual; eles tentaram elaborar um plano filosófico para uma utopia prática entre os homens.[16]

Com isso, esses pensadores, acima das divergências e dos tumultos políticos e religiosos que marcaram seu tempo, muito embora fossem considerados conservadores, por conta da presença de um dualismo platônico na teologia, mostraram-se "espantosamente fortes"[17] e como vanguarda no pensamento teológico. Eles entenderam como iminente a necessidade de paz e concórdia social e, por isso, produziram uma teologia altamente

---

[15] Obra imprescindível sobre o tema em questão: Rosalie L. Colie: *Light and enlightenment*. Cambridge: Cambridge University Press, 1957. Conteúdo que aqui seguimos de perto.
[16] Ibid., p. 3.
[17] Ibid., p. 4.

acadêmica de conformidade com essas aspirações, fazendo surgir uma tradição cristã esclarecida, "iluminista", de convocação a uma nova postura ética. Seus principais líderes foram: Joseph Mede (1586-1639), Benjamin Whichcote (1609-1683), Henry More (1614-1687)[18] e Ralph Cudworth (1617-1688).[19] H. More introduziu aspectos da filosofia mecanicista cartesiana no sentido de provar a realidade da substância imaterial da alma para a dedução da existência do reino do espírito e finalmente de Deus. Seu objetivo era a criação de um sistema de fé dentro dos parâmetros racionais e certamente fazer frente ao sistema calvinista que estava presente não só na região continental, como também na Escócia, principalmente. Ele e seus familiares procediam do calvinismo, porém, segundo ele, "could never swallow that hard doctrine" – "nunca poderia engolir essa difícil doutrina". Seu amigo Cudworth procedia de uma tradição religiosa não conformista. Seus escritos enfatizavam a tolerância e o amor. Seu sistema foi construído como uma resposta ao determinismo, abordando temas como a existência de Deus, a moral natural e a liberdade como realidade humana. Foi um oponente tenaz das várias formas de ateísmo materialista, como ele entendia, incluindo o pensamento de Hobbes, seu grande adversário. Entendeu que, a partir do estoicismo, o realismo corpóreo poderia ser teísta.

Em Cambridge, pois, foi desenvolvida uma teologia de cunho rigorosamente acadêmico e que valorizava a razão humana como sendo o grande dom de Deus aos homens, com o consequente questionamento de doutrinas tradicionais que não passassem pelo seu escrutínio. Houve, então, uma identificação com o que se desenvolvia na Holanda, sob a influência do pensamento teológico de Jacob Armínio (1560-1609). Sendo assim, "Como uma alternativa ao rígido calvinismo, o arminianismo certamente atraiu aqueles que desejavam paz entre cristãos na Inglaterra, como aqueles com

---

[18] Principais obras sobre seu platonismo: *Platonicall song of the soul, consisting of foure severall poems* (1647); *The immortality of the soul* (1659); *Manual of ethics* (1666); *The divine dialogues* (1688).

[19] Sua principal obra foi: *The true intellectual system of the universe* (1678).

aspirações na Igreja da Inglaterra".[20] Isso significa que um ambiente hostil ao calvinismo foi criado e mantido em Cambridge, ainda que isso não significasse uma aceitação explícita do sistema arminiano em sua totalidade, mas certamente, como esclarece Colie, "O Deus mais humano de Erasmo e Hooker não podia deixar de se fazer conhecido a teólogos insatisfeitos com o Deus de Calvino".[21]

Platonistas de Cambridge, arminianismo, latitudinarismo, remonstrantes, socinianismo, tolerância, uso da razão, *broad church*, cartesianismo, idealismo, ceticismo, humanismo, *Royal Society*, oposição ao escolasticismo aristotélico, ao calvinismo expresso nos documentos do sínodo holandês de Dordrecht e posteriormente nas decisões teológicas inglesas da Assembleia de Westminster, são aspectos que se mesclam, envolvendo, além das já citadas antes, inúmeras personalidades: na Holanda, como J. van Oldenbarnevelt (1547-1619), G. Vossius (1577-1649), S. Episcopius (1583-1643), H. Grotius (1583-1645), P. van Limborch (1633-1712), P. Bayle (1647-1706), P. Jurieu (1637-1713), Jean le Clerc (1657-1726); no Reino Unido, R. Hooker (1554-1600), F. Bacon (1561-1626), J. Goodwin (1594-1665), J. Dury (1596-1680), S. Hartlib (1600-1662), J. Milton (1608-1674), J. Wilkins (1614-1672), R. Boyle (1627-1691), J. Tilloston (1630-1694), E. Stillingfleet (1635-1699), P. Simon (1626-1707), G. Burnet (1643-1715), T. Tenison (1636-1715), J. Glanvill (1636-1680), J. Locke (1632-1704), I. Newton (1642-1726). Também o francês calvinista Isaac La Preyrère (1596-1676), teólogo polêmico e ligado à corrente cética religiosa no século XVII, que teve seu ápice em David Hume, no século seguinte, e, com certeza, diversos anônimos. Em geral, todos esses líderes, movimentos e obras, ainda que tivessem razoáveis diferenças internas, sinalizavam a erupção de uma nova consciência religiosa e social identificando-se com ou inspirando os vários movimentos liberais e progressistas que surgiriam nos séculos seguintes. O Iluminismo foi o seu principal herdeiro, porém, esvaziou-se

---

[20] Rosalie Colie, op. cit., p. 22.
[21] Ibid., p. 23.

de seu conteúdo religioso ao desenvolver uma moral secular e laica cada vez mais acentuada, como em Kant e pós-kantianos. Uma tendência oposta está bem representada pelo bispo anglicano e teólogo de grande influência Joseph Butler (1692-1752); com grande eficácia, polemizou com as ideias de Hobbes, Locke, Hume, e com o deísmo em geral.

Talvez o que melhor retrate e resuma esse período religioso, com suas aspirações e idealismo, seja a publicação de três obras no final do século XVII escritas por refugiados protestantes na Holanda: a) *Tolérance des religions* em 1684, do francês huguenote Henri Besnage de Beauval (1657-1710); b) *Dictionnaire historique et critique*, do também francês huguenote Pierre Bayle, em 1687, e c) *A letter concerning toleration*, em 1689, do inglês John Locke.

Com tal característica, o protestantismo, após um século de existência, olhando retroativamente para as suas origens, percebeu-se como força revolucionária em uma longa tradição intelectual precedente. Ainda que nem de longe tivesse a intenção de mudar estruturalmente a sociedade, juntamente com outras forças sociais (nacionalismo, burguesia, ciência, humanismo etc.), foi corresponsável pela mudança dos tempos, ajudando na eclosão da modernidade com toda sua pujança, desafios e riscos. A Reforma Protestante, não obstante ter detrás de si uma gama de interesses políticos e econômicos, foi, como comprovam os documentos existentes, inicialmente uma reação religiosa diante do que se creu serem abusos do clero, substantivados na prática das indulgências em 1517 na Alemanha. Certamente suas consequências sociais, culturais, políticas e econômicas foram bem mais amplas que as intenções de Lutero em sua intenção inicial.

Apesar do desabrochar de radicalismo e intolerância religiosa continuar a se fazer notar em todas as nações da Reforma, inclusive na América do Norte, o fato é que os tempos eram outros e a correnteza do humanismo e da paz social prevalecia sobre individualidades, grupos sectários e interpretações dogmáticas.

[Após Westfália] O anseio por paz levou a uma nova ênfase na tolerância e a uma crescente impaciência com disputas religiosas. O cenário estava montado para a insistência do Iluminismo de que a religião tinha de ser uma questão de fé particular, em vez de uma política de Estado.[22]

O novo momento no Ocidente, após centenas de anos de guerras, mortandade e religião imbricadas, pode ser considerado o início de uma maioridade cultural em que a religião deveria manter-se resguardada para o uso particular em nome do bem comum da *res publica*. Tem-se, dessa maneira, o surgimento da dimensão secular com autonomia para gerir seus próprios caminhos; uma nova realidade desatrelada da esfera de influência da religião. Nicolau Maquiavel, antecipadamente, já havia propugnado a separação da política de Estado do domínio eclesiástico. Em sua tarefa humanista, fez a opção de entender e decifrar o Estado independentemente da religião e da moralidade, e nesse intuito uniu a cultura clássica latina a uma visão secular. Com tais elementos, privilegiou a política para a construção de uma república em Florença, tendo o soberano como representante único de Deus, a quem os súditos deveriam incondicionalmente obedecer. Semelhantemente, em Thomas Hobbes (1588-1679), não tendo a religião mais nenhuma ligação imediata com Deus, já que, segundo ele, nenhuma intervenção divina se verifica após a ressurreição de Cristo, restando apenas o resíduo sacramental eucarístico como recordação e o batismo somente como adesão objetiva ao cristianismo, a religião serve a Deus obedecendo ao soberano. Em ambos pensadores se gestam formas de absolutismo sem a vinculação religiosa, muito embora, no filósofo inglês, a Bíblia seja uma presença constante em seus escritos. C. Hill confirma a importância da tradução da Bíblia para o inglês, o que influenciaria muito as futuras gerações e certamente a Hobbes, criado no ambiente anglicano. Segundo Hill, "a Bíblia teve um papel central em toda a vida da sociedade".[23] No *Leviatã*,[24]

---

[22] Alister McGrath. *A revolução protestante*. Brasília, DF: Palavra, 2012, p. 145.
[23] Christopher Hill. *A Bíblia inglesa e as revoluções do século XVII*. Rio de Janeiro: Civilização Brasileira, 2003, p. 24.
[24] Ver a respeito: Thomas Hobbes. *Leviatã ou matéria, forma e poder de um Estado eclesiástico e civil*. São Paulo: Martin Claret, 2002, pp. 84-95 e 269-432. Também, Thomas Hobbes. *Os elementos da lei natural e política*. São Paulo: Martins Fontes, 2010, pp. 51-59.

reconhecerá a legitimidade das Escrituras, tanto quanto qualquer sistema religioso, como uma elaboração humana.

Esse "pano de fundo" intelectual presente na gênese do fenômeno protestante e que o inscreve como uma razoável força para o advento da modernidade está corroborado por inúmeros intelectuais do século XX e da atualidade, em diversas áreas do conhecimento, senão vejamos:

a) O eminente matemático e filósofo britânico *Alfred North Whitehead* (1861-1947), que, embora reconhecesse o fato de os "reformadores afirmarem que estavam apenas restaurando o que havia sido esquecido", considerava que a Reforma e o movimento científico foram dois aspectos da reviravolta histórica que constituiu o movimento intelectual dominante da Renascença tardia.[25]

b) Na mesma linha de raciocínio vale destacar o dito pelo professor de filosofia política da Universidade de Harvard, *John Rawls* (1921-2002), quando afirma ser a Reforma do século XVI um dos três processos históricos (juntamente com o Estado moderno e a Ciência moderna) que influenciaram para o advento da modernidade, precisamente por sua filosofia moral e política, que aqui nos interessa. Segundo ele, a Reforma "fragmentou a unidade religiosa da Idade Média e levou ao pluralismo religioso, com todas as suas consequências para os séculos posteriores. Isso, por sua vez, alimentou pluralismos de outros tipos, que se tornaram uma característica permanente da cultura no final do século XVIII".[26]

c) Igualmente, o sociólogo polonês *Zygmunt Bauman* (1925-2016) reconhece o advento do protestantismo como a "primeira reforma"; para ele, "A estrela guia da primeira Reforma foi a liberdade individual de tomar e trilhar o caminho que leva à salvação eterna através da sua própria obra em vida".[27]

---

[25] Alfred N. Whitehead. *A ciência e o mundo moderno*. São Paulo: Paulus, 2006, p. 21.
[26] John Rawls. *O liberalismo político*. Brasília: Inst. Teotônio Vilela; São Paulo: Ática, 2000, p. 30.
[27] Zygmunt Bauman. *Em busca da política*. Rio de Janeiro: Zahar, 2000, p. 160. Segundo ele, "a salvação foi o primeiro bem público a ser privatizado" (ibid.).

d) Por sua vez, o filósofo e antropólogo *Ernest Gellner* (1925-1995), refletindo teses weberianas, menciona que a "consciência de algo muito diferente aconteceu no mundo moderno e isso se liga à Reforma".[28]

e) Já o filósofo político norte-americano de Princeton *Michael Walzer* (1935), descrevendo a graça divina, esclarece que "Protestantes de diversas seitas, que defenderam a tolerância religiosa nos séculos XVI e XVII, recorreram a concepções latentes, mais profundas do que o culto, as boas obras, a fé e a salvação realmente significavam".[29]

f) Ademais, segundo o filósofo canadense *Charles Taylor* (1931), "A teologia puritana do trabalho e da vida cotidiana criou um ambiente propício para a revolução científica. Na verdade, grande parte da visão de mundo de Bacon deriva de uma base puritana".[30]

g) Antes disso, o genial psicanalista *Erich Fromm* (1900-1980), há mais de cinco décadas, em uma de suas obras fundamentais,[31] ainda que faça uma crítica incisiva, reconhece a Reforma como "uma das fontes da ideia de liberdade e autonomia humana, tal como é figurada na democracia moderna"; mais adiante ele afirma: "O protestantismo foi a resposta às necessidades humanas do indivíduo assustado, desarraigado e isolado que tinha de orientar-se e relacionar-se com um novo mundo".[32]

h) O antropólogo francófono *Louis Dumont* (1911-1998),[33] reverberando M. Weber, ressaltou que, contra o ascetismo medieval contemplativo, Calvino propugna o *ascetismo intramundano* do trabalho: a ética da

---

[28] Ernst Gellner. *Condições da liberdade*: a sociedade civil e seus rivais. Rio de Janeiro: Jorge Zahar, 1996, p. 46.

[29] Michael Walzer. *Las esferas de la justicia*: una defensa del pluralismo y la igualdad. México: FCE, 1997, p. 255.

[30] Charles Taylor. *As fontes do self*: a construção da identidade moderna. São Paulo: Loyola, 2013, p. 296.

[31] Refiro-me ao livro *O medo à liberdade*. Rio de Janeiro: Zahar Editores, 1964, p. 41.

[32] Ibid., p. 93.

[33] Em *O individualismo*: uma perspectiva antropológica da ideologia moderna. Rio de Janeiro: Rocco, 2000, pp. 62-71.

vocação condena o ócio e o consumo supérfluo. Ao homem consumidor medieval substitui-se o homem produtor. A glorificação medieval da pobreza é substituída pela doutrina da predestinação, na qual o êxito terreno é sinal de eleição, enquanto a pobreza é moralmente condenada. Sinal era também o êxito na persecução da investigação científica da natureza, dada a relação entre talento e vocação.

i) O filósofo político italiano *Norberto Bobbio* (1909-2004) pontua que "o ideal democrático teve a sua primeira afirmação forte nos anos da *great rebellion*: foram de fato os niveladores (*levellers*) que, no *Pacto do Livre Povo Inglês* (1649), afirmaram pela primeira vez, contra o princípio dominante... o princípio democrático...".[34] De fato, o *Agreement of the Free People of England*,[35] a que se refere Bobbio, constitui-se no documento mais avançado quanto aos direitos humanos até aquele momento na Europa.

j) Finalmente, o filósofo alemão contemporâneo Jürgen Habermas (1929) afirma que

> ... os conflitos religiosos causados pela Reforma, e com os que não puderam ser acabados pelos editos de tolerância autoritários promulgados desde cima, também se resolveram finalmente com o reconhecimento da liberdade religiosa e de expressão.[36]

Por conseguinte, pode-se perceber, de fato, uma evidente imbricação histórica entre protestantismo, modernidade e seus corolários. A dinâmica

---

[34] Norberto Bobbio. *Liberalismo e democracia*. São Paulo: Brasiliense, 2005, p. 50.

[35] Manifesto constitucional que foi sendo rascunhado desde 1647 e finalmente publicado em maio de 1649. Foi assinado por importantes líderes do movimento dos *Levellers*: John Lilburne, Richard Overton, William Walwyn e Thomas Prince. Sobre o conteúdo do *Agreement*, ver: BCW – Britisch Civil War Commonwelth & Protectorate – 1638-1660. Disponível em: <http://bcw-project.org/church-and-state/second-civil-war/agreement-of-the-people>.

[36] Em Eduardo Mendieta e Jonathan Vanantwerpen (ed.). *El poder de la religión en la esfera pública*. Madrid: Editorial Trotta, 2011, p. 28. Livro bem atual com exposições e diálogos entre os autores: Jürgen Habermas, Charles Taylor, Judith Butler, Cornel West e Craig Calhoun, fruto de um encontro em 2009 na cidade de Nova York.

social demandava, em todas as áreas, o surgimento de novas instituições mais adaptadas aos novos tempos. O campo religioso, como elemento cultural, não foi uma exceção. Certamente aqui poderia se discutir as diferenças internas entre luteranismo e calvinismo, em geral, com uma clara pendência para este último, como força social ligada mais diretamente ao mundo da economia, das finanças e da burguesia ascendente, como indicou Troeltsch.[37] Hoje, a linguagem mais precisa sobre a presença protestante na história opta por falar em *protestantismos*, por sua diversidade interna. De qualquer maneira, por ora, mantemos a designação geral de protestantismo sem as pertinentes e necessárias distinções interiores do fenômeno, que mais adiante surgirão.

Problema correlato certamente é o da dissolução das utopias e esperanças da modernidade, delatadas desde Nietzsche e nas diversas correntes pós-modernas, e sua possível estreita relação com o desmantelamento moderno e pós-moderno do protestantismo, e se ambas as desintegrações possuem como causa comum a secularização como fator de erosão.

1.2 O paradoxo da recepção do pensamento moderno no protestantismo

A tradição protestante, não obstante suas mazelas, idiossincrasias e reducionismos doutrinários muitas vezes nocivos, significou um avanço na história do cristianismo e do pensamento ocidental, e ajudou no estancamento de uma hemorragia com o tratamento intensivo de um paciente em agonia, oxigenando a sua alma com a *Auditio verbi*. De fato, àquela altura, o cristianismo medieval, não obstante sua reação com Trento e a Contrarreforma, era um corpo debilitado, acusando enormes dificuldades para fazer frente aos acontecimentos, em especial, por conta da corrupção moral do clero.

---

[37] Em *El protestantismo y el mundo moderno*. México: FCE, 2005. Desse autor, ver acima a nota 32, sobre as diferenças entre luteranismo e calvinismo.

A historiografia do período nos informa que a instituição religiosa egressa do período medieval, diante da mudança dos tempos, revelou-se inadaptada diante da dinâmica da história e das novas demandas sociais, pela desmagicização[38] da vida humana e do cosmos, pelo "Entzauberung der Welt" – *Desencantamento do mundo*[39] –, oportuno sintagma que descreve o processo de racionalização ocidental explicativamente proposto por Max Weber, a partir de uma suposta afirmação semelhante do filósofo e poeta romântico Friedrich Schiller e, ulteriormente, pelo exílio gradual do *Sagrado*, em especial, por conta do surgimento da modernidade (cientificismo-racionalismo-iluminismo-positivismo-evolucionismo). Com isso, o cristianismo, pouco a pouco, foi tendo as suas certezas dogmáticas questionadas e perdendo o seu "chão", suas seguranças metafísicas. Simultaneamente foi despossuído de sua autoridade sobre as consciências e deixando de ser necessário como hipótese para o funcionamento do mundo e para o cotidiano da vida humana.

Nesse "vácuo espiritual", o cristianismo, em sua versão protestante, em linhas gerais, enfrentou de forma arriscada os novos desafios, ressignificando a natureza, recuperando a dignidade do trabalho, ampliando o sentido de vocação a partir do *Beruf* de Lutero, com um sentido de *chamado*, *vocação*, como menciona Weber na sua *Ética*, santificando as atividades profissionais humanas. Em sua tradução da Bíblia, Lutero, que também traduziu os livros deuterocanônicos, utilizou a palavra alemã *Beruf* na tradução do Eclesiástico (*Das Buch Jesus Sirach*): "Bleibe bei dem, was dir anvertraut ist, und übe dich darin, und halt aus in deinem *Beruf*, und lass dich nicht davon beirren, wie die Gottlosen zu Geld kommen" – "Persevere em sua tarefa, faça dela a sua vida, e envelheça cumprindo o seu dever" (Eclo 11,20). Ou em sua tradução de 1Cor 7,20: "Ein jeglicher bleibe in dem,

---

[38] Sobre o processo de "desmagicização", ver o clássico: Keith Thomas. *Religião e o declínio da magia*. São Paulo: Companhia das Letras, 1991.

[39] Ver: Antônio F. Pierucci. *O desencantamento do mundo*: todos os passos do conceito em Max Weber. São Paulo: Ed. 34, 2004. Sobre a origem do sintagma, ver pp. 27-31; Wolfgang Schluchter. *O desencantamento do mundo*: seis estudos sobre Max Weber. Rio de Janeiro: Editora UFRJ, 2014.

darin er *berufen ist*" – "Cada um fique na vocação em que foi chamado" (destaques meus).

Isso, de maneira cirúrgica, foi alterando permanentemente a estrutura cristã, com a universalização do sacerdócio, a valorização do laicato e, sobretudo, a aposta em uma nova educação cada vez mais inclusiva e cidadã, para usarmos vocábulos do nosso tempo. No campo da teologia, propriamente dito, como se sabe, o protestantismo sublinha de forma enérgica e absoluta o acesso à graça de Deus pela *sola fides*, uma fé que surge da Palavra – *fides ex auditu*. Tal noção forjou primeiramente uma renovação doutrinária em seus *loci* principais: *criação* e *redenção*, possibilitando consequentemente a construção de sua identidade teológica como alternativa eclesial ao povo cristão no Ocidente.

Contudo, e aqui se inicia o processo paradoxal de recepção da modernidade, tal postura, uma vez que aspirava em nome da fidelidade ao texto sagrado a reprodução das categorias bíblicas do cristianismo nascente, em geral, idealizado, ainda esteve assaz dependente do modelo sinagogal do judaísmo tardio e atrelada a um rigoroso código de disciplina eclesiástica, por demais sectário e excludente e tendo como pano de fundo tanto a *consciência de eleição* – herdada desse mesmo judaísmo e substanciada e expressa quase simetricamente na *doutrina da predestinação* –, *communio predestinatorum*, como já sinalizava J. Wycliff no seu *De ecclesia*, quanto também aquele sentimento de minoria vitimizada como "remanescente fiel" e de messianismo que caracterizam recorrentemente a gênese de movimentos políticos e religiosos.

Nesse instante inicial (até meados do séc. XVII), o protestantismo, primeiramente, pautou-se muito pelo ideal de preservação do patrimônio intocável da *sola Scriptura* e, nela, seguramente a preferência fora dada à "teologia paulina" em seus aspectos soteriológicos nucleares: predestinação, justificação, reconciliação, santificação, glorificação; todos interpretados a partir de uma visão predominantemente jurídica, forense, em que o legal, o correto, o moral e o ético se sobrepõem aos aspectos mais existenciais do drama humano, muito embora em Paulo já se fazia notar, aqui e ali, avanços para uma leitura mais vital e até mística e, por isso mesmo, menos legalista.[40] Entretanto, sobressaía em Paulo, dentro da leitura reducionista protestante e nos contornos de uma ortodoxia escolástica, luterana e reformada, a objetividade: definições rápidas e ágeis no interior de uma formatação religiosa incisiva e competente que resolvia questões doutrinárias e morais com clareza e eficácia. O momento histórico exigia posicionamentos pragmáticos para contrapor o que de obscurantista e nebuloso adveio do medievo e das sutilezas escolásticas com dogmatismo embutido.

Do século XVII em diante, outros caminhos foram, pouco a pouco, sendo trilhados pela espiritualidade protestante. Cito aqui apenas os mais conhecidos, por motivo de espaço:

1. Os vários movimentos religiosos surgidos ainda no século XVI e bem desenvolvidos no XVII: *levellers, ranters, diggers, shakers, quakers* etc.
2. A reação contra o puritanismo calvinista em pensadores representantes do platonismo de Cambridge, já citados, como Ralph Cudworth, Henry More, Benjamin Whitchcote.
3. Os pensadores, párocos, bispos, poetas e teólogos anglicanos: Richard Hooker, Jeremy Taylor, William Law, Lancelot Andrews, entre tantos.
4. No século XVIII, com base no pensamento de J. Locke, I. Newton e S. Clarke, fez-se presente o importante pensamento latitudinarista, ligado ao partido *Whig* e ao anglicanismo liberal instalado na *High Church*, lutando pela tolerância religiosa.
5. Na Alemanha, o Pietismo, iniciado por Philip J. Spener. August H. Francke, altamente influenciado pelos místicos medievais como M. Eckhart, J. Tauler, H. Suso, que questionava o formalismo luterano e sua teologia escolástica. A influência pietista pode ser verificada indelevelmente em I. Kant e F. Schleiermacher.

---

[40] Acerca desta outra leitura da teologia paulina, recomendo: Albert Schweitzer. *O misticismo do apóstolo Paulo*. São Paulo: Novo Século, 2006; James Dunn. *A teologia do apóstolo Paulo*. São Paulo: Paulinas, 2003; Adolf Deissmann. *Paul: a study in social and religious history*. New York: Harper & Brothers Publishers, 1957.

6. O movimento Herrnhut-moraviano com N. von Zinzendorf.
7. E em particular João Wesley e o Metodismo.
8. Além dos *revivals*, nos séculos XVIII e XIX.

A postura dogmática foi também uma tendência perene na fé reformada. Talvez nessa opção, majoritária no protestantismo, de interpretação mais estreita do pensamento paulino (leitura jurídica), esteja a explicação mais simples da diatribe de Lutero contra Erasmo. Mas, antes disso, Lutero mesmo, que fora da tradição romana, revela uma postura mística em suas entranhas. Uma mística cristã em perspectiva de união esponsal, como, por exemplo, em seu tratado sobre "Da liberdade do cristão" (1520). Lutero escreve:

> A terceira incomparável graça da fé é esta: a alma é copulada com Cristo como a noiva com o noivo, sacramento pelo qual (como ensina o apóstolo) Cristo e alma são feitos uma só carne. Sendo eles uma só carne, é consumado entre eles o verdadeiro matrimônio, sim o mais perfeito de todos, enquanto os matrimônios humanos são figuras tênues desse matrimônio único. Daí se segue que tudo se lhes torna comum, tanto as coisas boas quanto as más, de modo que a alma fiel pode apropriar-se e gloriar de tudo que Cristo possui como sendo seu, e de tudo que tem a alma, Cristo se apropria como se fosse seu.... Pois, se ele, o noivo, tem que, simultaneamente, aceitar o que é da noiva e compartilhar com a noiva o que é seu... assim, a alma do crente se torna livre de todos os pecados pelas arras de sua fé em Cristo, seu noivo, segura contra a morte e protegida do inferno, presenteada com eterna justiça, vida, salvação de seu noivo Cristo.[41]

Esse é o mundo de Lutero, essa era a sua destinação. Mas ele não estava mais sozinho em seu claustro monacal, encapsulado e isolado das novas ideias e propostas de reforma religiosa, política e educacional. Lutero é

---

[41] Martinho Lutero. *Obras selecionadas 2*: o programa da Reforma e escritos de 1520. São Leopoldo: Sinodal/EST; Porto Alegre: Concórdia, 1989, p. 442.

o exemplo maior desse paradoxo na "genética" protestante e tal característica pode ser notada na relação com Erasmo de Roterdã. Seu contato com o humanismo dava-se por meio de F. Melanchthon (1497-1560), sobrinho de Johannes Reuchlin (1455-1522), o principal humanista alemão daqueles dias. F. Lau, importante especialista luterano, reconhece que "O entusiasmo de Lutero sobre as 'línguas' é fruto da amizade com Melanchthon e do humanismo que através deste atuava sobre Lutero".[42] Colaboradores próximos como Justo Jonas (1493-1555) e Jorge Spalatino (1484-1545) igualmente mantinham Lutero em contato com as ideias e inovações do humanismo, havendo, pois, uma afinidade entre o princípio da *sola Scriptura* luterano e o movimento *ad fontes* humanista, pelo menos no início, uma vez que as línguas da antiguidade se tornaram uma clara obsessão também do humanismo alemão. O movimento *ad fontes* nos séculos XV e XVI tinha como motivação principal a instalação do humanismo na cultura cristã, entendendo que não havia incompatibilidades centrais; para tanto, era preciso empreender a recuperação das fontes humanistas da cultura clássica, representada em pensadores como Platão, Cícero, Tucídides, Sêneca, Ovídio, Horácio, Virgílio etc., pois neles estava, de maneira mais completa, o conhecimento do homem e o sentido da vida. Nomes como Petrarca, Rabelais, Dante Alighieri, Erasmo, J. Reuchlin, Juan de Valdez, Juan Vives, John Colet são alguns dos que se empenharam nesse labor.

Entretanto, a diatribe contra Erasmo deflagrou uma situação insustentável que parece ter abortado essa aproximação, prejudicando para a posteridade as relações entre ambos. Segundo F. Lau, nessa "controvérsia histórica ele se separou do espírito e da fé do humanismo, deixando bem claro que fé evangélica é outra coisa que piedade humanista".[43] "*Du bist nicht Fromm*" – "Você não é piedoso", diria ele de Erasmo, salientando a diferença entre espiritualidade bíblica e cultura humanista, e

---

[42] Franz Lau. *Lutero*. São Leopoldo: Sinodal/EST, 1974, p. 72.
[43] Ibid., p. 74.

entendendo que os limites desta eram manifestos em sua tendência ao ceticismo[44] racionalista.

Lucien Febvre (1878-1956), historiador francês e cofundador da *Escola dos Annales* – escola historiográfica fundada em 1929 por Marc Bloch em Paris, por meio da Revista *Annales d'histoire* –, compreendendo a história não isoladamente e recuperando todos os componentes sociais que atuam dentro de um complexo sistêmico, e, por isso, incorporando outras ciências como economia, sociologia, geografia, antropologia etc., em suas pesquisas forma um pressuposto sobre Lutero, considerando-o, quando da controvérsia acerca das indulgências (1517), um indivíduo exposto imediatamente aos fatos históricos, agindo mais impulsivamente em reação aos mesmos do que como um estudioso agiria, ou seja, com um esquema programático e bem orquestrado de reforma da Igreja. Diz ele que "Os acontecimentos, e não sua vontade calculada e reflexiva, lhe induziam cada vez mais a seguir adiante, a manifestar-se, a revelar sua fé".[45] Reconhecia, entretanto, que Lutero desejava fortemente partilhar suas descobertas, seus achados escriturísticos, sua "nova hermenêutica", comunicar "um pouco da febre sagrada que o devorava",[46] purificar sua Igreja por dentro, *intramuros*. Uma reforma interior atacando as fontes e fundamentos da fé.

Nessa ausência de um programa de reforma, pelo menos nos inícios do movimento reformista, nota-se uma distinção clara, primeiramente, em relação à metodologia e à didática humanistas presentes em Erasmo, e também quanto ao próprio conteúdo do discurso. Por um lado, a voz cristã de Erasmo era entremeada de estoicismo, de prudência e sabedoria gregas, ainda que evoque a Jerônimo,[47] o padroeiro dos humanistas. Nele

---

[44] Sobre a suspeita/acusação de Lutero a Erasmo de esposar o ceticismo em seu *De libero arbitrio*, bem como os meandros da disputa entre eles, ver: Richard Popkin. *História do ceticismo de Erasmo a Spinoza*. Rio de Janeiro: Francisco Alves, 2000, pp. 30-34.

[45] Lucien Febvre. *Martin Lutero*: un destino. México: FCE, 2004, p. 116.

[46] Ibid.

[47] Febvre cita a epístola 501, na qual Lutero afirma que "Para mim, meu dissentimento com Erasmo provém disto: quando se trata de interpretar as Escrituras, prefiro Agostinho sobre Jerônimo na medida exata em que Erasmo prefere Jerônimo sobre Agostinho" (Febvre, op. cit., p. 120). Em meados de 1516, Erasmo publica sua obra *São Jerônimo* em dez volumes, na Basileia.

a cultura clássica sobrepõe-se ao arcabouço judaico, está cristianizada, guindada ao mundo evangélico, e aí se produz "uma moral altruísta, independente do dogma: tesouro com o qual pretendiam certamente enriquecer e adornar um cristianismo humanizado, mais amplo e flexibilizado".[48] Erasmo encarnava em toda a Europa letrada o estereótipo da alta cultura cristã, ensinava uma filosofia de Cristo, professava um Cristo sábio, da concórdia entre os povos e mestre supremo da moral. Para o banimento definitivo do obscurantismo egresso da Idade Média e ainda infelizmente presente na maioria da população, fazia-se necessário um projeto educacional cristão. Sua plataforma era a persuasão educativa a médio e longo prazo.

Por outro, a fala de Lutero, seu *sermo de Deo*, ecoa o profetismo de Israel, a subversão paulina ao cerimonialismo judaico, agora aplicado ao catolicismo medieval e escolástico, como também aos votos monásticos. Sua voz reverbera a patrística, especialmente Agostinho, e por isso Febvre identifica uma "impetuosidade embriagada com a qual experimentava no fundo de sua consciência a santidade absoluta de Deus, a onipotência sem limites de sua vontade, a liberdade sem medida de sua misericórdia...".[49] Seus achados existenciais e teológicos, por isso mesmo, o impediam de gastar seu tempo nos aspectos exteriores. Seu interesse estava centrado na reconstrução da interioridade cristã de cada indivíduo, abrindo as consciências e os espíritos para a comunhão direta e pessoal com Deus sem mediações humanas.

Obviamente que a aspiração por reforma, segundo Febvre, vinha de longa data, como desejo dos humanistas cristãos, conforme já dissemos no início desta seção. Uma vontade expressa em desenterrar a simplicidade evangélica sepultada pelos séculos de tradição eclesiástica, "invenções humanas" potencializadas por último nas sutilezas escolásticas. Lutero e

---

[48] Lucien Febvre, op. cit., p. 117.
[49] Ibid., p. 116. De fato, a interpretação de Febvre ecoa a realidade de um encontro poderoso de Deus com Lutero, que o desarticula, à semelhança de Jacó no Vale de Jaboque (Gn 32,22-32), ou de Saulo no caminho de Damasco (At 9,3-9).

Erasmo, logo no início, enfrentavam um inimigo comum, almejavam um mesmo objetivo, mas certamente usavam instrumentos distintos. "Liberar da obrigação os cristãos, que devem estar submetidos unicamente à Lei de Deus, era tendência bastante estendida entre os sábios e letrados desse tempo".[50] O discurso de Lutero sobre a Liberdade em Cristo, em seu escrito de 1520 – *Da liberdade do cristão* –, é devedora dessa herança humanista encarnada por Erasmo; contudo, conferiu-lhe matizes mais incisivos, concordes com seu temperamento e com sua experiência pessoal de conversão. Ambos eram homens da Igreja e realmente desejavam sua renovação com base no Evangelho de Cristo.

Naquele momento, a herança legalista do judaísmo, presente no cristianismo medieval, traduzida e petrificada nos dogmas e prescrições infindáveis do direito canônico, era o inimigo a ser vencido. Lutero e Erasmo concordavam nisso. Entretanto, Lutero havia encontrado o Deus *absconditus*, agora, para ele, *revelatus* – graça misericordiosa e soberania intocável eram suas marcas. Hoje se sabe que a formação de Lutero o levou a isso. A influência de Johannes Staupitz (1460-1524), superior dos agostinianos no mosteiro de Erfurt, onde esteve Lutero por vários anos; os sermões místicos de Johannes Tauler (1300-1361); e a leitura da obra *Teologia alemã*, com certeza, foram fatores centrais para a "experiência da torre" – *Turmerlebnis*.[51] A sua fórmula *simul iustus et peccator*, tão fundamental em sua *Rechtfertigung bei Lehre*, certamente é oriunda desse núcleo de influência. O cristão é "simultaneamente justo e pecador" – fórmula dialética e paradoxal de Lutero que fundamentou a ideia de que a justiça de Cristo é extrínseca e somente atinge o ser humano na forma de uma declaração de justiça, usando como analogia a figura

---

[50] Ibid., p. 117.
[51] Acir Raymann. "Lutero não é pedagogo, mas teólogo". In: Leopoldo Heimann. *Lutero, o teólogo*. Canoas: Ulbra, 2004, p. 45. Citando J. M. Reu. *Luther German's Bible*. An Historical Presentation Together with a Collection of Sources (Columbus: Lutheran Book Concern, 1934), sugere algumas datas: primavera de 1513, outono de 1514 ou 1519, ou no decorrer desses anos.

de um tribunal, não infusa, mas imputada a nós. Seria, pois, uma forma forense e não uma justiça essencial, que pertence somente a Cristo, o justo por excelência.

H. Oberman, por exemplo, advoga que a dupla existência humana de pecado e justiça, tão forte em Lutero, traduz essa mística. Segundo ele, "O encontro com a teologia agostiniana em Staupitz e da experiência mística em Tauler anima e confirma a Lutero em seu caminho para uma nova piedade e uma nova ciência".[52] Já Erasmo pensava numa formação cristã do homem moderno, preparando-o para os novos tempos, como bem indicou em seu *Enchiridion*, com forte ênfase numa piedade voluntariosa e com esforço denodado por um comportamento político e social digno da identidade cristã.

Febvre destaca que o mútuo conhecimento entre os dois protagonistas foi desigual: "Lutero tinha tudo para conhecer e julgar a Erasmo: toda sua obra tão vasta e inconclusa. Para conhecer a Lutero, Erasmo não tinha quase nada".[53] Lutero percebeu na obra *De libero arbitrio* (1524), de Erasmo, uma clara propensão ao ceticismo humanista, uma vez que esse movimento filosófico era parte integrante da cultura clássica a ser resgatada pelo humanismo. Em seu *De servo arbítrio* de 1525, Lutero responde a tal espírito cético (de Erasmo), com relação à segurança das Escrituras. Diz ele:

> ... a Diatribe se esforça de modo singular em afirmar que as Escrituras de Deus são por toda parte ambíguas para não ser forçada a usá-las, afirmando por sua vez como certas as opiniões dos antigos para que lhe seja permitido abusar delas. Certamente uma religião digna de admiração, na qual as palavras de Deus são inúteis e as palavras dos seres humanos úteis!... Creio que para ti, que desprezas a certeza da Sagrada Escritura, tenha sido conveniente esta licenciosidade na in-

---

[52] Heiko A. Oberman. *Lutero: un hombre entre Dios y el diablo*. Madrid: Alianza Editorial, 1992, p. 22. Desse mesmo autor, a respeito dessa temática em Lutero, ver: *The impact of the reformation*. Grand Rapids-Michigan: Eerdmans, 1995.

[53] Lucien Febvre. *Martin Lutero*: un destino. México: FCE, 2004, p. 124.

terpretação; para nós, porém, que trabalhamos com o fim de firmar as consciências, nada de mais inconveniente, nada de mais nocivo, nada de mais pernicioso nos pode atingir do que esta "conveniência".[54]

Sobre esse tema, segundo o teólogo luterano O. Bayer, Lutero ainda explica que é preciso distinguir

> entre a clareza externa e interna da Escritura, sem permitir que haja um divórcio entre as duas. Enquanto Erasmo era a favor de deixar como está aquilo que, em seu teor literal, é incompreensível e venerá-lo em silêncio místico.[55]

Para Lutero estava em jogo o fundamento da piedade cristã. Construir uma identidade cristã sem uma noção clara das Escrituras como sua base seria como edificar uma casa sobre a areia, para lembrar a parábola de Jesus. Ela certamente não subsistiria em tempos difíceis. A Bíblia não poderia ser tratada como uma literatura qualquer (como queria Erasmo, segundo Lutero), pois depende, por um lado, da autoridade de Jesus Cristo, centro da Palavra, e, por outro, do testemunho interno do Espírito Santo.

Ademais, a Igreja não poderia ser a garantia da Palavra de Deus, como sugeria Erasmo. Parece ser esta a desconfiança fundamental de Lutero para com o filósofo holandês, ao reinterpretar humanisticamente as Escrituras. Lutero já havia dito por ocasião de suas conversas com o Cardeal Gajetano (1518) e com o polemista Eck (1519) que a Escritura era estância final. Posteriormente em Worms, na Dieta (1521), deixa claro que se retrataria somente por argumentos tirados da Escritura. Segundo H. Strohl, é esse o sentido das palavras *Gründe der Heiligen Schrift und der Vernunft*.[56] Lutero estaria, pois, reivindicando a liberdade pessoal de estar convicto com base

---

[54] Martinho Lutero. *Obras selecionadas 4*: debates e controvérsias II. São Leopoldo/Porto Alegre: Sinodal/Concórdia, 1993, pp. 171-172.

[55] Osvald Bayer. *A teologia de Martim Lutero*: uma atualização. São Leopoldo: Sinodal/EST, 2007, p.60.

[56] Henri Strohl. *O pensamento da Reforma*. São Paulo: Aste, 2004, p. 68.

nas Escrituras; trata-se de uma consciência individual a partir da Bíblia, e não simplesmente de uma liberdade de consciência, como geralmente se entende. Erasmo, na opinião de Lutero, exalava uma espécie de piedade alheia às Escrituras, ainda que as utilizasse como artifício retórico para legitimar como cristã uma espiritualidade de fato autônoma, independente da vontade de Deus. Vê-se aqui uma confrontação entre o biblicismo de Lutero e o classicismo de Erasmo, ou, poderíamos dizer, um cristianismo evangélico *versus* um cristianismo cultural.

Lutero, com base no *sacerdócio universal dos crentes*, conseguiu dar um salto qualitativo importante para a hermenêutica dos textos sagrados. "A distinção de Lutero parece privilegiar altamente a razão humana na interpretação do texto bíblico independentemente de fontes estabelecidas."[57] Também nesse aspecto Lutero, como outros, antecipava o espírito moderno.

Se Lutero estava desde 1517 em uma pugna interminável com o catolicismo, por conseguinte, acostumado às polêmicas, esse não era o temperamento de Erasmo. O humanista holandês se caracterizava pela ação discreta, sem movimentos bruscos nem alarde coletivo; era um conselheiro de grande confiabilidade e sua sabedoria era conhecida internacionalmente. Dificilmente se envolvia em querelas e sua voz era ouvida como instância última. M. Dreher, historiador luterano brasileiro, ao descrever Erasmo, afirma que ele era "Determinado por sua sensibilidade, que o torna cuidadoso. Erasmo não é categórico. Há coisas que não diz, que não afirma. Confessa que, no fundo, é um 'cético', mas um cristão obediente que se submete à Bíblia e à sua interpretação pela autoridade da Igreja".[58] Na visão de Lutero, esse ceticismo manifestava-se na atitude carente de convicções. Assim se expressa: "Por conseguinte, te retribuirei abundantemente minha dívida de gratidão se adquirires maior certeza por meu

---

[57] Hans-Peter Grosshans. "Fé e razão segundo Lutero". In: Christine Helmer (ed.). *Lutero*: um teólogo para tempos modernos. São Leopoldo: Sinodal/EST, 2013, p. 202.
[58] Martin Dreher. *De Luder a Lutero*: uma biografia. São Leopoldo: Sinodal/EST, 2014, p. 254.

intermédio".⁵⁹ Ou ainda com ironia, sobre sua propalada moderação: "Vê agora, caro Erasmo, para onde nos conduz essa tua teologia tão moderada e amiga da paz!".⁶⁰ Na discussão, ficou manifestado para Lutero que Erasmo devia mais respeito e deferência para com a Igreja do que para com a Bíblia, evidenciando a ausência da verdadeira piedade.

Lutero vinha já alquebrado de batalhas ríspidas e desgastantes, excomungado e anatematizado de sua Igreja. De alguma forma, após a publicação do *De servo arbitrio*, Erasmo não conseguiu mais manter-se equidistante e comedido, sendo forçado a se posicionar. E nesse afã polarizou-se na *grandeza da humanidade*; como humanista, não havia outro espaço para ele se colocar. Seguiu a trilha deixada por pensadores que o precederam, como Nicolau de Cusa, Pico della Mirandola, Petrarca, Leonardo da Vinci e de seus contemporâneos, Thomas More, Maquiavel, Lefèvre d'Etaples, Montaigne, Rabelais. Erasmo, tanto quanto More, tinha horror ao espírito de revolta que se sinalizava no movimento protestante, daí o nome que lhe foi impingido. Segundo W. K. Jordan,

> o protestantismo, em seus estágios iniciais, foi talvez atraente para um Erasmo por causa de sua insistência nos direitos da consciência e validade do julgamento privado; mas a dogmática do protestantismo foi tão repelente como Romanismo dogmático, e com menos razão de ser. Instintivamente, o humanista que tinha pensado numa tão aprendizagem avançada, rastejou de volta para o abrigo de uma instituição que simboliza a paz, ordem e unidade.⁶¹

Lutero, por sua vez, destacava sobremaneira, com base em Paulo (Rm 3,10-18.23; 6,23a) e Agostinho (*Civ. Dei* XXI,14), a *baixeza humana*, o arbítrio escravizado pelo pecado. A resposta escrita de Lutero em *Latim* foi

---

⁵⁹ Martinho Lutero. *Obras selecionadas 4*: debates e controvérsias II. São Leopoldo/Porto Alegre: Sinodal/Concórdia, 1993, p. 19.

⁶⁰ Ibid., p. 34.

⁶¹ W. K. Jordan. *The development of religious toleration in England*. From the beginning of the English reformation to the death of Queen Elizabeth. Cambridge-MAS: Harvard University Press, 1932, p. 41.

realmente um primor e elevou a temperatura da polêmica. Ocupou-se de cada um dos textos bíblicos e patrísticos citados por Erasmo, revelando as falácias e sofismas da interpretação humanista. Por ironia do destino, ao sublinhar a dignidade humana, Erasmo levantava a suspeição sobre si de semipelagianismo, doutrina condenada como herética pela Igreja. Lutero, já declarado herege, tornava-se um "defensor" da doutrina cristã da própria Igreja que o excomungara.

Não obstante todas as diferenças, de concepções, de temperamento e do instrumental utilizado, entre os dois protagonistas, hoje, em uma visão mais dilatada e aprofundada, e por trás das evidências periféricas, Lucien Febvre, após a leitura da obra de Andre Meyer,[62] conclui que a reforma de Lutero o aproximava de Erasmo e que o texto de Meyer "nos ajuda muito bem, retrospectivamente, a compreender um fato bem grave do século XVI: o nascimento e a elaboração, entre 1516 e 1520, de um mal-entendido ou, se querem, de um equívoco entre Lutero e os discípulos de Erasmo".[63] Para Febvre, foi fundamental recuperar a "essência", o núcleo vital das duas propostas de reforma, que não era outra, senão:

> Volta às fontes puras da religião, na verdade à sua fonte única, o Evangelho traduzido em língua vulgar e posto nas mãos dos fiéis, sem a distinção nefasta entre a casta sacerdotal e a massa dos crentes; supressão dos "abusos" que não se davam o trabalho de definir exatamente em suas causas e em suas origens; sobre fórmulas tão grosseiramente pintadas, não poderiam estar de acordo?... Que houvesse entre eles variantes era possível e até provável. Porém, no fundo, o programa reformista não era o mesmo para Erasmo e seus seguidores? E ninguém, em 1518, deixaria de aceitar a fórmula de A. Meyer em 1907: estava na natureza das coisas que um Lutero se unisse a Erasmo "apesar de algumas divergências que podiam existir entre suas ideias".[64]

---

[62] Andre Meyer. *Etude critique sur les relations d'Erasme et de Luther.* Paris: F. Alcan, 1909.
[63] Lucien Febvre, op. cit., p. 123.
[64] Ibid.

As ideias de Meyer encampadas por Febvre, no sentido de uma reparação do equívoco ao colocar ambos protagonistas em posições inconciliáveis, é coerente com o epílogo do *De servo arbitrio*. Ali, Lutero, ainda que continue a falar francamente, como em toda obra, despede-se irenicamente de Erasmo como a um irmão em Cristo. Reconhece a importância de Erasmo, dizendo, "Admito que és um grande homem e dotado por Deus com muitos dos mais nobres dons, para não falar nos demais, de teu talento, erudição e da eloquência quase milagrosa".[65] Lutero ainda reconhece em Erasmo um polemista que tratou a questão em seu núcleo central, discutiu a essência e aquilo que realmente importa:

> És o único que atacou a questão em si, isso é, a questão essencial... por isso te agradeço de coração... Com este trabalho também prestaste um grande serviço a mim e confesso que te devo muitas coisas, e, por certo, neste sentido, te tenho muita estima e sincera admiração.[66]

Com isso e com tudo o que significou a Reforma para o advento da modernidade no uso que fez do instrumental humanista, não se poderia esperar outra coisa do protestantismo, ainda que em Lutero se perceba um conservadorismo natural nesse primeiro instante do movimento. Se Erasmo possibilitou de novo a leitura do Evangelho sem os acréscimos e penduricalhos da tradição, Lutero conseguiu discernir o núcleo do Evangelho, sua essência mais pura. Desse modo, no destino de Lutero se imbrica uma piedade antiga, mas que se abre para o novo que chega. O moderno de Lutero invade a vida religiosa cotidiana, não apenas redefinindo o sacerdócio, a vocação mundana, como sendo sagrada e alterando o conceito de trabalho – *Beruf*, mas também reconstruindo a própria identidade da piedade cristã, ao recuperar a fé como *regula credenti*, o *crede ut*,

---

[65] Martinho Lutero. *Obras selecionadas 4*: debates e controvérsias II. São Leopoldo/Porto Alegre: Sinodal/Concórdia, 1993, p. 215.
[66] Ibid.

intelligas de Agostinho e suas expressões correlatas em Anselmo – *fides quaerens intellectum* e *credo ut intelligam*; todas elas subsidiando a síntese genial elaborada por Barth – *analogia fidei*, que fazia frente à *analogia entis* do catolicismo (e de seu amigo Brunner).

Nesse sentido, Lutero, pelo menos nos inícios da Reforma, torna-se uma espécie de profeta que rebobina o tempo e apreende a mensagem dos patriarcas; recupera o instante selvagem das primitivas teofanias e se instala no momento inaugural dos encontros divino-humanos e na centralidade do modelo abraâmico de fé como "confiança no impossível" – "... e saiu, sem saber para onde ia" (Hb 11,8b), complementado pelo axioma paulino da "loucura da fé" –, "Porque a palavra da cruz é loucura..." (1Cor 1,18). Com isso, Lutero parece pender para um conceito de fé – *fides qua creditur*[67] –, a fé pela qual se crê, algo subjacente (subjetivo), como na leitura pietista de Lutero no século XVII. Sobre esse tema, R. Bultmann afirma que "A fé (*fides qua creditur*), na qualidade de obediente ouvir da Palavra – isto é, da palavra que diz que sou pecador e que em Cristo Deus perdoa meus pecados –, é ato livre da decisão".[68] Resgata-se a fé como confiança (*fidúcia*) e minimiza-se ao máximo o ritualismo cerimonial em detrimento da atitude pessoal do indivíduo *coram Deo*. Quer dizer, em Lutero, faz-se da relação pessoal com Deus o caminho simplificado para a construção da piedade cristã. Por sua vez, o modelo legalista e sacrificial judaico, e do cerimonialismo da cristandade, estão postos sob suspeita e, na verdade, superados pela adesão pessoal ao convite da graça.

Nesse caso, o moderno no protestantismo afirma-se, sobretudo, pela elevação do indivíduo como sujeito histórico e com ele a subjetividade

---

[67] Mais que pertinente é a discussão empreendida por Bultmann com E. Hirsch e W. Herrmann sobre Lutero, acerca dessa questão em *Crer e entender*: artigos selecionados. São Leopoldo: Sinodal/EST, 2001, pp. 33-61.

[68] Rudolf Bultmann. *Crer e entender*: artigos selecionados. São Leopoldo: Sinodal/EST, 2001, p. 49.

ganha *status* de fonte decisória a ser respeitada. A instituição continua validada, mas não mais com aquela invulnerabilidade que a tornava intocável. De fato, um processo de individuação, já sinalizado por Agostinho, afirma-se na reforma com indelével nitidez e com o risco inevitável, há que se dizer, de se metamorfosear no individualismo ensimesmado que perdeu de seu horizonte qualquer possibilidade comunitária.

Com esse *background*, o protestantismo, sendo uma interpretação humana da fé, de Deus e de sua palavra, não deveria, por conta de seu "DNA", aspirar mais que sua humanidade efêmera. Se, como disse Sartre, "o homem está condenado a ser livre", o indivíduo protestante está "condenado", por força de sua vocação, a dedicar-se à humanidade, caminho percorrido por Deus, por meio de seu Filho encarnado – máxima aceita por católicos e protestantes –, condenado a abster-se da autoidolatrização, sob pena de perder sua identidade nos extremos do irracionalismo fideísta ou do racionalismo cético – posições polarizadas frequentemente notadas em ambientes religiosos do protestantismo. De um lado uma concepção irracionalista desconsiderando os aspectos humanos presentes na revelação, e, de outro, o ceticismo radical que elimina qualquer tipo de revelação externa, apostando em um processo plenamente racional, sem a presença do elemento revelacional. O protestantismo carrega e transmite em sua herança uma ambiguidade inexorável: pode construir uma sociedade onde o sujeito se impõe como protagonista e dono do seu destino, respondendo somente a Deus; entretanto, também possui o poder de fragmentar infinitamente essa mesma sociedade em um espírito individualista irrecuperável. O *simul iustus et peccator* de Lutero parece continuar bem vivo e mantém a tensão da realidade ambivalente da fé nos domínios humanos! A existência como risco, como pensava o filósofo luterano dinamarquês S. Kierkegaard, somente poderia se resolver com o salto de fé, amparado pelo Espírito, mas que ninguém controla, que sopra onde quer. A segurança protestante do "vento impetuoso" de Pentecostes – ninguém sabe de onde vem nem para onde vai – é uma bela metáfora do caráter indômito da existência posta sobre a fé.

1.3 Protestantismo e modernidade – O *novum* na filosofia e na educação

Como se sabe, o século XVII ensejou o aparecimento de novas formas de protestantismo; boa parte delas com significativas preocupações sociais e políticas. A partir daí, podia se falar em "protestantismos": igrejas, denominações, movimentos e grupos religiosos distintos que, não obstante, mantinham vínculos com a matriz da Reforma Protestante. Na Inglaterra, no final do século XVI e em todo o XVII, uma forte tendência na Igreja Anglicana era a abertura científica da observação dos fenômenos naturais, sem entender que isso poderia chocar-se com a fé cristã. A declaração do apóstolo Paulo: "... o que de Deus se pode conhecer é manifesto entre eles, porque Deus lhes manifestou. Pois desde a criação do mundo os atributos invisíveis de Deus, seu eterno poder e sua natureza divina, têm sido vistos claramente, sendo compreendidos por meio das coisas criadas..." (Rm 1,19-20), soava algo como uma autorização para o domínio da natureza, conforme o primitivo mandato de Gênesis 1,26-28:

> E disse Deus: Façamos o homem à nossa imagem, conforme a nossa semelhança; e domine sobre os peixes do mar, e sobre as aves dos céus, e sobre o gado, e sobre toda a terra, e sobre todo o réptil que se move sobre a terra. E criou Deus o homem à sua imagem; à imagem de Deus o criou; homem e mulher os criou. E Deus os abençoou, e Deus lhes disse: Frutificai e multiplicai-vos, e enchei a terra, e sujeitai-a; e dominai sobre os peixes do mar e sobre as aves dos céus, e sobre todo o animal que se move sobre a terra.

Tais alocuções se tornaram um mote inspirador para o estudo e o entendimento da natureza em sua dinâmica e funcionamento, como sinônimos do domínio e da sujeição autorizados por Deus ao homem criado à Sua imagem e semelhança e como seu próprio processo de libertação, já que falamos aqui da mudança do espírito medieval para o espírito moderno. Além disso, como a herança católica da tradição patrística no anglicanismo era bem evidente, percebeu-se que vários Pais da Igreja tiveram a preocupação de estudar o Gênesis (Irineu, Orígenes, Clemente, Basílio etc.). Da mesma forma, os próprios reformadores, Lutero, Calvino e outros, também o fizeram. Concomitantemente, o emaranhado político tornava complexa a situação religiosa, uma vez que centenas de intelectuais protestantes, antes exilados (em especial na Suíça e na Alemanha) no reinado da católica Maria, filha de Henrique VIII, estavam de volta sob o domínio da protestante Elizabeth I (1533-1603). Muitos desses, contudo, ao voltarem, se afastaram do anglicanismo e do *Book of Common Prayer*, e no lugar colocaram a pregação direta da Bíblia. A influência desse grupo cresceu e, em 1572, seus participantes fizeram uma *Admonition to the Parliament*, alertando sobre as "abominações papistas" ainda presentes na Igreja Anglicana e insistindo na primazia das Escrituras. Por isso, foram chamados de "puritanos".

Sob ordem da Rainha Elizabeth, o Arcebispo de Canterbury, John Whitgift (1554-1600), convocou um jovem professor de Oxford, Richard Hooker (1554-1600), para elaborar uma doutrina política moderada para seu o reinado na questão religiosa, envolvendo "teologia, liturgia e governo",[69] na tentativa de unificar ou pacificar as várias tendências dentro da Igreja, especialmente o grupo puritano. Assim surgiu a principal obra de Hooker: *Of the laws of ecclesiastical polity*, a partir de 1594 (em oito volumes). Aí insistiu na investigação da natureza, pois, segundo ele: "the minds of mere natural men have attained to know not only that there is a God, but also the power, force, wisdom, and other properties God hath, and how All things depend on him".[70] Isso porque cria que Deus sujeitou os humanos a agirem pela razão.

Primeiramente, a atuação de Hooker[71] para a identidade do anglicanismo foi crucial, oferecendo uma série de definições teológicas e pastorais

---

[69] Richard G. Olson. *Science and religion – 1450-1900*: from Copernicus to Darwin. Wesport-Connecticut/London: Greenwood Press, 2004, p. 87.

[70] Ibid., pp. 87-88: "As mentes de homens simples, naturais, alcançaram conhecer não só que existe um Deus, mas também o poder, força, sabedoria e outras propriedades de Deus, e como todas as coisas dependem dele" (trad. do autor).

[71] Sobre a política eclesiástica de Hooker e sua posição acerca da tolerância, ver: W. K. Jordan. *The development of religious toleration in England*, op. cit., pp. 222-232; J. Lecrerc. *Toleration and the reformation*. London: Longmans/Green and Co LTd, 1960, pp. 398-403.

decisivas para a existência e solidificação da *Church of England*. Sob o reinado de Elizabeth, como descreve McGrath, além da rejeição da autoridade papal, insistiu-se: em que toda pregação pública deveria ser feita no vernáculo; na comunhão sob duas espécies para a laicidade; na afirmação do direito do clérigo de casar; e num conjunto de confissões oficiais de fé – a "homilia", os "39 artigos de fé" e o livro de oração –, que afirmavam as crenças protestantes centrais (como a suficiência da Escritura, a justificação pela fé e a rejeição do purgatório).[72]

Em segundo lugar, a ação de Hooker para o novo momento religioso e cultural da Europa foi determinante por ter criado um modelo de protestantismo distinto do que foi gerado em Wittemberg e especialmente em Genebra, uma vez que esse modelo genebrino sinalizava feições de hegemonia, sendo exportado a outros países, como a interpretação mais correta da Reforma. Dessa maneira, a opção inglesa interpõe-se entre luteranos e calvinistas, católicos e puritanos. Olson esclarece que Hooker "tentava se esquivar dos extremos do exclusivismo escriturístico dos puritanos, de um lado, e da dependência da autoridade dos concílios da Igreja, de outro",[73] ressaltando o papel da razão humana e da teologia natural. Sua ação foi antes de tudo política, por conceber que Deus partilhou sua racionalidade com o ser humano, "constrangendo" cada um a utilizar bem a razão para nos aproximarmos d'Ele por meio do estudo da criação, como um complemento às Escrituras, e isso dentro de uma ordem natural estabelecida por Ele.

Hooker estava convencido de que os homens desconheciam precisamente os caminhos nos quais Deus atuava no mundo e simplesmente rotulavam seu desconhecimento das disposições dos eventos divinos com a expressão "providência comum".[74]

---

[72] Alister McGrath, op. cit., p. 124.
[73] Richard G. Olson, op. cit., p. 87.
[74] Ibid., p. 91.

Essa certeza de Hooker, com a autoridade e apoio que recebera de Canterbury e da Rainha, deu muito estímulo para o estudo da ciência natural no anglicanismo. O exemplo maior disso foi o químico e filósofo naturalista Robert Boyle. Obviamente, esse fato abriu a porta para um forte ressurgimento dos estudos de alquimia, trazendo tensão entre aqueles que advogavam uma constante intervenção divina na natureza e os que entendiam que as leis de funcionamento do mundo e de todos os seus elementos foram dadas por Deus, cabendo aos homens descobri-las, não exigindo frequentes intervenções de Deus na ordem criada. Nesse caso, não seria necessária uma iluminação divina, nem mesmo uma infusão da graça, mas apenas o uso disciplinado da razão nas experiências de observação acerca dos fenômenos naturais, pois o pressuposto, como já dito, era que a razão é uma graça de Deus ao ser humano, suficiente para que desenvolva suas realizações. A influência de Paracelso (1493-1541), especialmente na medicina, foi sentida nesse contexto na Inglaterra (também na França, entre os protestantes huguenotes), uma vez que ele tentava conjugar as duas tendências; porém, por ser bem polêmico e controverso, estava longe de uma unanimidade, inclusive também pelo fato de suas ideias divergirem claramente das de Hooker, para quem a religião natural, consequência da teologia natural, independe da iluminação e da graça divinas. Ele buscava de forma política sempre uma via média de pacificação dos diversos extremos religiosos e intelectuais integrantes da sociedade inglesa.

Hooker, com certeza, ofereceu uma alternativa interna ao protestantismo, não obstante estar ainda atrelada politicamente ao fator monárquico e, por conseguinte, advogar a supremacia do Estado sobre a religião. A propósito, sobre o século XVII, segundo MacCulloch, "na Igreja da Inglaterra ecoou o desgosto por Calvino e todas suas obras e que era proeminente nos escritos de Richard Hooker".[75] As diferenças estavam tanto na

---

[75] Diarmaid MacCulloch. *Thomas Cranmer*. New Haven & London: Yale University Press, 1996, p. 211.

teologia quanto no sistema de governo e na própria liturgia. Fazendo isso, Hooker tocou no tema delicadíssimo do sacramentalismo, se ele deveria substituir a pregação como meio de graça. No protestantismo, incluindo o próprio anglicanismo, a pregação da Palavra de Deus era central, sendo que, para ele, o catecismo e a leitura eram uma forma de pregação. Com isso, resguardava a formalidade da celebração e eliminava as surpresas das interpretações pessoais e individualizadas.

A posição de Hooker, manifesta em seus variados escritos, não era tanto contra a posição católica (jesuítas), mas principalmente em relação ao calvinismo puritano, como presente, por exemplo, nos escritos e prédicas do presbiteriano Thomas Cartwright (1535-1603) e nas muitas publicações do clérigo puritano William Perkins (1558-1602). Hooker, que distinguia Estado de Igreja, percebeu que o posicionamento dessa tendência no puritanismo ia longe demais, no sentido da separação entre Igreja e Estado.[76] Segundo ele:

> A church and a State we grant are things in nature the one distinguished from the other, a State is one way, and a church another way defined. In their opinion the church and the State are corporations not distinguished only in nature and definition, but in subsistence perpetually severed, so that day that are of the one can neither appoint, not execute in whole nor in part the duties which belong unto them, which are of the other, without open breach of the law of God, which hath divided them and doth require that being so divided they should distinctly and severally work as depending both upon God and not hanging one upon the other's approbation for that which either hath to do.

E para Hooker, segundo Jordan, tal "pretensão era inconsistente com a estrutura política inglesa envolvendo a negação das bases da obediência

---

[76] R. Hooker. *Of the laws of ecclesiastical polity*. Cambridge: Cambridge University Press, 1994, p. 129: i. 2.

política".[77] A lealdade ao Estado e à Igreja, apesar de distintas, era parte de uma unidade maior. Essa dupla lealdade, à Igreja e ao Estado, se justificava por estarem ambos os poderes plenamente identificados com uma forma de prevenção contra distúrbios, cismas e rebeliões na Igreja e no Estado.

Nesse momento convulso na Inglaterra, sobressai a personalidade cativante de *Francis Bacon* (1561-1626). Não há dúvida sobre sua identificação com parte desse fragmentado universo religioso, com posições claras de calvinismo-puritanismo no início e, ao final, de vinculação ao espírito moderado do anglicanismo iluminista, que posteriormente e de maneira pejorativa foi chamado de latitudinarista.[78] O latitudinarismo solidificou sua posição no final do século XVII e na primeira metade do século XVIII, quando triunfaram o anglicanismo liberal e o liberalismo do partido *Whig*. Isso fica bem evidente em autores como John Locke, Isaac Newton e Samuel Clark, e a ligação dessa corrente cultural com o surgimento do *Deísmo*.

Poder-se-ia discutir ainda hoje que tipo de protestante Bacon era. Vale registrar a oração final que ele incluiu em seu testamento de 1626:

> Quando eu pensei mais em paz e honra, a tua mão [foi] pesada sobre mim, e me tem humilhado, segundo a tua amorosa bondade... Apenas são os teus juízos sobre meus pecados... Tem misericórdia de mim por causa do Salvador, e recebe-me no teu seio.[79]

Além de novas formas de religiosidade cristã, conforme vimos, os novos tempos exigiam também uma nova filosofia. Uma cosmovisão que estivesse aberta às descobertas que se sucediam, refletisse sobre elas e caminhasse no compasso dessas mudanças para o progresso da sociedade. Christopher Hill esclarece que

---

[77] W. K. Jordan, op. cit., p. 222.
[78] Sobre esse tema, ver especialmente: Steven Matthews. *Theology and Science in the Thought of Francis Bacon*. Hampshire-England: Ashgate Publishing Ltd, 2013.
[79] "Francis Bacon's Philosopher of Science". *Christianity Today*. Disponível em: <http://www.christianitytoday.com/history/people/scholarsandscientists/francis-bacon.html>.

a mãe de Francis Bacon era profundamente puritana. O projeto dele de coletar diligentemente fatos com o objetivo de, em última análise, construir um *corpus* de conhecimento que ajudasse a melhorar a condição do homem na terra estava inteiramente afinado com a tradição protestante. Ele sugere também um dos muitos elos entre o protestantismo e as necessidades produtivas de uma sociedade industrial em expansão.[80]

Francis Bacon[81] é geralmente considerado um dos pais da modernidade ocidental e precursor do empirismo e da ciência moderna, pelo método indutivo. Advogava a intervenção na natureza como base para uma reforma radical no conhecimento humano e para o desenvolvimento científico. Sua obra filosófica principal foi o *Novum Organum*, parte da sua *Instauratio Magna Scientiarum* (1608-1620). Igualmente fundamental acerca desse mesmo tema foi sua obra *Of the proficience and advancement of learning divine and humane* (1605), que apareceria em latim em 1622, tornando-se, pois, o símbolo maior desse novo momento, e alçando seu autor como um dos pensadores que acalentaram a criação da *new philosophy* como um grande empreendimento científico-educacional de progresso do conhecimento. Em sua obra ficcional *New Atlantis* (Nova Atlântida), publicada em 1627, ele idealizava um Estado regulado por leis científicas. Na verdade, sua ideia se inscrevia na tradição do *humanismo cristão utópico* representado principalmente por Thomas More (1478-1535) e sua *Utopia* (1516), Johann Andreae (1586-1654) e sua *Cristianopolis* (1619) e Tomás Campanella (1568-1639) e sua *Cidade do Sol* (1623). Tradição seguida pelo baconiano Samuel Hartlib (1600-1662) e sua obra *A Description of the Famous Kingdome of Macaria* (1641). A *New Atlantis* de Bacon tinha como centro uma grande instituição de conhecimento e sabedoria, um tipo de

---

[80] Christopher Hill. *O século das revoluções – 1603-1714*. São Paulo: Editora Unesp, 2012, p. 102.

[81] Em português dispomos das seguintes obras de Francis Bacon: *Da proficiência e o avanço do conhecimento divino e humano*. São Paulo: Madras, 2006; *O progresso do conhecimento humano*. São Paulo: Editora Unesp, 2007; *Ensaios sobre moral e política*. Bauru: Edipro, 2001; *Vida e obra: Novum organum ou verdadeiras indicações acerca da interpretação da natureza e Nova Atlântida*. São Paulo: Nova Cultural, 1999. Coleção Os Pensadores.

universidade chamada por ele de *Salomon's House*, que conceberia a sociedade perfeita. Ele justifica:

> Sim, meus queridos amigos, devemos entender que, entre os excelentes atos do rei, um acima de todos tem a preeminência. Foi a ereção e instituição de uma ordem ou sociedade, que chamamos de Casa de Salomão... O Deus do céu e da terra outorgou a graça de conhecer as obras da Criação, e os segredos delas, a discernir entre milagres divinos, obras da natureza, obras de arte, e imposturas e ilusões de todos os tipos.[82]

Não obstante tentar aplicar o método empírico-indutivo em sua obra incompleta *Instauratio Magna – The great instauration* (1620), em especial nos escritos: *De interpretatione naturae* ("Da interpretação da natureza"), *Inquisitio de motu* ("Pesquisas sobre o movimento"), *Historia naturalis* ("História natural"), o projeto foi abandonado. De fato, Bacon era mais filósofo que cientista da natureza. Em sua obra mais importante, *Novum Organum – The new organon* (1620), ele faz uma descrição pormenorizada de sua metodologia, propondo-a como substituição ao método silogístico do *Organon* aristotélico. A resistência ao método aristotélico já era bem difundida nos meios acadêmicos (Erasmo, Peter Ramus etc.), mas "o golpe mais vigoroso contra a autoridade de Aristóteles foi dado por Francis Bacon",[83] apesar de continuar sendo a filosofia oficial, dominando tanto a lógica como a filosofia propriamente dita. As "causas finais" outorgavam uma espécie de aura de sacralidade à natureza, junto ao sentido religioso que Platão antes lhe outorgara; por isso mesmo, ambos a colocaram sob a providência divina, o que impedia que os fenômenos físicos fossem estudados como parte da matéria. Nesse particular, Bacon privilegiou, em detrimento de Platão e Aristóteles, tanto os pré-socráticos como os filósofos do

---

[82] Francis Bacon. *New Atlantis and the Great Instauration*. Jerry Weinberger (Ed.), Wheeling, Illinois: Crofts Classics, 1989, p. xxxv ss.
[83] John Dillenberger. *Protestant thought & Natural Science*. Nashville-TN: Abingdon Press, 1960, p. 79.

ceticismo.[84] Ele descreveu "seu" método como a busca da essência de uma determinada coisa por meio de um processo de redução, usando para tanto o raciocínio indutivo. Logo no prefácio ele descreve:

> Nosso método, contudo, é tão fácil de ser apresentado quanto difícil de aplicar. Consiste no estabelecer os graus de certeza, determinar o alcance exato dos sentidos e rejeitar, na maior parte dos casos, o labor da mente, calcado muito de perto sobre aqueles, abrindo e promovendo, assim, a nova e certa via da mente, que, de resto, provém das próprias percepções sensíveis.[85]

No *Novum Organum*, ele identifica as classes de *ídolos* que assediam a mente humana:

- *Idola tribus – Idols of the Tribe*: Os *ídolos da tribo* estão fundamentados na própria natureza e gênero humanos. Equivocadamente se pensa que o sentido humano é a medida das coisas; ao contrário, todas as percepções, tanto do sentido como do espírito, estão concordes com a natureza individual, e não com a proporção do universo. E o entendimento humano é como um falso espelho, que, recebendo raios irregularmente, distorce e descolore a natureza das coisas, misturando sua própria natureza à deles.[86]
- *Idola specus – Idols of the Cave*: Os *ídolos da caverna* pertencem à natureza individualmente. Cada pessoa, independentemente dos equívocos comuns a todo gênero humano, tem dentro de si uma caverna ou recanto na qual a luz da natureza refrata e se perde; pode ser por causa

---

[84] Sobre a corrente do "ceticismo" na modernidade, ver: Richard Popkin. *História do ceticismo de Erasmo a Spinoza*. Rio de Janeiro: Francisco Alves, 2000. Minúcias sobre a presença do ceticismo no Ocidente *de Erasmo a Spinoza* e particularmente dentro do protestantismo.

[85] Francis Bacon. *Novum Organum*. Tradução e notas: José Aluysio Reis de Andrade. Versão eletrônica: <http://www.psb40.org.br/bib/b12.pdf>. Créditos da digitalização: membros do grupo de discussão Acrópolis (Filosofia). Homepage do grupo: <http://br.egroups.com/group/acropolis/>.

[86] Edwin Burtt. *The English philosophers from Bacon to Mill*. New York: The Modern Library, 1939, p. 34. (Aforismo XLI).

de suas próprias disposições, em virtude da educação que recebeu e do contato com seu meio social, ou mesmo em decorrência de suas leituras e da autoridade daqueles a quem cada um se submete e admira, ou ainda pelas diferenças de impressões e como elas se acomodam nas mentes predispostas ou indiferentes. Por isso, o espírito humano é muito variável, cheio de perturbação e governado facilmente...[87]

- *Idola fori – Idols of the Market Place*: *Os ídolos do mercado* são oriundos da vida em sociedade. Os homens se comunicam pela linguagem; porém, o sentido das palavras é imposto de acordo com a apreensão popular. E as palavras imperfeitas e inapropriadas obstruem o entendimento. Tampouco as definições e explicações com as quais em algumas situações homens instruídos estão acostumados a guardar e defender-se e, por quaisquer meios, definir o assunto de forma correta, são suficientes. Palavras claramente violentam e anulam o entendimento e criam uma confusão, lançando os homens em inumeráveis controvérsias ocas.[88]
- *Idola theatri – Idols of the Theater*: *Os ídolos do teatro* introjetados no espírito humano pelos diversos sistemas filosóficos cada qual com seus métodos ineficazes e com seu mundo imaginário e teatral. E não falamos apenas dos sistemas filosóficos em voga ou de antigas seitas e filosofias, pois é possível compor muitas outras peças desse gênero com erros distintos, mas com causas semelhantes. Tampouco falamos dos sistemas de filosofia universal e dos princípios e axiomas das diversas ciências, aos quais, por causa de uma fé irrefletida, deram a eles toda autoridade. Mas é preciso falar mais explicitamente de cada uma dessas espécies de ídolos para que haja mais precaução em relação aos mesmos.[89]

Bacon concebia que, ao se eliminar tais interdições da mente, o ser humano estaria livre para empreender uma investigação "limpa", adquirindo

---

[87] Ibid., p. 35 (Aforismo XLII).
[88] Ibid., p. 35 (Aforismo XLIII).
[89] Ibid., p. 35 (Aforismo XLIV).

um conhecimento mais verdadeiro e dependente apenas da observação do funcionamento da natureza em suas leis, escapando das armadilhas idolátricas das pré-compreensões, dos *a priori* que afastam o investigador do fenômeno ou objeto a ser percebido. Nesse particular, ao que parece, Bacon, apesar de admirar e estudar o esoterismo, desviou-se desse interesse, como, por exemplo, da fraternidade Rosacruz, uma vez que estava dedicado às investigações práticas com base na experiência. Somente com base na razão empírica, pensava ele, serão possíveis o entendimento e a descrição da realidade natural que nos cerca. Nesse sentido, ele foi considerado por muitos como o "pai da ciência moderna", incentivando o método empírico como forma de desentranhar seus segredos.

Na questão religiosa, como já assinalamos, Bacon opta pela forma mais tradicional de protestantismo, pois considerava na *via media* anglicana a possibilidade de um cristianismo menos doutrinário e radical e, por isso mesmo, mais aberto aos novos tempos. Como tantos outros pensadores, concebia a religião como tendo uma utilidade social por conta de sua alta moralidade, que poderia auxiliar na manutenção da ordem política. Sua preferência pela ética do estoicismo em Tácito ou Sêneca, a quem dedica seu último *Essay*,[90] revela que via a ordem política como imperfeita; entretanto, muito mais perigosas eram as consequências das "sedições", o "ateísmo" e a "ruptura" da unidade religiosa. Em Bacon, a religião era um dos quatro pilares da governabilidade, que, se fossem abalados ou enfraquecidos, podiam ocasionar sedições; e isso ocorrendo, o povo devia ser convocado a orar por tempos melhores. A matéria das sedições era de duas classes: muita pobreza e muita insatisfação. Segundo Bacon, os motivos das sedições são:

> Inovação em religião; impostos; alteração das leis e costumes; quebra de privilégios; opressão generalizada; promoção de pessoas indignas;

---

[90] Michael J. Hawkins (Ed.). *Francis Bacon. Essays.* Essay 58: "Of Vicissitude of Things". London: J. M. Dent in Everyman's Library, 1994, pp. 147-151. Dispomos de uma ótima tradução desta obra para o português: Francis Bacon. *Ensaios sobre moral e política.* Bauru: Edipro, 2001.

forasteiros; escassez; soldados desertores; aumento desordenado da discórdia e tudo o que ofende a coletividade e o bem comum.[91]

Também para Bacon, além da instabilidade social, a divisão religiosa causa o ateísmo. A multiplicidade de expressões religiosas introduz o ateísmo, tanto como o escândalo do clero, o costume zombeteiro de profanar assuntos sagrados, desfigurando a reverência religiosa e os tempos de progresso com paz e prosperidade, podem igualmente motivar o surgimento de negação de Deus e, com ela, a destruição da magnanimidade e nobreza da natureza humana, impedindo seu progresso. Nesse sentido, Bacon considerava que "o ateísmo era, em todos os sentidos, odioso".[92] Ideia que foi preservada e desenvolvida em Locke. A questão central para Bacon no tema da religião era, de fato, a unidade (*unity*). "Religião, sendo o principal lado da sociedade humana, é uma felicidade quando está na verdade da unidade."[93] Para tanto, uma boa política de "liberdade moderada para diluir os pesares e descontentamentos é sempre um meio seguro, fazendo voltar o bom humor, e estancando o sangramento e debelando o ambiente nocivo".[94] O apaziguamento anímico que a religião normalmente traz, quando desvinculada de seu belicismo, está aqui contemplado por Bacon como instrumento de paz social. Entretanto, somente a partir de 1660, isto é, mais de trinta anos após sua morte, é que a influência de Bacon se tornaria hegemônica, criando um ambiente de enorme liberdade de investigação e discussão juntamente com o experimentalismo com base na observação da ciência, somado ao clima religioso de experiência individual com Deus, favorecendo sobremaneira o avanço do saber, como queria Bacon.

Simultaneamente, em vários outros países, além das mudanças na teologia e na filosofia empreendidas, a segunda metade do século XVI e

---

[91] Ibid., Essay 15: "Of Seditions and Troubles", p. 38.
[92] Ibid., Essay 16: "Of Atheism", p. 43.
[93] Ibid., Essay 3: "Of Unity in Religion", p. 7.
[94] Ibid., Essay 15: "Of Seditions and Troubles", p. 39.

inícios do XVII revelaram novas tendências nos estudos formais.[95] Novas aspirações acerca do método de ensino para a educação em geral começavam a surgir, indicando a necessidade de uma nova pedagogia diante da crescente insatisfação no ambiente educacional. Patrícia Cavalcanti ressalta esse importante momento de transição:

> Em meados do século XVI repercutia no círculo educacional e cultural europeu uma insatisfação generalizada como o ensino nas escolas existentes. As maiores queixas se davam contra a demora nos estudos, o parco resultado de anos de esforço, a dificuldade para acessar os livros e os vícios da escolástica que impediam o acesso da razão para além das regras da lógica aristotélica.[96]

A mentalidade protestante, considerando como primordial o acesso irrestrito às Escrituras, ressaltou fortemente a alfabetização generalizada, tendo uma participação significativa nesse processo de renovação. Três nomes se destacam na sequência dos séculos XVI, XVII e XVIII: Pierre de la Ramée (1515-1572), Jan Amos Comenius (1592-1670) e Jean-Jacques Rousseau (1712-1778), síntese que oferecemos a seguir:

a) Na França, o calvinista Pierre de la Ramée ou Peter Ramus,[97] como ficou mais conhecido, manifestou-se contra a clássica lógica aristotélica e propôs um método mais realista, que, segundo Grün, "Este 'realismo', na verdade, implicava uma valorização do empirismo". Isso, para Grün, só

---

[95] Outros detalhes sobre esse período de renovação educacional podem ser vistos em: N. Abbagnano; A. Visalberghi. *Historia de la pedagogía*. Cap. IX: "La renovación pedagógica en el siglo XVII". México: FCE, 1964, pp. 202-215.

[96] Patrícia Bioto Cavalcanti, em "As contribuições de Peter Ramus à escola moderna", destaca a presença de outros protestantes que foram professores de Comenius na Alemanha: Piscator e Alsted, e ainda o grande educador inglês Charles Hoole, influenciado por Comenius. Disponível em: <http://sbhe.org.br/novo/congressos/cbhe7/pdf/07>.

[97] Sobre a vida e o pensamento de Peter Ramus, e sua relação com religião, ciência e educação, indico: Frank Pierrepont Graves. *Peter Ramus and the educational reformation of the sixteenth century*. New York: The Macmilan Company, 1912; Walter J. Ong. *Ramus, method, and the decay of dialogue; from the art of discourse to the art of reason*. Cambridge-Mass.: Harvard University Press, 1958; James Skalnik. *Ramus and Reform: University and Church at the End of the Renaissance*. Kirksville: Truman State University Press, 2002.

aconteceria com Comenius, "discípulo confesso de Francis Bacon".[98] De qualquer forma, o legado educacional de Ramus é inegável, senão vejamos: como professor no *Collège de France* (fundado em 1530), Ramus percebeu a crise do ensino nos cursos de Filosofia, Teologia, Medicina e Direito, nos quais o método aristotélico baseado na dialética era apenas repetido mecanicamente, sem praticamente aprendizado algum. À vista disso e bem convencido da importância da Matemática, propôs esta cadeira para a faculdade de Filosofia, e a cadeira de Direito Civil para a Faculdade de Direito, uma vez que ali só se estudava o direito canônico; já para a faculdade de Medicina, propôs botânica, farmácia, entre outras disciplinas, e para a faculdade de Teologia, o estudo das Escrituras nas línguas originais. Obviamente suas propostas causaram muita polêmica no claustro universitário, pois impunham uma diferença bem nítida entre os estudos secundários e universitários.

> Ramus, questionando a forma, o conteúdo, o ideal e as instituições de educação medievais e propondo um modelo de escola que tanto criticava o que se tinha até então quanto abria novos horizontes para a escolarização.[99]

Nesse mesmo período, em 1561, adere ao calvinismo e abandona a fé católica, perdendo o apoio que recebera antes do Cardeal Charles de Lorraine. Nos anos seguintes teve que se ausentar de Paris por duas vezes, períodos nos quais viaja a alguns países e ensina na Alemanha e Suíça. Seu método pedagógico privilegiava a observação das evidências em detrimento de hipóteses teóricas. Concentrou-se na organização das disciplinas para uma melhor aquisição do conhecimento, com o objetivo de se ter um mapa do conhecimento. Sua lógica influenciaria também a J. Althusius, outro calvinista alemão, conforme veremos mais adiante (2.1). Segundo R. Cobra:

---

[98] Mauro Grün. *Ética e educação ambiental*: a conexão necessária. Campinas-SP: Papirus, 1996, p. 37.
[99] Patrícia B. Cavalcanti, op. cit., p. 10.

Ramus ajudou a formular a busca pelo conhecimento operacional da natureza que marcou a Revolução Científica. Como poucos, Ramus sinalizou a mudança dos tempos nos métodos de estudo da natureza, tornando o conhecimento um domínio prático.[100]

A Alemanha presencia reações pedagógicas pontuais, nas quais sobressaem os educadores protestantes: Wolfgang Ratke (1571-1635), influenciado por Bacon na Inglaterra e que apregoava a necessidade de um ensino universal das línguas, artes e ciências; Johann Heinrich Alsted (1588-1638), que, além de editar as obras de Giordano Bruno em Alemão, elabora um plano geral de organização das escolas de todos os graus, compondo uma importante *Didática*; Johann Valentin Andreae (1586-1654) projeta uma escola cristã ideal, onde religião, línguas e ciências são aprendidas com interesse natural, com professores bem preparados e conhecedores do mundo infantil. Esforço seminal que frutificaria nas escolas populares e gratuitas pietistas, comandadas por August Herman Francke (1663-1727), a partir de Halle, e que de certa maneira colocaria em prática vários princípios de Comenius, como veremos a seguir.

b) Tanto na Morávia (Boêmia), atual República Tcheca, como na Polônia, Alemanha e Holanda, não apenas a educação superior, "universitária", diretamente ligada às ciências naturais estava em processo de mudança, mas também a educação básica e fundamental, inclusive com a possibilidade do acesso às letras pelas mulheres e crianças, contemplando uma formação no estilo "integral". Tais ideias foram disseminadas por Comenius,[101]

---

[100] Rubem Q. Cobra. "Época, vida e obras de Pierre Ramée". Disponível em: <http://www.cobra.pages.nom.br/fmp-ramee.html>.

[101] Sobre o pensamento de Comenius, ver: J. E. Sadler. *J. A. Comenius and the concept of universal education*. London: Allen and Unwin, 1966; S. S. Laurie. *John Amos Comenius, Bishop of the Moravians: his life and educational Works*. Cambridge: Cambridge University Press, 1904; C. J. Wright. *Comenius and the church universal*. London: Herbert Barber, 1941. Em português, ver: O. Cauly. *Comenius: o pai da pedagogia moderna*. Lisboa: Instituto Piaget, 1995; Edson P. Lopes. *O conceito de teologia e pedagogia na Didática Magna de Comenius*. São Paulo: Ed. Mackenzie, 2003; B. S. Araújo. *A atualidade do pensamento de Comenius*. Salvador: Edufba, 1996; Maria Fernanda Martins Gonçalves. "Comenius e a internacionalização do ensino". Disponível em: <http://www.ipv.pt/millenium/fgon%C3%A711.htm>.

um educador de confissão protestante pertencente à igreja dos Irmãos Morávios, herdeiros do líder pré-reformador Tcheco Jan Hus (1369-1415), que por sua vez era continuador das ideias do professor inglês de Oxford e também pré-reformador John Wycliffe (1320-1384). Em 1613, Comenius terminou a formação em teologia em Herborn na Alemanha, voltando à sua pátria no ano seguinte como professor no principal centro de formação moraviano de Praga. Dois anos depois foi ordenado pastor e, na sequência, transferiu-se para Fulnek, onde permaneceu até 1620, desenvolvendo atividades pastorais e educadoras. O período de 1621 a 1628 foi bem difícil em razão das perseguições religiosas, especialmente por perder sua esposa e dois filhos. Comenius, finalmente, se instala na Polônia em fevereiro de 1628, na cidade de Leszno.

Sua obra fundamental, *Didactica Magna*,[102] foi composta entre 1632 e 1638, como uma tradução latina da *Didactica Ceská* de 1627, quando ainda estava em Leszno, com as alterações e revisões necessárias para um público mais amplo. Sua publicação deu-se na Holanda, como parte da *Opera Didactica Omnia*, apenas em 1657. Comenius advogava o estudo formal a todas as crianças. Diz ele:

> ... que devem ser confiados à escola não só os filhos dos ricos ou das pessoas mais importantes, mas todos em igualdade, de estirpe nobre ou comum, ricos e pobres, meninos e meninas, em todas as cidades, aldeias, povoados, vilarejos... Portanto, se permitirmos que apenas alguns aprimorem seu talento, excluindo todos os outros, estaremos ofendendo não só nossos irmãos naturais mas a Deus mesmo, que deseja ser conhecido, amado e louvado por todos aqueles nos quais imprimiu sua imagem.[103]

---

[102] Utilizo aqui a versão em português: Comenius. *Didática magna*. São Paulo: Martins Fontes, 2011.

[103] *Didática magna*, cap. IX, p. 90. Em Leszno, nesse mesmo período (1632), Comenius publicou em Alemão a sua *Schola Infantiae* (*Die Mutterschule* – A Escola Materna), na qual aprofunda a importância dos estudos para as crianças. Dispomos de uma tradução em português: Comenius. *A escola da infância*. São Paulo: Unesp, 2011.

De fato, as crianças, na concepção de Comenius, deveriam ter atenção especial, uma vez que era naquela fase da vida que se podia alcançar uma boa formação do caráter e o apreço pelas artes em geral. A escola da infância faz analogia desse cuidado com o reino animal. Diz ele:

> Quem não sabe que a disposição atual dos galhos das velhas árvores foi formada a partir dos primeiros brotos, como acontece com as videiras, porque não a poderiam obter de outra forma? [...] Portanto, o homem deve ser formado desde os primeiros momentos do desenvolvimento de seu corpo e de sua alma, para que essa formação permaneça durante toda a sua vida.[104]

As propostas de Comenius para o estudo universal, o "tudo para todos" – *omnes, omnia, omnino*, "educar todos, em todas as coisas, de uma forma total" –,[105] de fato encontrou nele um aliado de primeira grandeza, abrindo a educação para todas as classes sociais. Em sua visão, a universalidade do ensino deveria incluir também as mulheres:

> Portanto, as mulheres também devem ser instruídas não certamente por meio de uma mistura indiscriminada de livros (de resto, isso também vale para o outro sexo; aliás, é deplorável que até o momento não se tenha agido com mais cautela), mas por meio dos livros que permitam adquirir para sempre virtudes verdadeiras e verdadeira piedade, com o verdadeiro conhecimento de Deus e de suas obras [...] não defendemos a instrução das mulheres para induzi-las à curiosidade; mas à honestidade e à bem-aventurança. Sobretudo com relação às coisas que lhes convém saber e obrar: para administrar bem a casa e para promover seu próprio bem, o do seu marido, dos filhos e de toda família.[106]

---

[104] *A escola da infância*, p. 15.

[105] Diante do que acontecia nas ciências e na sociedade, em termos de avanço e progresso, desenvolveu-se um idealismo utópico pansófico com a razão entronizada; porém, Comenius o utilizava diferentemente do que aconteceu no Iluminismo, pois ele cria em um Criador e mantenedor do cosmos e da vida humana.

[106] *Didática magna*, cap. IX, p. 92.

Talvez, por sempre justificar suas teses com argumentação cristã apoiada na Bíblia, Comenius não tenha tido o devido reconhecimento na modernidade, uma vez que esta, em geral, se tornou preconceituosa a qualquer ideologia religiosa. De fato, ele deixa clara, contra o conselho de seu amigo Joachim Hübner, a influência religiosa cristã na origem da *Didática* e reconhece que

> se, por isso, nesta obra algo de positivo há, não é meu, mas daquele *que sói proferir louvores pela boca das crianças* e que, para mostrar-se fiel, veraz e benigno, *dá a quem pede, abre a quem bate, oferece aos que o procuram* (Lc 11,9-10).[107]

Segundo Comenius, o fundamento religioso deve estar presente, uma vez "Que as raízes da religião estão no homem por natureza [e isso] é demonstrado pelo fato de que ele é a imagem de Deus".[108] O papel vanguardista de Comenius na educação foi sendo destacado desde Leibniz até Jean Piaget, no século XX, e sua importância foi justamente recuperada.[109] Uma educação generalizada, incluindo mulheres e crianças, desde o século XVII, significou realmente um avanço digno de nota, abrindo o conhecimento e rompendo o monopólio da educação até então nas mãos da aristocracia e do clero.

A Unesco, desde 1956, em sua Conferência Internacional em Nova Délhi, o tem como patrono, tendo publicado sua *opera omnia* pela importância da inovação educacional que significou. Em 1992, juntamente com o Ministério da Educação, Juventude e Esportes da República Tcheca, a Unesco criou a Medalha Jan Amos Comenius, em reconhecimento a todos os que se destacam no campo do ensino e na pesquisa pedagógica, com o objetivo expresso de promover e fomentar novas iniciativas,

---

[107] Ibid. (Aos leitores), p. 19. [Ênfase de Comenius].
[108] Ibid., cap. X, p. 66.
[109] Mais sobre o projeto didático de Comenius pode ser visto em: N. Abbagnano; A. Visalberghi. *Historia de la pedagogía*. México: FCE, pp. 204-209.

contribuindo de maneira significativa para o desenvolvimento e a renovação da educação.

c) Na Suíça e na França do século XVIII, surge a figura apaixonante e controversa de Rousseau.[110] Foi criado em lar protestante (huguenote) em Genebra, Suíça, pelo pai, uma vez que a mãe morrera de infecção poucos dias após o parto. A partir dos dez anos de idade, sob a tutela de um tio, foi educado pelo pastor Lambercier em Bossey, onde permanece por dois anos. Volta a Genebra e, por vários anos, desenvolve algumas atividades profissionais como aprendiz. Com dezesseis anos resolve sair e viajar para vários países. Após os trinta anos, desenvolve amizade com os filósofos Condillac e Diderot e, com isso, inicia sua produção literária. Nesse período se casa e tem cinco filhos; não os podendo sustentar, entrega-os a um orfanato. Ao que parece, esse ato marca negativamente toda sua vida. Torna-se famoso em Paris por ganhar um concurso literário em Dijon, em 1750, com o opúsculo: *Sobre as ciências e as artes*. Suas propostas política e pedagógica estão nas obras *Contrato social* e *Emílio ou Da educação* (1762), pelas quais teve inúmeros problemas com o parlamento francês.

Foi um autor polivalente e dos mais importantes da tradição iluminista. Escreveu sobre filosofia, educação, música e política. Em sua principal obra, *Do contrato social*, entre tantos ensinamentos, apregoou não apenas a ideia de que o governo deve ser dado ao povo, por meio de um corpo legislativo popular, em uma democracia direta, mas também a importância central da religião e seu papel de construir e manter a unidade do Estado; a isso chamou Rousseau de "Religião Civil", como o fundamento da moral e do bem comum da vida em sociedade, contrapondo-se à ideia de uma "religião nacional". Em Rousseau, os dogmas da religião devem ser

---

[110] Ghislain Waterlot. *Rousseau: religion et politique*. Paris: Presses Universitaires de France, 2004; Jean Starobinski. *Jean-Jacques Rousseau*: a transparência e o obstáculo. São Paulo: Companhia das Letras, 1991; Thomas Kawauche. "A santidade do contrato e das leis: considerações sobre a religião civil de Rousseau". Disponível em: <http://www.scielo.br/pdf/kr/v52n123/a02v52n123.pdf>.

minimizados, restando somente os seus aspectos essenciais e positivos que fazem da religião civil útil socialmente. Ele diz:

> Os dogmas da religião civil devem ser simples, em pequeno número, enunciados com precisão, sem explicações nem comentários. A existência da divindade poderosa, inteligente, benfazeja, previdente e providente, a vida futura, a felicidade dos justos, o castigo dos maus, a santidade do contrato social e das leis; são estes os dogmas positivos. Quanto aos dogmas negativos, limito-os a um só: a intolerância, que diz respeito aos cultos que excluímos.[111]

Rousseau ressalta categorias teológicas da doutrina cristã e chama a atenção ao fato de apontar para dois aspectos bem interessantes: "a santidade do contrato e das leis", que de maneira surpreendente utiliza uma terminologia religiosa, geralmente reservada por ele mesmo ao caráter da Divindade e ao Evangelho[112] para uma instituição secular ou profana; e a "proibição à intolerância", que dogmatiza de maneira negativa – não há que se tolerar a intolerância. Segundo Maruyama, "Essa religião tolerante (ou intolerante em relação à intolerância) é o núcleo da Religião Civil, e sua finalidade é incitar os cidadãos a amar seus deveres",[113] conceito moderno que certamente reverbera Grotius, Locke, Bayle etc. A "Religião Civil" consegue, por um lado, superar as limitações da "religião do homem" quanto à sua indiferença em relação ao sentimento de patriotismo e à sua acentuada preocupação com o celeste porvir, a nova Jerusalém, e por isso mesmo

---

[111] Jean-Jacques Rousseau. *O contrato social*. São Paulo: Martins Fontes, 1999, p. 166.

[112] Como, por exemplo, no *Emílio*, Livro IV (Profissão de Fé do Vigário Saboiano), em especial as pp. 420-446. Evidente presença, em sua teoria política e educativa, de uma herança protestante, menos calvinista e mais adaptada ao ambiente iluminista, e bem presente na Holanda e Inglaterra, fazendo-o roçar nas ideias deístas, valorizando por demais a liberdade e a vontade humanas e a afirmação de uma religião natural.

[113] Natália Maruyama. *A moral e a filosofia política de Helvétius*: uma discussão com J.-J. Rousseau. São Paulo: Associação editorial Humanitas/Fapesp, 2005, p. 580. Acerca da "Religião Civil" em Rousseau, ver ainda: Heiberle Hirsgberg Horácio. "Religião Civil e Religião Secular: a religião como política e a política como religião". Disponível em: <http://www.abhr.org.br/plura/ojs/index.php/anais/article/view/263/192>.

ausentando-se da vida política; o que Marx, em seu momento, chamaria de alienação. Por outro lado, supera igualmente o exclusivismo da "religião do cidadão" que fatalmente se manifesta em intolerância nacionalista para com aqueles que cultuam outros deuses.

Mais que em nenhum outro lugar, a influência romântica se faz notar em suas ideias e propostas educativas, mas que não deveriam cair em sentimentalismo. A educação rousseauniana se levanta com base no seu dissentimento da sociedade e da cultura pelo fato de elas não conseguirem trazer felicidade ao ser humano. Nessa situação, o processo educativo deve buscar a virtude e a simplicidade natural. Para ele, a relação da criança com o ambiente natural torna-se imperativo.

1.4 Protestantismo, Ciência Moderna e Iluminismo – O impacto no mundo religioso

O século XVI, além de abrigar o humanismo renascentista e a eclosão da Reforma Protestante, possibilitou o início da *revolução científica*, que se estendeu por todo o século XVII. Essa *scientia* nova foi substituindo a ciência grega antiga (especialmente aristotélica), que estava estabelecida na Idade Média e na Renascença. A recepção das novas ideias e descobertas científicas no campo protestante deu-se de modo paradoxal. E não poderia ser diferente, pois o heliocentrismo copernicano, para muitos de tradição confessional, significou um "abalo sísmico" nas convicções e certezas religiosas. A reação dos principais reformadores é ainda bem discutida.[114] Lutero havia discordado claramente de Copérnico a propósito da famosa passagem do livro de Josué, na qual o sol teria parado; mas parece ter sido uma palavra informal de Lutero durante uma *Tischreden* ("Conversa de mesa") com amigos e discípulos, antes da publicação em

---

[114] Sobre isso, ver: John Dillenberger, op. cit., pp. 29-49; Keith Mathison. "Lutero, Calvino y Copérnico – Un Enfoque Reformado a la Ciencia y la Escritura". Com as citações das obras de ambos os reformadores. Blog: *Evangelio segun Jesucristo*. Disponível em: <https://evangelio.wordpress.com/2012/06/22/lutero-calvino-y-coprnico-un-enfoque-reformado-a-la-ciencia-y-la-escritura/>.

1543 da obra de Copérnico, *Da revolução de esferas celestes*, pois suas ideias já vinham sendo conhecidas desde a década de 1530. Já em suas preleções sobre o Gênesis, Lutero pende para a leitura literal. Calvino disse contra Copérnico, em uma homilia sobre 1 Coríntios, que, quem afirma que o sol não se move e sim a terra, "está delirando, completamente louco e como que possuído pelo diabo". Em geral, aos acadêmicos do séc. XVI, em sua maioria religiosos, a teoria heliocêntrica quanto à conclusão da não centralidade da terra no sistema planetário era no mínimo desconfortável.

A. McGrath explica que, quanto a Calvino não ter aceitado o sistema heliocêntrico porque, "supostamente, este contradizia a Bíblia", na verdade, tornou-se lugar-comum hoje em dia por conta da popularização dessa ideia esboçada pelo filósofo Bertrand Russell, que a tomou emprestada de Andrew Dickson White, sem checar a fonte.[115] No caso de Calvino, basta ler as *Institutas*, por exemplo, no livro I, para constatar que ele estimulou o estudo da natureza. De qualquer maneira, há que se reconhecer que, para a corrente principal do protestantismo, a dificuldade básica era conciliar a doutrina da *sola scriptura* com a evidência científica do sol estando fixo no centro e a terra em movimento ao seu redor. Não é nenhum segredo que para Lutero, Calvino e vários outros reformadores do século XVI, o que valia como certeza acerca da astronomia era o sistema ptolomaico – o geocentrismo. Essa cosmovisão perdurou por mais de 1.500 anos. Para E. Davis e M. Winship, especialistas do tema, e que estudam a relação entre ciência e religião há anos,

> a relação entre protestantismo e ciência nos dois primeiros séculos após a Reforma envolveu uma criativa tensão, com importantes compreensões na teologia vindas da nova ciência e importantes elementos da nova ciência sendo moldados por hipóteses teológicas.[116]

---

[115] Alister McGrath. *A revolução protestante*. Brasília: Palavra, 2012, p. 373, com detalhes bem interessantes sobre essa questão. A obra de White mencionada é: *A history of the warfare of science with theology in christendom*, de 1896.

[116] "Early Modern Protestantism", pp. 117-129. In: Gary B. Ferngren (Ed.). *Science and religion: a historical introduction*. Baltimore: Johns Hopkins University Press, 2002, p. 117.

Como dizíamos, a reviravolta deu-se com a aceitação gradual da teoria heliocêntrica do cônego católico, matemático e astrônomo polonês Nicolau Copérnico (1473-1543). No ano de sua morte, foi publicada sua teoria, que ele já vinha demonstrando durante alguns anos, *De revolutionibus orbium coelestium* ("Da revolução de esferas celestes").[117] R. Hooykaas e K. Woortmann são dois autores que exploram de maneira competente o tema do posicionamento dos principais reformadores protestantes. Para eles, em geral, o calvinismo, mais que o luteranismo, foi favorável ao heliocentrismo, muito embora, em sua história imediatamente posterior, tenha havido lances reacionários negando as recentes evidências científicas. Hooykaas, por exemplo, analisa a tese seminal do *ascetismo intramundano* (*innerweltliche askese*) de M. Weber sobre o calvinismo e a possível relação com o capitalismo, tendo como fundamento a doutrina da predestinação para a ética protestante, e também os posicionamentos do sociólogo R. K. Merton acerca da sociologia religiosa de Weber. Ele pontua que:

> Esse ascetismo deu origem a uma intensa atividade econômica, de tal forma que a atitude religiosa, talvez involuntária e inconscientemente, veio favorecer o capitalismo. Merton ampliou esta tese, demonstrando que a atitude de autorrepressão, simplicidade e diligência também fomentou o interesse e a aptidão pela pesquisa científica e tecnológica.[118]

Por sua parte, Woortmann assevera que, segundo Hooykaas, o puritanismo teria conseguido uma imbricação entre racionalismo e empirismo, que foi fundamental para o surgimento da ciência moderna e que "ressalta a predominância de puritanos entre os membros da Royal Society, no século XVII".[119] Ambos os autores destacam o conceito de indivíduo

---

[117] Obra considerada inaugural da ciência moderna e colocada pela Inquisição no *index librorum prohibitorum*, em 1616.

[118] R. Hooykaas. *A religião e o desenvolvimento da ciência moderna*. Brasília-DF: UNB, 1988, p. 132.

[119] K. Woortmann. *Religião e ciência no Renascimento*. Brasília-DF: UNB, 1997, p. 79. Particularmente, considero as penetrantes análises de Woortmann como a melhor pesquisa em língua portuguesa, não obstante o autor reconhecer não ter "a pretensão de ter produzido um trabalho original". (Na Apresentação.)

desenvolvido no nominalismo ockhamista[120] como importante elemento para a modernidade presente no protestantismo. Entretanto, eles reconhecem que Lutero manteve um conservadorismo mais acentuado, com menos abertura para o novo. Calvino e o calvinismo evidenciaram um caminho mais "mundano", com muito mais conexões com os novos tempos, muito embora sua ênfase doutrinária nos dê a impressão de negação ao espírito moderno.

Dois protestantes influenciados pela teoria copernicana foram os alemães Georg Joachim Rheticus (1514-1560), matemático em Wittemberg, contemporâneo de Lutero e que visitou Copérnico alguns anos antes de sua morte em Frauenburg (Frombork), na Polônia, retornando à Alemanha como um convencido discípulo e sendo o responsável pela publicação de uma importante compilação[121] da cosmologia copernicana em Nüremberg, e Michael Mästlin (1550-1631), professor de matemática em Tübingen, tendo como aluno ninguém menos que Kepler.

Na sequência, o astrônomo protestante dinamarquês Tycho Brahe (1546-1601), que observara as posições das estrelas e planetas antes do uso do telescópio, fez notórios avanços, ainda que discordasse de Copérnico em vários pontos: manteve a terra imóvel no centro do sistema, os demais planetas girando ao redor do sol e todos em rotação ao redor da Terra. Anos depois, na Itália, surgiu o físico e astrônomo católico Galileu Galilei (1564-1642), autor fundamental para a revolução científica. Muitas de suas descobertas foram descritas na sua obra *Sidereus Nuntius* ("Mensageiro das Estrelas"), em 1610, onde defende brilhantemente o heliocentrismo copernicano com a publicação de *O Dialogo sopra i Due Massimi Sistemi del Mondo Tolemaico e Copernicano* ("Diálogo sobre os dois máximos sistemas do mundo ptolomaico e copernicano"), em 1632. Apologia que, como se sabe, lhe foi bastante onerosa, evoluindo para uma acusação perante o

---

[120] Lutero e Calvino, como se sabe, foram formados teologicamente em ambiente nominalista; o primeiro no mosteiro de Erfurt, na Alemanha, e o segundo no colégio Montaigu, em Paris.
[121] *De libris revolutionum Nicolai Copernici narratio prima*, publicada em 1540.

tribunal do Santo Ofício e finalmente para sua condenação em 1633.[122] O entendimento da relação entre ciência e religião (cristianismo) em Galileu pode ser verificado nas quatro cartas[123] que ele escreveu entre 1613 e 1615. Nelas, buscava justificar uma concordância entre o heliocentrismo e o conteúdo da revelação bíblica. Apenas como ilustração disso, mencionamos a primeira carta:

> Assentado isto e sendo manifesto que duas verdades não podem nunca contradizer-se, é ofício dos sábios expositores afadigar-se para encontrar os sentidos verdadeiros das passagens sagradas concordantes com aquelas conclusões naturais, das quais, primeiro o sentido manifesto ou as demonstrações necessárias nos tiver tornado certos e seguros.[124]

Galileu teve seus trabalhos publicados em países onde o protestantismo já havia sido implantado. Na Holanda (Leiden), inclusive, publicou em 1638 sua obra mais importante: *Discorsi e Dimostrazioni Matematiche Intorno a Due Nuove Scienze* – ("Discurso e demonstração matemática sobre duas novas ciências"). Simultaneamente, faz-se notar o astrônomo e matemático protestante alemão Johannes Kepler (1571-1630), que se juntou aos seus antecedentes, e todos se debruçaram sobre a imensa pesquisa de Copérnico, corrigindo e melhorando seus cálculos e conclusões. Kepler, em especial, provou o movimento elíptico dos planetas e, para vários historiadores da ciência, é considerado o principal autor da revolução científica. Sua importância também se deu com a publicação da *opus magna The new astronomy* (1609), na qual, entre outras coisas, articulou para seus amigos protestantes uma forma de conciliação entre a teoria copernicana

---

[122] Para maiores detalhes, ver o belo artigo de Pablo R. Mariconda. "O *Diálogo* de Galileu e a Condenação". *Cadernos de História e Filosofia da Ciência*, Campinas, Série 3, v. 10, n. 1, p. 77-160, jan.-jun. 2000. Disponível em: <http://www.cle.unicamp.br/cadernos/pdf/Pablo%20Mariconda.pdf>.

[123] Acerca disso, ver: Galileu Galilei. *Ciência e fé*. São Paulo: Editora Unesp, 2009.

[124] Ibid., p. 20 (Carta a Dom Benedetto Castelli).

e a Bíblia, usando a teoria agostiniana da "acomodação".[125] Explica que tanto a linguagem literal da Bíblia, falando de assuntos ordinários, quanto a interpretação figurativa utilizada para compreendê-la não deveriam ser confundidas com os princípios científicos.[126] Em outras palavras, na concepção protestante, não apenas Deus se acomoda à condição humana, encarnando-se, mas a própria linguagem bíblica igualmente passa por um processo de acomodação, como pensava Calvino, com o qual seria passível de entendimento para o homem comum.

O ciclo desses grandes astrônomos, filósofos, físicos e matemáticos se encerrou com o protestante inglês de Cambridge Isaac Newton (1642-1727), com as suas *Leis*, em especial a da gravitação universal, todas expostas na sua obra *Philosophiae naturalis principia mathematica* ("Princípios matemáticos da filosofia natural"), em três volumes, publicada em 1687, já bem no contexto da *Royal Society*. Segundo alguns, a obra de maior influência na história das ciências naturais. Nela, Newton também provou matematicamente as leis de Kepler sobre o movimento dos planetas.

À vista disso, pode-se dizer que da semente plantada por Francis Bacon, conforme vimos, de todas essas descobertas no campo da astronomia, o fruto mais nobre, em termos institucionais, com certeza foi a criação da *Royal Society*. De certa forma, o sonho baconiano de uma "Casa de Salomão" estava concretizado.

Contando hoje com mais de 1.500 membros (*fellows*), teve suas origens em 1660, quando um pequeno grupo de cientistas decidiu dedicar-se à pesquisa científica em forma experimental (empírica). Oficialmente a primeira reunião (*meeting*) deu-se a 28 de novembro de 1660, no Gresham College

---

[125] A teoria da "acomodação" também pode ser verificada em Calvino, como, por exemplo, quando expõe a doutrina da Trindade: "Pois quem, mesmo os de bem parco entendimento, não percebe que Deus assim fala conosco como que a balbuciar, como as amas costumam fazer com as crianças?" (*Institutas*, 1.13.1).

[126] Ver, a respeito, E. Davis e M. Winship, op. cit., p. 121.

de Londres, com a *lecture* de Christopher Wren (1632-1723), considerado o maior arquiteto da Inglaterra. Nesse primeiro encontro estavam presentes, entre outros, Robert Boyle e o bispo anglicano e filósofo naturalista John Wilkins (1614-1672). "O grupo logo recebeu aprovação real (de Carlos II), e desde 1663 veio a ser conhecido como 'The Royal Society of London para melhorar o conhecimento natural'".[127] Nesse espaço institucional é que foram desenvolvidas muitas pesquisas relevantes para a modernidade, e em várias delas os protestantes estiveram envolvidos diretamente, como veremos a seguir.

Nullius in verba ("Nas palavras de ninguém") foi o lema e a regra escolhida para a fundação da *Royal Society* em 1660, indicando, desde o início, que nenhuma autoridade poderia ter a primazia sobre os fatos experimentados – estava lançado o empirismo como *norma normans* da epistemologia investigativa, conforme advogava Bacon. Contudo, hoje se sabe que mesmo a ciência astronômica daquele momento estava eivada de astrologia como também de ideias, práticas e princípios da alquimia, do esoterismo, da magia e da maçonaria, que se mesclavam como pressupostos na investigação científica. Com esse pano de fundo, pode-se entender que a maior liberdade que se concedia ao livre pensamento possibilitou que a presença protestante nessa instituição fosse uma realidade desde o seu nascimento. Nesse particular, cabe mencionar novamente o anglicanismo (versão inglesa do protestantismo), que, bem mais que aquele desenvolvido no continente, favoreceu sobremaneira o avanço da ciência, por abrigar a liberdade absoluta de exame, investigação, como se sabe, princípio protestante estabelecido desde seus inícios no século XVI, ambiente que contemplou uma mescla de ideias latitudinárias, puritanas e independentes que, de fato, contribuíram para a disseminação do conhecimento científico nos albores do século XVII e nos dois séculos seguintes.

---

[127] "The story of the Royal Society is the story of modern Science". Disponível em: <https://royalsociety.org/about-us/history/>. Ver também: Thomas Sprat. *The history of the Royal-Society of London for the improving of natural knowledge*. London: Martyn, 1667.

Em sua análise do *éthos* puritano, Merton identificou que esta postura ética "canalizou os interesses dos ingleses do século XVII, de sorte que constituíssem um *elemento* importante no cultivo da ciência".[128] A ideia de Merton é que, para a mente puritana, o mundo corrompido somente poderia ser controlado por um "estudo sistemático, racional e empírico".[129] Ademais, para ele, a importância das ideias de Bacon para a fundação da *Royal Society* foi bem relevante, uma vez que destacou a necessidade de superação do método escolástico, reconhecendo que a influência puritana da mãe em sua formação fora marcante. Merton destaca que "os ensinamentos baconianos constituíram os princípios básicos sobre os quais se formou a Sociedade Real".[130] As pesquisas de cientistas como Robert Boyle, John Ray, Francis Willughby, John Wilkins, Oughtred Wallis etc., segundo Merton, seguindo Weber, estavam marcadas por impulsos psicológicos que conduziam à ação, pelo fato de que "certos elementos da ética protestante haviam impregnado a esfera da conduta científica e haviam deixado sua marca indelével nas atitudes dos cientistas em relação ao seu trabalho".[131] No cuidado pelo bem-estar social, o protestante excluía o lazer ocioso, pois este, além de conduzir a pensamentos pecaminosos, não valorizava o tempo dado por Deus, e que, por sua vez, minava o dom da vocação divina manifesta na atividade laboral produtiva e exitosa; trabalho que segundo Boyle era realizado para a maior glória de Deus e o bem do homem. Tambiah ressalta exatamente essa dimensão acerca dos estudos de Merton, de que

> a combinação da piedade puritana com o utilitarismo e empirismo da ciência como concebida está ilustrada nas esperançosas palavras de Boyle de que os amigos (*Fellows*) da Sociedade podem "descobrir a verdadeira natureza das obras de Deus", e a proclamação de John Wil-

---

[128] R. K. Merton. *Teoría y estructura sociales*. México: FCE, 2002, p. 660.
[129] Ibid.
[130] Ibid., p. 662.
[131] Ibid., p. 661.

kins de que "o estudo experimental da natureza gerava nos homens a veneração por Deus".[132]

Dessa forma, segundo percebeu Weber, surge nesse contexto protestante, em vários dos seus segmentos, denominados por ele de "seitas", um "ascetismo intramundano", preferível ao ascetismo monástico-medieval e que tornava o homem ausente de seu mundo. A modernidade nascente exigia um compromisso mundano de reforma e conserto da sociedade.

Para Merton, a base desse giro antropológico está na Reforma que trasladou da Igreja para o indivíduo a responsabilidade pela salvação. Seu sentido era que, não é mais a Igreja o receptáculo da salvação e despenseira de bens, e sim o indivíduo quem a recebe e partilha com seus semelhantes, convocando-os a partilharem a mesma, mas sabedores de que se trata de uma decisão individual. Essa mudança paradigmática resultou em uma clara consideração da razão (método racionalista) como instrumento de discernimento rigoroso, o que, em seu momento, favoreceria as novas atividades que surgem no mundo das invenções e principalmente na economia. O método empírico de observação, somado ao racionalismo, produziu uma síntese que adquiriu supremacia no *éthos* puritano, e Bacon tornou-se uma espécie de patrono da nova ciência. Novamente Merton é preciso em descrever este importante fator:

> Provavelmente é nesse ponto onde o puritanismo e a atitude científica estão mais notoriamente de acordo, porque a combinação de *racionalismo* e *empirismo*, que é tão pronunciada na ética puritana, forma a essência do espírito da ciência moderna. O puritanismo se inspirava no racionalismo neoplatônico, da vida neste mundo derivado em grande parte através de uma modificação adequada do ensinamento de Santo Agostinho, porém, não se detinha aí. Associada com a necessidade de tratar com êxito os assuntos práticos da vida neste mundo – derivação do peculiar sentido grave que possuía a doutrina calvinista da

---

[132] S. J. Tambiah. *Magic, Science, and the scope of rationality.* Cambridge: Cambridge University Press, 1990, p. 13.

predestinação e a *certitudo salutis* mediante uma venturosa atividade mundana – estava a importância concedida ao empirismo.[133]

Tambiah avalia positivamente as teses de Merton, relembra o debate com W. Sombart, destaca que a dependência de Merton para com Weber despertou várias críticas e evoca a avaliação de T. Kuhn, ao afirmar que "as correções apenas conduzem a uma revisão da tese de Merton, não à rejeição".[134] Os dados estatísticos de Merton, sobre uma espécie de "afinidade eletiva" entre puritanismo e ciência,[135] são realmente eloquentes e falam por si mesmos, pois a porcentagem de membros puritanos era bem superior às demais confissões,[136] e ele constata algo bem similar na sociedade de Ciências na França. A liberdade de pensamento, a observação empírica, o livre exame, os interesses intramundanos relativos à atividade laboral, uma visão utilitarista da vida, além de um individualismo que permitia reordenar os conceitos e definições do sistema de autoridade, facilitaram o encontro entre protestantismo, puritanismo, pietismo e a ciência moderna.

Se, por um lado, não é difícil a confirmação de que as ideias reformistas presentes em seus vários segmentos foram importantes tanto para a revolução científica no século XVII, como vimos, como também para a revolução industrial no final do século XVIII e durante todo o século XIX, em especial na Inglaterra, por outro lado, constata-se igualmente a recepção das ideias da Reforma Protestante para o desenvolvimento da revolução intelectual ocorrida nesses 300 anos, imediatamente após o século XVI. Refiro-me ao *Iluminismo*.

---

[133] Ibid., p. 665.

[134] S. J. Tambiah, op. cit., p. 15.

[135] Todo o capítulo XX, "Puritanismo, pietismo e ciência", da sua *Teoría y estrutura sociales*. México: FCE, 2002, pp. 660-692.

[136] "... na lista original de indivíduos da Sociedade em 1663, quarenta e dois, dos sessenta e oito acerca dos quais há informação quanto a sua orientação religiosa, eram manifestamente puritanos" (op. cit., p. 670).

Trevor-Roper, um dos grandes especialistas desse período da história europeia, afirma de maneira contundente que, "Sem a Reforma protestante do século XVI, segundo nos é dito, não teríamos tido Iluminismo no século XVIII: sem Calvino não teríamos Voltaire".[137] Obviamente se trata de uma hipérbole retórica, mas que evidencia as conexões de fatos e ideias. E se a presença protestante no mundo político e científico da classe burguesa é parte integrante da história moderna ocidental, Trevor-Roper ainda ressalta que, com a obra de Max Weber, a teoria da origem exclusivamente protestante do progresso do pensamento moderno "recebeu seu novo impulso social". A ação puritana, pesquisada por Weber em "seitas" como *quakers*, batistas etc.,

> não foi apenas uma revolução constitucional, foi também a revolução burguesa; e a revolução burguesa foi, por sua vez, a revolução intelectual. A nova ciência, a nova filosofia, a nova historiografia, a nova economia eram todas obras dos "protestantes radicais" – quanto mais radical, mais progressista.[138]

Por sua parte, Hill, comentando sobre a Inglaterra dos anos 1640-1660, explica que "A influência da tradição protestante radical espalhou-se para muito além dos círculos que, em qualquer sentido doutrinário, pudessem ser chamados de puritanos".[139] O interesse pelo "mundo secular" fica, desse modo, manifesto no fenômeno da religiosidade protestante e acelera, como mencionado antes (1.2), a questão do *desencantamento do mundo*. Mais para frente neste estudo (3.3) veremos detalhadamente acerca do processo de secularização, pelo qual as ideias religiosas, bem como a ética protestante, foram sendo ignoradas e a teologia, banida do claustro universitário a partir do século XVIII – o "exílio do sagrado", diria R. Alves.

---

[137] Hugh Trevor-Roper. *A crise do século XVII*. Rio de Janeiro: Topbooks, 2007, p. 285.

[138] Ibid., p. 286. Trevor-Roper parece expressar aqui a ideia desenvolvida pelo historiador inglês marxista Christopher Hill. De fato, na nota 1 da página 287, indica a obra de Hill, *Intellectual Origins of the Puritan Revolution* e menciona a crítica à argumentação de Hill em *History and Theory*, V,I (1966).

[139] Christopher Hill. *O século das revoluções – 1603-1714*. São Paulo: Editora Unesp, 2012, p. 187.

A liberdade de pensamento, princípio central da vida intelectual no movimento iluminista na segunda metade do século XVII, tornou-se um lugar-comum. Nesse tempo, nos países protestantes a tolerância para com a heresia era mais presente. Holanda e Suíça publicaram inúmeras obras suspeitas, inclusive de Montesquieu e Voltaire. Novamente Trevor-Roper sublinha que cidades calvinistas como Genebra e Lausanne foram lugares seguros para o filósofo e jurista italiano Pietro Giannone (1676-1748) e Voltaire, que o pastor de Genebra Jacob Vernet (1698-1789) foi o líder iluminista mais destacado no período naquela cidade, correspondendo com Jean Leclerc (1657-1736) e Rousseau, assistiu a D'Alembert quando este esteve em Genebra visitando Voltaire, traduziu Giannone, foi amigo e editor de Montesquieu e Voltaire, sem contar Lausanne que ofereceu toda a formação intelectual a E. Gibbon (1737-1794). Também na Escócia calvinista de Francis Hutcheson (1694-1746), David Hume (1711-1776), Adam Smith (1723-1790), William Robertson Smith (1846-1894), fazendo uma transição do puritanismo para o iluminismo social tolerante, sem dúvida influenciaria o conceito de liberdade desenvolvido posteriormente no utilitarismo de John Stuart Mill (1803-1876). Trevor-Roper sintetiza os caminhos do Iluminismo na geografia protestante:

> A Holanda calvinista, a Inglaterra puritana, a Suíça calvinista, a Escócia calvinista... Se tivermos uma visão ampla – se olharmos para a contínua tradição intelectual que ia da Renascença ao Iluminismo –, essas sociedades calvinistas aparecem como as sucessivas fontes a partir das quais essa tradição era alimentada, as sucessivas cidadelas para as quais às vezes ela se retirava a fim de ser preservada.[140]

Trevor-Roper, de fato, faz uma descrição elucidativa dos países com presença protestante, com realce para o calvinismo e o arminianismo. Na Holanda, especialmente em Leiden e Amsterdã, as novas ideias surgem não exatamente contra Calvino, Beza ou Knox, e sim contra o enrijecimento

---

[140] Hugh Trevor-Roper, op. cit., p. 291.

doutrinário presente particularmente em Voetius (conforme 2.1), e também nas diversas figuras intolerantes dos demais países protestantes, avessos a qualquer novidade, de antemão alcunhada de liberal, como em Rutherford, Bailie, Jurieu, Turrentini, Cotton Mather e muitos outros.

Fica claro, pois, que esse "pensamento novo", embrião da revolução intelectual, germinaria não no solo calvinista, mas exatamente no seu oposto, naquele quadrante que incluía libertinos, arminianos, socinianos e remonstrantes. Descendentes de Erasmo como Grotius, Armínio compuseram uma massa de pensadores que conduziu o pensamento até ao Iluminismo. Percebe-se uma diferença expressa entre o calvinismo suíço e o holandês. Diz Trevor-Roper que, na Holanda, o poder civil era uma salvaguarda contra o fanatismo dos *predikants*.[141] Contudo, diante de problemas externos, como guerras e invasões, as alianças com a Igreja calvinista eram refeitas. Um desses momentos de crise que afetou as posições mais liberais dos arminianos deu-se por ocasião do sínodo de Dort (ver 2.1). Para Trevor-Roper

> um calvinismo estrito e repressivo foi imposto à igreja das Províncias Unidas... quando a crise política terminou, os arminianos recuperaram sua liberdade e os socinianos se desenvolveram sob sua proteção... Gisbert Voetius podia denunciar ideias liberais e novas ideias de todos os tipos, e especialmente as ideias de Descartes, mas a nova filosofia foi preservada e continuou com apoio arminiano.[142]

A política religiosa na Inglaterra, no final da primeira metade do século XVII, desenvolvia um *modus operandi* similar; possuía como raiz comum as doutrinas de Erasmo e se manifestava nos debates entre presbiterianos (calvinistas) e independentes (arminianos).[143] Aqueles, defen-

---

[141] Ibid., p. 304.
[142] Ibid, p. 304.
[143] Sobre a configuração religiosa inglesa em meados do século XVII, ver item 2.2, adiante, e as notas correspondentes. Sigo aqui as descrições históricas de Christopher Hill, Hugh Trevor-Roper e Diarmaid MacCulloch nas obras citadas.

dendo Genebra e Dort, estes, a favor do livre-arbítrio e da tolerância, e com grande influência sobre o laicato. Por isso mesmo, desclericalizam a Igreja, com as mulheres adquirindo um destaque nunca antes acontecido. Simultaneamente, nas camadas letradas da população, dava-se uma importante influência cartesiana e baconiana, transformando Oxford na grande promotora da nova filosofia. Hill registra que "A instituição presbiteriana foi praticamente uma instituição natimorta. Quando ela entrou na legislação (1646), o poder estava sendo transferido para o exército independente",[144] havendo uma forte presença do Parlamento por uma necessidade política. A dinâmica religiosa no contexto leigo ficava livre para as suas definições doutrinárias mais vagas, com uma razoável ênfase nos ajuntamentos democráticos. Hill pontua que

> a maioria das seitas elegia seus próprios ministros e discutia assuntos da Igreja de forma democrática; elas criaram linhas de pensamento sobre autogoverno. O ponto de partida teológico, digamos, dos batistas, era subversivo com relação a uma Igreja nacional, pois o batismo em idade adulta significava que cada indivíduo, quando atingisse a idade da razão, decidia por si próprio a que Igreja pertenceria; ele negava que cada criança nascida na Inglaterra se tornava automaticamente membro da Igreja Anglicana.[145]

Por conseguinte, a Inglaterra tornou-se um espaço de efervescência político-religiosa, com a crença em diversas teorias milenaristas sobre a luta do Messias e seus seguidores contra o anticristo, imagem bíblica personificada na figura do papa de Roma, trazendo o fim do mundo e a inauguração do Reino de Deus. Tais movimentos cresceram muito, dada a tolerância religiosa apregoada. Nesse estado de coisas, os calvinistas presbiterianos estavam claramente deslocados, pois entendiam que democracia e tolerância religiosa eram princípios que, no final das contas, levariam "ao ceticismo,

---

[144] C. Hill. *O século das revoluções – 1603-1714*. São Paulo: Editora Unesp, 2012, p. 179.
[145] Ibid., p. 180.

ao ateísmo e à dissipação... A democracia deve levar à heresia".[146] Para os presbiterianos a humanidade estava desgarrada, não possuindo mais a *imago Dei*, e Cristo morreu apenas pelos eleitos; um elitismo que concluía não ser todos os homens iguais – uma diferença essencial e qualitativa, baseada na predestinação. De certa maneira, essa doutrina estava presente em outros segmentos religiosos, como, por exemplo, na *Fifth Monarchy*, mas que, desesperançados com a política, se voltaram com fervor para a profecia do retorno de Cristo à terra para produzir a queda do governo de Oliver Cromwell, considerado indigno de sua posição.

A autoridade do clero diminuiu acentuadamente, uma vez que a centelha divina estava posta em cada homem e a pregação deveria ser democratizada, e nem mesmo a frequência obrigatória continuou a vigorar. Tudo isso "Marcou um novo tipo de liberdade para aqueles que até então estavam desacostumados à liberdade de qualquer espécie".[147] A grande disputa era entre a tolerância e a disciplina. Onde estava a corrupção? Nas classes mais pobres e desassistidas ou nos velhos proprietários da classe dominante? Presbiterianos, parlamentaristas conservadores, puritanos calvinistas de um lado e "seitas" independentes, parlamentaristas liberais, calvinistas moderados, *levellers*, *diggers* etc., de outro. Entretanto, todos estavam juntos na intolerância ao partido católico, como posteriormente ficaria evidente em Locke.

No mesmo período, na Escócia, por não ter um laicato forte, uma vez que se constituía de extensas propriedades rurais ainda não tão desenvolvidas, a Igreja calvinista conseguia manter-se no controle até por volta de 1650 e impediu que a presença arminiana se solidificasse. O principal líder arminiano (na verdade, um calvinista moderado), John Cameron (1579-1625), teve de exilar-se na França, onde lecionou em Sedan (1606-1608), Saumur (1608-1621) e Montauban (1624-1625). Teve uma breve passagem pela Inglaterra e Escócia, onde, por um ano (1622-1623), foi o diretor da

---

[146] Ibid., p. 181.
[147] Ibid., p. 185.

Universidade de Glasgow. Morreu assassinado, ao que tudo indica, por um fanático discordante de sua doutrina. Suas ideias influenciariam diretamente seu principal aluno, Moise Amyraut (1596-1664). Anos difíceis para os adeptos do livre-arbítrio e da tolerância religiosa. Mas, a partir de 1650, com a conquista da Inglaterra, o ambiente "iluminista" foi parcialmente recobrado, por pouco tempo, pois a "Igreja Nacional da Escócia logo recuperou seu poder e o extinguiu".[148] No final do século XVII e no século XVIII, a Escócia testemunhou uma mudança significativa, na qual, por meio do *Patronage Act* (1712), o fanatismo foi sendo superado com a valorização do elemento leigo e moderado da Igreja escocesa. D. Hume, E. Gibbon, A. Smith e W. Robertson Smith são figuras desse novo tempo, conforme já descrito.

Na França, a instrução dos huguenotes se destacava. Aconteceu no século XVI, quando a comunidade calvinista produziu grandes pensadores, como Pierre de la Ramé – já citado –, que é apenas um entre muitos. Todavia, o século XVII testemunha a presença de um clero puritano que, por ignorância, se torna cada vez mais rígido e apologético. A academia de teologia de Saumur era, sem dúvida, uma exceção, esposando a teologia arminiana, sob o comando de Moise Amyraut, profícuo escritor acusado de heresia em três ocasiões, que se tornou o principal líder protestante na França. Suas ideias iluministas se opunham ao conteúdo doutrinário do Sínodo de Dort.

Na Suíça, no século XVII, a Igreja calvinista aderiu aos cânones de Dort na tentativa de eliminar as influências sofridas do arminianismo francês de Saumur. E produziu o *Consensus Helveticus*[149] de 1674, fruto de um ultracalvinismo estreito que se refletiu na produção acadêmica das

---

[148] Trevor-Roper, op. cit., p. 306.
[149] Foi um documento adotado em 1675 para todos os Cantões da Suíça, contendo 25 cânones em assuntos centrais da teologia, como inspiração das Escrituras, predestinação, reprovação, justificação etc., que claramente se contrapunham ao que era ensinado na Academia de Saumur e à doutrina de Moise Amyraut (amyraldismo). A figura de Turrettini, para mitigar essa influência radical do Consensus, foi realmente bem importante.

Escolas de Genebra e Lausanne com a proibição de obras consideradas liberais como as de Grotius, por exemplo, causando um colapso intelectual que só seria superado no início do século XVIII, por obra do teólogo J.-A Turrettini (1671-1737). Jean Leclerc pôde, então, voltar do seu exílio francês, iniciando o Iluminismo em Genebra, e o socianismo, 150 anos depois, se estabeleceu na mesma cidade de Calvino. Por sua vez, Lausanne, dependente da oligarquia de Berna, não teve o mesmo destino. Os professores não alinhados com o *Consensus Helveticus* foram expurgados e o clero, destituído, terminando a querela em 1722. De maneira surpreendente, houve resistência arminiana e a ortodoxia perdeu seu vigor no desgaste da contenda. Finalmente a Academia de Lausanne foi preservada do radicalismo calvinista e seguiu com seu espírito mais liberal e tolerante.

O Iluminismo, ou pré-Iluminismo do século XVII, como preferem alguns, não obstante os muitos reveses, seguiu sua marcha inexorável, exercendo o papel da alma dos novos tempos, e também, como vimos, aportou na religião e na teologia por meio da heresia sociniana, veiculada no arminianismo. Há um consenso de que o tronco comum, a que todos se filiam, está posto em Erasmo de Roterdã e sua tradição. Se, de uma parte, o universo protestante, sem contar aqueles geniais cientistas ligados à astronomia e já mencionados acima, produz uma lista quase interminável de teólogos ou pensadores diretamente ligados à religião, da qual podemos destacar: P. Ramus, F. Socino, F. Bacon, J. Armínio, J. Cameron, H. Grotius, J. Selden, T. Hobbes, J. A. Comenius, M. Amyraut, S. Hartlib, W. Chillingworth, J. Wilkins, R. Cudworth, J. Locke, G. Lebniz, P. Bayle e depois, numa segunda geração, J. Leclerc, J.-A. Turrettini, M. Tindal, J. Toland, C. Wolff, G. Berkeley, F. Hutcheson, D. Hume, J.-J. Rousseau, A. Smith, E. Gibbon, e chegando até I. Kant, W. Robertson Smith, T. Jefferson e G. W. F. Hegel. Esta extensa lista, que repete alguns nomes e completa a anterior (1.1), indica precisamente que o protestantismo, como um todo, malgrado os exemplos em contrário, estava à frente da marcha em direção à modernidade que ia se impondo nas diversas áreas do conhecimento.

O catolicismo, por sua parte, dá um contributo de inestimável valor ao Iluminismo, por meio de: D. Erasmo, N. Maquiavel, F. Guicciardini, M. Montaigne, Luis de Molina, R. Descartes, P. Sarpi, P. Bérulle, F. A. de Thou, B. Pascal, R. Simon, N. Malembranche, B. Lamy, Lord Acton. Quer dizer, nas duas bandeiras religiosas que dominam o Ocidente cristão, muito embora as diferenças internas se acumulassem aceleradamente, o desejo até então tácito por liberdade humana de pensamento e expressão torna-se manifesto em reação à cultura religiosa dogmática estabelecida, e, com isso, traz para a religião aquilo que já acontecia na cultura em geral.

1.5 Síntese

O Ocidente, em sua dinâmica histórica, nos séculos XVI e XVII, com base em todo um patrimônio intelectual anterior, acumulado e convergente no Renascimento, enaltecendo a razão humana, bem como o humanismo ascendente, somado aos nacionalismos emergentes, recebe simultaneamente o influxo duradouro de duas novas realidades:

a) nova maneira cultural de entender o cosmos e a vida humana – a *Modernidade*;
b) nova forma religiosa de relacionar-se com o sagrado e com a sociedade – o *protestantismo*.

Entre outras coisas, a modernidade demandava o uso prioritário da razão como instrumental para o verdadeiro conhecimento. O protestantismo, percebendo a viragem dos tempos, rearticula seu discurso e sua práxis, adaptando-se a este *novum* que chegou.

As ambiguidades e paradoxos fazem parte do fenômeno protestante, uma vez que assume os riscos de se manter uma religiosidade com identidade própria, ao mesmo tempo vinculada aos novos conceitos e paradigmas que iam se impondo a cada dia e transformando o cotidiano da vida, sob a égide do princípio protestante da relativização completa da dimensão humana. Uma nova filosofia, a partir da razão e da observação empírica, se somava a uma nova educação, cada vez mais inclusiva e universal. O resultado foi o desaparecimento gradual do mistério e do desconhecido, e o funcionamento de todas as coisas foi sendo revelado, trazendo esperança e otimismo. O esclarecimento – Iluminismo dá seus primeiros passos e indica que a revelação não mais vem de fora, mas está aqui, diante dos olhos, diante dos sentidos, exigindo o uso adequado dos instrumentos para o pleno conhecimento e a certeza de que foi Deus mesmo quem ordenou com esse caráter.

2

Identidade protestante e sociedade moderna

Se é cabível um cristão atuar e relacionar-se nas diversas áreas da vida, faz sentido ele tornar-se um recluso para ser cristão? Certamente, tanto os princípios quanto as práticas da fé cristã são simples e conduzem não somente à meditação, mas, também, à ação. (W. Wilberforce)

O protestantismo, que nasce a partir da convicção espiritual de um monge agostiniano alemão em 1517, ousando desafiar o *status quo* eclesiástico, pronunciando-se no início contra a prática das indulgências em seu país e posteriormente posicionando-se de forma áspera e divergente da tradição usual em assuntos doutrinários como sacerdócio, votos monásticos, interpretação bíblica, justificação pela fé somente etc., rapidamente percebeu que, com o apoio de príncipes, aristocracia, burguesia e o povo em geral, estaria envolvido em algo bem maior que uma simples querela religiosa ou teológica. No final das contas, a Europa, como um todo, foi afetada de modo irreversível. A questão das "causas" da Reforma Protestante, de fato, é uma temática interessantíssima e revela os elementos não religiosos ou teológicos envolvidos nessa disputa. Fica evidente que várias forças confluíram para a concretização da ruptura.[1]

---

[1] Para esse particular, recomendo: Diarmaid MacCulloch. *Reformation*: Europe's House Divided – 1490-1700. London: Penguin Books, 2004; Patrick Collinson. *A Reforma*. Rio de Janeiro: Objetiva, 2006; Jean Delumeau. *Nascimento e afirmação da Reforma*. São Paulo: Pioneira, 1989.

Desde então, o fenômeno protestante, ainda que se utilizasse de um discurso religioso, assaz doutrinário, legitimando suas ações com as Escrituras e o patrimônio histórico do cristianismo, estabeleceu uma relação umbilical com a realidade mundana circundante, oferecendo nova alternativa religiosa para o mundo ocidental, com possibilidades de assimilação da modernidade nascente por meio de um criativo repertório de ações.

2.1 Protestantismo e a defesa da sociedade

Os tempos eram outros no séc. XVII, mas a mudança não aconteceu de forma imediata. Em se tratando de movimentos político-religiosos, não devem ser ignoradas, na idade da razão, as "interferências afetivas", como nos explica Rouanet;[2] paixões que estiveram presentes desde o início, como se pode identificar nas tradições platônica e aristotélica, e se fazem sentir igualmente no pensamento medieval, já em seu ocaso, por meio, primeiro, do *voluntarismo* presente na espiritualidade agostiniana da ordem franciscana, em que "O pensamento, a *ratiocinatio*, é inteiramente movido pela vontade, que determina os fins e a direção da atividade intelectual, e preside ao processo pelo qual os dados da experiência externa e interna são subsumidos pelos conceitos racionais".[3] E, em segundo lugar, Rouanet salienta ainda que a *vida afetiva* se mostra no *intelectualismo* da tradição tomista, na qual se "ressalta o papel determinante da inteligência, que indica à vontade os bens que devem ser buscados".[4] Dessa forma, as paixões, no sistema volitivo ou na inteligência, podem, de fato, interferir no processo de conhecimento, "poluindo" e ameaçando a confiabilidade para o verdadeiro conhecimento.

Com isso, na Idade Moderna, tentar-se-á decifrar o verdadeiro papel dos sentimentos afetivos e se realmente podem perturbar a ciência investigativa.

---

[2] Sérgio P. Rouanet. *A razão cativa*: as ilusões da consciência: de Platão a Freud. São Paulo: Brasiliense, 1987, pp. 19 e seguintes.
[3] Ibid.
[4] Ibid.

Haverá, por um lado, a tendência de se preservar o já conquistado, quer dizer, dogmatizar contra as paixões em nome da segurança no processo científico; nesse particular, como foi observado (1.3), o *Novum Organon* de Bacon é um símbolo inquestionável, uma vez que "inclui as paixões entre os *idola tribus*, os obstáculos ao saber, comuns a todos os homens".[5] Locke, em geral, segue essa linha, enfatizando a *perturbatio animi* a ser descartada pela razão. Todavia, uma consideração mais precisa do papel dos afetos no processo de conhecimento estará de fato presente nos diversos pensadores materialistas e idealistas, a partir de Hobbes, do próprio Locke, passando por Descartes, Spinoza e Leibniz. Spinoza (1632-1677)[6] é bem preciso em afirmar que:

> ... apenas à medida em que vivem sob a condução da razão, os homens necessariamente fazem o que é necessariamente bom para a natureza humana e, consequentemente, para cada homem, isto é, aquilo que concorda com a natureza de cada homem. Por isso, igualmente, à medida que vivem sob a condução da razão, os homens concordam, sempre e necessariamente, entre si.

Outro belo exemplo de exaltação da razão é a reflexão de Leibniz.[7] Aliás, ele é considerado um dos primeiros a lamentar a falta de unidade dos cristãos e, com o uso da razão, lutou pela ecumenicidade do cristianismo. Sobre o *entusiasmo*, diz ele:

> ... e pretender proscrevê-la [a razão] para que dê lugar à revelação seria como arrancar-se os olhos para poder olhar melhor os satélites de Júpiter através de um telescópio. A fonte do entusiasmo estriba em que uma revelação imediata é mais cômoda e mais breve que um raciocínio longo e penoso e que nem sempre vem seguido de um êxito agradável [...]. Os fanáticos comparam sua opinião à vista e ao sentimento.

---

[5] Ibid., p. 20.

[6] Benedictus de Spinoza. *Ética*. Belo Horizonte: Autêntica Editora, 2008, p. 303.

[7] G. W. Leibniz. *Nuevos ensayos sobre el entendimiento humano*. Madrid: Editora Nacional, 1983, pp. 615-616. Ver a respeito: Julio de Santana. *Ecumenismo e libertação*. Petrópolis: Vozes, 1987, p. 22, onde diz: "Leibniz enfatizou a necessidade de se chegar a construir uma *Igreja Universal* que desse lugar em seu seio a diferentes expressões da vida e da fé cristã".

Veem a luz divina como nós vemos a do sol em pleno meio-dia, sem ter necessidade de que o crepúsculo da razão o mostre.

Pode-se aceitar, pois, que o séc. XVII tratou com reservas o papel da paixão (*pathos*) no processo epistemológico, exaltando a lógica racional, muito embora os temperamentos apaixonados, ligados à religião na Inglaterra, que no breve período puritano teria um papel importante, foram gradualmente postos de lado, após a *Restauração* (1660), a *Revolução Gloriosa* (1688-1689) e a entrada no século XVIII.

a) Na Holanda, país onde a supremacia do novo mais se fazia notar no mundo acadêmico das letras jurídicas, sobressai de forma eloquente a figura, já citada, de Hugo Grotius, jurista holandês, teólogo e humanista que, em meio aos graves conflitos bélicos, dedicou-se à teoria política e ao estudo, interpretação e aplicabilidade das leis. Ficou bem conhecido, juntamente com J. Oldenbarnevelt (1547-1619), R. Hoogerbeets (1561-1625), G. Vossius (1577-1649), entre outros, como opositor do sistema reformado implantado na Holanda, debatendo matérias teológicas, já que se filiara ao partido arminiano e postulava explicitamente um sistema religioso tolerante. Em decorrência disso, em 1618, ele e seus companheiros sofreram as penalidades impostas por Maurício de Nassau.[8] Na prisão produziu vários escritos e em 1621 conseguiu escapar, fugindo para Bélgica e em seguida para Paris. Ali, em 1625, foi publicada sua principal obra: *De Jure Belli ac Pacis*,[9] tida ainda hoje como a obra fundadora do direito internacional. Por causa dela, Hugo Grotius foi considerado o jurisconsulto da humanidade.

Grotius, a partir de suas convicções religiosas,[10] segundo Sinner, "previa, em meio à Guerra dos Trinta Anos, um sistema de direito dos povos

---

[8] Oldenbarnevelt foi executado em maio de 1619, Grotius e Hoogerbeets foram encarcerados.
[9] *O direito da guerra e da paz*. Ijuí-RS: Unijuí, 2005.
[10] Expressas na obra: *De veritate religionis christianae* (1622), editada por Jean Leclerc. Em português: *A verdade da religião cristã*. São Paulo: Ed. Baraúna, 2011: "aos cristãos de todas as nações e de todas as denominações... a abraçar o que é bom e desviar-se do que é mau e criminoso" (p. 277). Grotius via no cristianismo esse poder latente de comunhão e unidade, muito embora as evidências fáticas dissessem o contrário.

na Europa que garantisse sua convivência pacífica".[11] Sua obra é um turbilhão de cultura clássica inigualável; os mundos grego e latino afloram aos borbotões, subsidiando uma razoabilidade para a vida em sociedade, como que tentando uma amálgama entre cristianismo e cultura clássica. Não obstante em Grotius percebe-se uma apologia da não resistência para com a autoridade instituída. Diz ele,

> é verdade que todos os homens têm naturalmente, como já citado, o direito de resistir para rechaçar a injúria que lhes é feita. A sociedade civil, porém, tendo sido estabelecida para manter a tranquilidade, o Estado adquire primeiramente sobre nós e sobre o que nos pertence uma espécie de direito superior, porquanto isso é necessário para esse fim. O Estado pode, pois, para o bem da paz pública e da ordem, interditar esse direito comum de resistência... Se esse direito de resistir subsistisse em cada cidadão privado, não teríamos mais uma sociedade civil.[12]

Por conta do êxito de sua obra, recebida com entusiasmo por muitos, retornou à Holanda em 1631. No ano seguinte, por oposição, teve que refugiar-se novamente, indo para Hamburgo na Alemanha, Suécia e novamente para Paris em 1634, desta feita como embaixador deste país escandinavo na França. Foi um período bem importante, pois retomou temas teológicos, sempre na perspectiva da tolerância, tentando articular uma mínima unidade interna do protestantismo e também no diálogo com o catolicismo. Poderia hoje ser reconhecido como um dos precursores do movimento ecumênico moderno, já que foi uma ativista nesta área.

Não há dúvida hoje sobre as intenções de Grotius no sentido da elaboração de um sistema universal de justiça com dois princípios

---

[11] R. von Sinner. "Religião e paz: teses a partir de uma visão cristã em perspectiva evangélico-luterana". *Revista Horizonte*: Belo Horizonte, v. 4, n. 8, pp. 17-30, jun. 2006; aqui p. 25. Para uma introdução crítica ao pensamento de Hugo Grotius, ver: Afrânio Andrade. "Do jusnaturalismo e do direito internacional em Hugo Grotius". In: R. Cavalcante; P. Santana. *Sociedade e direitos humanos*: a filosofia do direito aplicada I – os clássicos. São Paulo: Fonte Editorial, 2015.

[12] Em *O direito da guerra e da paz*, vol. I, p. 234.

básicos: i) um direito universal de autodefesa; ii) a condenação universal da violência, exceto em autodefesa. Como explica Tuck, "esses são os princípios mínimos de sociabilidade".[13] Tinha a intenção de proporcionar uma ação política moral inclusiva, objetivando também aos que não creem nos princípios cristãos. Igualmente, podia adaptar-se, por exemplo, ao estoicismo de Justus Lipsius (1547-1606), um importante pensador, filólogo e humanista belga católico que, no mesmo período, preconizava uma identificação entre a ética estoica e o cristianismo. Em Grotius, temos a tentativa de se fazer triunfar um humanismo cristão que "implica uma visão da vida cujos elementos centrais são a dignidade do ser humano, sua liberdade, os poderes da razão dados por Deus e sua cidadania no mundo",[14] certamente começando pelas várias facções protestantes.

b) Um pouco antes disso, na Alemanha, acontece o fato curioso de um protestante não luterano, mas calvinista, com sólida formação aristotélica, conseguir articular de maneira competente e original vários conceitos já existentes relacionados com o mundo da política, religião e sociedade. Trata-se de Johannes Althusius (1557-1638), professor de Direito Romano na faculdade de teologia calvinista de Herborn (a mesma onde estudou Comenius) e posteriormente em Emden na região da Frísia (Holanda), onde desempenha importantíssimas funções na magistratura, como conselheiro jurídico e ainda como pastor da Igreja reformada. Em 1603 publica sua mais importante obra *Politica methodice digesta, atque exemplis sacris et prophanis illustrata* ("A política metodicamente concebida e ilustrada com exemplos sagrados e profanos").[15] Althusius, em concordância com

---

[13] Richard Tuck. "Scepticism and toleration in the seventeenth century". In: Susan Mendus (ed.). *Justifying toleration: conceptual and historical perspectives*. Cambridge: Cambridge Press, 1988, p. 29.

[14] Em "Hugo Grotius and natural law". Disponível em: <http://www.mmisi.org/pr/22_01/vb.pdf>.

[15] Em português dispomos de uma edição: Johannes Althusius. *Política*. Rio de Janeiro: Topbooks, 2003.

sua fé calvinista, ecoava algo do jurista huguenote francês Jean Bodin,[16] embora rejeitasse a ideia de um poder absoluto para o governante, uma vez que este deveria estar sujeito à lei de Deus. Na questão da tolerância, segundo Leclerc,[17] ele foi bem duro em relação aos ateístas e heréticos, sendo mais leniente com as seitas cristãs, mas não diz se arminianos estariam incluídos nessa categoria, e agrega que

> o magistrado que seria incapaz de suprimir essa luta religiosa sem pôr em perigo o Estado deve tolerar dissidentes no interesse da paz e da ordem pública, e deixá-los praticar sua religião até que Deus os ilumine. Assim age o piloto que tem que conduzir um navio através de ventos contrários.[18]

c) Outro processo de consciência social, com característica mais secular, foi posto em marcha, igualmente na Alemanha, cerca de cinquenta anos após Althusius, também ligado à ciência do Direito, solidificando o "jusnaturalismo". Ali se notabilizou a figura de Samuel Pufendorf (1632-1694), contemporâneo de Locke. Pufendorf se insere precisamente na "linhagem moderna" de Bacon, Maquiavel, Grotius, Hobbes etc., que em seu tempo sedimentaria o caminho para o *ceticismo* de David Hume (1711-1776), o *criticismo* de Immanuel Kant (1724-1844), a *filosofia da história* de G. W. Friedrich Hegel (1770-1831), o *Positivismo* de August Comte (1798-1857) e, em seu conjunto, formataria o principal acontecimento intelectual do Velho Mundo: o *Iluminismo*. Pufendorf, como muitos de seu tempo, estava talhado para a vida clerical. Filho de um pastor luterano da Saxônia, frequentara escolas protestantes com fins religiosos. Entretanto, quando criança presenciou os horrores da Guerra dos Trinta Anos. Parece que

---

[16] Sobre Bodin e sua obra *Colóquio dos sete sobre os segredos do sublime* (1588), na questão da tolerância e da liberdade religiosa na França, sob Catarina de Médici, ver: Quentin Skinner. *As fundações do pensamento político moderno*. São Paulo: Companhia das Letras, 1996, pp. 515-527.

[17] Joseph Leclerc. *Toleration and the Reformation*. London: Longmans, Green and Co LTd, 1960, p. 310.

[18] J. Althusius, apud Leclerc, op. cit., p. 311.

tal "experiência de guerra civil e religiosa e a conquista da paz social permaneceram como um aspecto motivador no interesse de Pufendorf, que durou por toda sua vida".[19] De fato, muitos anos depois, já em seu período universitário, por não aceitar ideias religiosas mescladas à filosofia, o que na tradição luterana engendrou uma espécie de escolástica protestante fechada e dogmática em seu discurso anticatólico, voltou-se para o estudo do direito, conhecendo Descartes, Hobbes, Grotius e vários outros da tradição moderna.

Com sua obra *De iure naturae et gentium* de 1672, tornou-se um dos principais defensores do *Direito Natural*. Foi seguidor das ideias de Grotius, porém, mescladas com o cativante pensamento de Hobbes, o qual considerava a tendência natural à vida em sociedade, sentimento gregário (segundo Grotius), como um desejo surgido a partir do temor e da insegurança presentes no estado de natureza, anterior à sociedade civil. Com isso, a justificativa para a existência do Estado estaria posta em seu sentido supremo, a *pax et securitas communis*. Para tanto, como se sabe, defenderá um *Direito Natural*, que antecede ao *Direito Positivo* com laços num sistema teônomo, tendo como premissa a vontade soberana de Deus, quer dizer, "o eterno é o legislador, mas não é a lei".[20] Por isso mesmo, se alinhará na modalidade que considera o mundo ou o próprio homem com os fundamentos de um *Direito Natural*. Nesse particular, a tradição protestante da *Filosofia do Direito* (Grotius, Wolff, Thomasius, Locke) à qual pertence afirma o *Direito Natural* mais restrito à subjetividade, em condições de criar um sistema de direitos subjetivos públicos para o homem – direitos fundamentais e relativos à liberdade e à cidadania estatal, bem como em condições de exigir sua proteção institucional ou constitucional. Com efeito, a tradição desse protestantismo mais livre, alinhado com os novos

---

[19] Ian Hunter e David Saunders, na "Introdução" à obra de Samuel Pufendorf. *Os deveres do homem e do cidadão de acordo com as leis do Direito Natural*. Rio de Janeiro: Topbooks, 2007, p. 11.

[20] René Marcic. Verbete: "Filosofía del Derecho" in: *Sacramentum Mundi: Enciclopedia Teológica 2*. Barcelona: Herder, 1982, p. 207.

tempos em que o soberano já não desfrutava mais de poderes em matéria religiosa (como pensavam os protestantes Bodin, Hooker e Hobbes), quer dizer, uma postura não centralizadora e tão bem representada na filosofia liberal de Locke. Segundo Perelman, "é essa a tese que será tomada pelos partidários protestantes de um direito natural fundamentado na razão".[21] Paralelamente, tendo Hobbes como pano de fundo, Pufendorf concebe a ideia do *contrato* para se chegar a uma ordem social estável.

Por isso mesmo, não se deve ignorar que ideias religiosas em sua formação inicial estariam presentes em seu conceito de *Direito Natural* e se vinculam primeiramente ao humanismo cristão tão bem representado por um Nicolau de Cusa ou um Erasmo de Roterdã, por exemplo, nos quais sobressai a figura altiva do indivíduo como a grande inovação na alvorada dos novos tempos e tão fundamental para o advento da modernidade; bem como a própria Reforma protestante em seu acento na subjetividade desse indivíduo, do homem sozinho *coram Deo*, sem mediações outras. De fato, a questão de se a *modernidade* e com ela o *Iluminismo* possuem antecedentes religiosos é bem discutida. Não obstante é, sem dúvida, um exagero a afirmação de que "Sem a Reforma protestante do século XVI, segundo nos é dito, não teríamos tido Iluminismo no século XVIII: sem Calvino não teríamos Voltaire".[22] Mas também não é mais possível negar que a intelectualidade com base no livre pensamento e exame estava mais desenvolvida em países protestantes, como nos mostra Trevor-Roper no magistral capítulo: *As origens religiosas do Iluminismo*.[23] Nesse sentido, um desdobramento natural foi esta ênfase no indivíduo e em sua liberdade de criação, ideia desenvolvida já na primeira geração da reforma protestante e que com o advento da modernidade seria de importância fundamental. Tal condição está bem ressaltada por Hegel; segundo ele, "Na Igreja luterana, a subjetividade e a certeza do indivíduo são tão necessárias quanto a

---

[21] Chaïm Perelman. *Ética e direito*. São Paulo: Martins Fontes, 2002, p. 314.
[22] Hugh Trevor-Roper. *A crise do século XVII*: religião, a reforma e mudança social. São Paulo: Topbooks, 2007, p, 285.
[23] Ibid., pp. 285-341.

objetividade da verdade".[24] O pré-Iluminismo inglês e alemão estavam, de fato, bem mesclados com ideias religiosas.

Entretanto, em Pufendorf, o *Direito Natural*, de origem subjetiva, deve se manifestar por meio de um *corpus*, contendo regras de conduta social que possibilitem o afastamento do perigo de contingências desestruturantes e situações anômicas, uma espécie de blindagem à tentação anárquica e ao individualismo exacerbado que tornava inviável qualquer projeto societário. Ademais, o *Direito Natural*, semelhante a uma ciência exata, deve estimular e fazer ressaltar os instintos gregários, contribuindo, pois, para preservar a paz social almejada. Objetivos que, a princípio, deveriam estar presentes em fenômenos religiosos, mas que nem sempre acontece. Aliás, religião não é garantia de preservação da dimensão gregária da sociedade e com frequência contribui para a sua divisão.

A influência maior nesta particularidade da *perfeição aritmética do direito* sobre Pufendorf é a do humanismo racionalista de Grotius, em especial do seu escrito *Lehre vom Ursprung der Geselschaft und vom Ursprung des Rechts*,[25] pois, no jurista alemão, segundo Cassirer, os princípios do direito "são de uma evidência perfeita, tanto quanto podem sê-lo os axiomas da matemática".[26] Pufendorf assume de Grotius a categoria dicotômica do direito – *positivo* e *natural* –, que, para ele, são as marcas da transitoriedade, da contingência mundana e da humanidade; já para Grotius, representam o *status* de imutabilidade, de incondicionalidade, do caráter absoluto, supratemporal, não limitado pelo espaço e, consequentemente, acima do próprio legislador e anterior ao Estado, inclusive subordinando a ordem positiva.[27] Com essa sublimidade do *Direito Natural*, ainda segundo Cassirer, ele "Deve prosseguir contra a doutrina teocrática que reduz o direito de uma vontade divina absolutamente irracional,

---

[24] Em *Filosofia da história*. Brasília: UNB, 2008, p. 346.
[25] "Doutrina da origem da sociedade e da origem do direito", sem tradução para o português.
[26] E. Cassirer. *A filosofia do Iluminismo*. Campinas: UNICAMP, 1997, p. 320.
[27] Paulo Nader. *Filosofia do direito*. Rio de Janeiro: Forense, 2010, p. 178.

Identidade protestante e sociedade moderna

impenetrável e inacessível à razão humana, assim como contra o Estado Leviatã".[28] Por conseguinte, percebe-se que, por trás de questões filosóficas e políticas, subjazem conceitos religiosos da infinda discussão candente entre calvinistas e arminianos acerca da soberania de Deus e do *livre-arbítrio*. A discussão, travada por Lutero e Erasmo no séc. XVI, conforme vimos, remonta-se ao período patrístico na recepção dos textos paulinos, especialmente na *Carta aos Romanos*, feita por santo Agostinho em relação aos escritos do monge irlandês Pelágio, que negava tanto o pecado original quanto a teoria da dupla predestinação.

Tais teorias voltarão à discussão no século VIII, com o monge alemão Gottschalk e principalmente na Reforma protestante, e ainda na leitura que o movimento jansenista elaborara dos textos agostinianos. Grotius, como se sabe, enfileira-se com os protestantes holandeses seguidores de Armínio; posição, aliás, sumamente onerosa para ele. Parece, pois, que Pufendorf, ainda que luterano na infância e adolescência, pende para um protestantismo menos dogmático, que joga para o homem a responsabilidade de suas escolhas e assume os riscos de seus caminhos de autonomia existencial.

Para tanto, entendia o Direito Natural como uma realidade racional e, por conseguinte, deveria estar separado do patrimônio religioso e teológico, também chamado de *Direito Natural Absoluto*, porquanto estava vinculado a realidades sagradas e consequentemente inquestionáveis. Tal postura era comum nas grandes religiões antigas monoteístas ou não, e no cristianismo nascente ganhou um *status* proeminente – o início de uma laicidade que cuidava com isonomia da *res publica* –, semelhante àquela concebida por Maquiavel, na qual a política do soberano não poderia estar delimitada por ideias morais de origem religiosa. Não obstante, se por um lado se posiciona contra ideias "irracionais" luteranas e calvinistas, de um absoluto metafísico a controlar como a um títere a vida humana, adotando posições mais latitudinárias no estilo lockeano, por outro, se posiciona

---

[28] Ibid., p. 321.

contra os princípios absolutistas no plano político e "mortal", como preconizavam N. Maquiavel em seu clássico *O príncipe* de 1513, fortalecendo o absolutismo monárquico, especialmente pelas estratégias que deve usar em relação aos seus súditos. No capítulo XVIII afirma: "Deve o príncipe, contudo, ter muito cuidado em não deixar escapar de seus lábios expressões que não revelem as cinco qualidades antes apontadas, devendo aparentar, à vista e ao ouvido, ser todo piedade, fé, integridade, humanidade, religião. Nenhuma qualidade há da qual mais se necessite do que esta última. É que os homens, pelo geral, julgam mais pelo que veem do que pelas mãos, pois todos podem ver, poucos, porém, são os que sabem sentir". A grande diferença em relação a Bodin é que aqui não se apela ao poder divino como fundamento do poder absoluto do monarca.

J. Bodin, no final da Renascença, em sua obra *Les six livres de la République* de 1576, fortalece sobremaneira o poder do rei, visto que ele deve simbolizar a unidade nacional e arbitrar sobre questões políticas e religiosas. No *livro primeiro* estabelece que o soberano não está sujeito às leis porque "não é possível mandar-se a si mesmo" (cap. VIII). Ainda que diferencie entre soberania real, despótica e tirana, o absolutismo monárquico de Bodin reveste-se de uma aura de sacralidade, que vê a religião como fator primordial para o Estado, de alguma forma perpetuando a ótica do medievo.

E ainda no século XVII, o próprio Hobbes, especialmente influenciado por esse último, em sua obra *Leviatã*, de 1651, assegura que a subordinação absoluta ao soberano, o rei, tinha sua explicação no medo da autodestruição. Digna de nota aqui é a semelhança das ideias de Pufendorf com as propostas de Durkheim no final do século XIX, acerca das causas do *suicídio anômico*.[29] Para o sociólogo francês, os motivos para tal ato estariam nas quebras das normas sociais que o induzem, sendo encorajado por

---

[29] E. Durkheim. *O suicídio*. São Paulo: Martins Fontes, 2000. Para mais detalhes, ver meu artigo "Da razoabilidade da sociologia da religião para compreender a sociedade atual...". *Revista Ciências da Religião: História e sociedade*, São Paulo: Escola Superior de Teologia, Universidade Presbiteriana Mackenzie, n. 2, p. 61-94, 2003.

bruscas mudanças características dos tempos atuais. Se Durkheim sublinhara a religião como "fato social" *par excellence*, entendendo-a como força agregadora na sociedade, capaz de coibir a anomia, Pufendorf, em seu momento, reeditava o *appetitus societatis* de Grotius, aquela propensão natural à sociabilidade. Ou mesmo a atualização de Aristóteles sobre o homem como "animal político". Schmitd-Biggemann é preciso ao afirmar que "A ideia política mais importante de Pufendorf foi a *sociabilitas*, a sociabilidade do ser humano".[30] Este conceito natural de sociabilidade, como uma vocação da sociedade, distinta da função coercitiva do Estado, pode, de fato, ter influenciado o próprio Locke e caracteriza bem esse protestantismo alemão progressista, conforme *infra*. Nesse protestantismo, a sociabilidade funciona como um instinto básico; já o Estado forma-se por conta da presença do pecado, que exige uma mão forte para coibir seus efeitos desagregadores, como postulava Hobbes.

Há que se destacar, pois, o caráter subjetivista e racionalista tão acentuado em Grotius e continuado em Pufendorf. Dessa forma, o *Direito Natural* gradualmente vai sendo uma possessão da razão humana e precisamente por conta de seu patrimônio subjetivo poderá elaborar todo um "sistema de direitos subjetivos públicos, direitos fundamentais, bem como daqueles relativos à liberdade e à cidadania estatal".[31] Por conseguinte, temos uma preparação bem importante para a ideia da liberdade humana e para os direitos da pessoa. Simultaneamente, abre-se a porta para a concepção de um *contrato* com fins de se conseguir um *Estado* de direito, livre. Na prática, a figura do Estado se agiganta e torna-se o próprio fundamento do direito.

Agindo dessa maneira, e sob a influência contratualista[32] de Hobbes, a *Filosofia do Direito* em Pufendorf contemplava a *Filosofia do Estado*, mais

---

[30] W. Schmidt-Biggemann. "Samuel von Pufendorf: filosofia do Estado e do direito entre o barroco e o Iluminismo". In: L. Kreimendahl (org.). *Filósofos do século XVII*. São Leopoldo: Unisinos, 2003, p. 150.

[31] René Marcic, op. cit., p. 217.

[32] Costuma-se, nos estudos sobre o contratualismo, diferenciar entre *Contrato de Sujeição ou Submissão*, ligado a Hobbes, e *Contrato Social*, ligado a Rousseau.

centrada naquele ser humano recuperado desde a Renascença e que se tornaria adulto no *Iluminismo* francês com acento anticlerical, pós-teocêntrico, espalhando-se depois por todo o continente europeu e alhures com os necessários condicionamentos adaptativos. Pufendorf, ainda que discordasse do filósofo inglês, por entender que o aspecto moral se faz presente no estado de natureza, seguia Hobbes quanto ao necessário poder absoluto nas mãos de um governo civil para salvaguardar a segurança dos cidadãos e lograr a paz social desejada por todos. Quanto a isso, reverbera o já dito por Hobbes no *De Cive*: "Todos os deveres dos governantes estão contidos nesta única sentença: a segurança do povo é a lei suprema".[33] Obviamente, pode-se matizar de forma diferente em Hobbes e Pufendorf acerca dos instrumentos de que cada governante deve dispor para conseguir este fim.

Grotius, Hobbes e Pufendorf, de fato, fazem parte de uma constelação de pensadores (filósofos, teólogos, jurisconsultos, cientistas, poetas, escritores etc.) protestantes que, no calor ou no rescaldo das *Guerras de religião*, se esmeraram na elaboração de uma teoria do "direito natural que defendesse o Estado civil contra a deslegitimização religiosa e moral".[34] Como já dito, a cultura do protestantismo, particularmente a do século XVII, que aqui nos ocupamos, favoreceu o livre pensamento, o florescimento da dissidência e, por isso mesmo, o risco indômito das novas alternativas políticas e sociais. Com isso, no próprio solo intelectual protestante impõe-se a necessidade de regulamentações sociais para a boa governabilidade e o controle do individualismo que se insinuava rapidamente.

A partir destas premissas, bem como das influências pontuais que recebera das ideias de Grotius e Hobbes principalmente, é que Pufendorf escolheu seu próprio caminho em relação ao *Direito Natural*, elaborando sua própria conceituação, que, segundo ele, está relacionada a *Regras do Companherismo*, ou seja, a leis da sociedade humana, que, "por meio das quais os homens são orientados sobre como se tornar membros úteis dessa

---

[33] Thomas Hobbes. *Do cidadão*. São Paulo: Martins Fontes, 2002, p. 198.
[34] Ian Hunter e David Saunders, op. cit., p. 14.

sociedade, e sem as quais ela desfaz-se em pedaços, são chamadas de leis da natureza, ou *Direito Natural*".[35] Entretanto, para que estas regras de natureza sejam consideradas como leis, Pufendorf, provavelmente por seu antecedente cristão-luterano, pressupõe que exista um Deus. A invocação de Deus dá-se como motivo de outorgar às regras a força de lei – apenas uma retórica de constrangimento, uma vez que para ele Deus não faz valer de forma direta os mandamentos do *Direito Natural* obrigatoriamente. Ademais, para Pufendorf, tal entendimento advinha da pura observação das necessidades sociais de preservação do ser humano criado por Deus, um Deus "que comanda todas as coisas por sua providência, e que Ele ordenou a nós, mortais... é necessário pressupor um superior, e este sendo um que tenha efetivamente assumido a direção do outro".[36] Mas nem por isso, é bom que se diga, quer cair no teocentrismo medieval e de parte da escolástica, que compreendiam a Deus como um criador do *Direito Natural* de forma direta e ilimitada. Não! O Deus de Pufendorf concede a autonomia necessária aos seres humanos para que desenvolvam suas potencialidades sem a Sua necessária intervenção constante. Com efeito, nesse particular, o jurista alemão equipara em importância a *religião* com o *amor próprio* e a *sociabilidade*, como sendo *Princípios Gerais do Direito Natural*, numa perspectiva algo mais secularizada.

2.2 Protestantismo e espírito revolucionário

Na segunda metade do século XVI, a principal resistência à expansão protestante foi o catolicismo tridentino, renovado a partir de suas reformas internas, que via na "aventura" protestante apenas um movimento herético e jamais uma extensão da verdadeira Igreja, quer dizer, passível de "perseguição". Isso ficou marcado em dois acontecimentos fatídicos:
1. A condenação à morte, por Maria Tudor, de três importantes bispos ingleses: Hugh Latimer (1487-1555), bispo de Worcester; Nicholas Ri-

---

[35] Samuel von Pufendorf. *Os deveres do homem e do cidadão de acordo com as leis do Direito Natural*. Rio de Janeiro: Topbooks, 2007, pp. 95-96.

[36] Ibid., pp. 96-97.

dley (1500-1555), bispo de Rochester, ambos executados na fogueira em Oxford, a 16 de outubro de 1555; e Thomas Cranmer (1489-1556), arcebispo de Canterbury, principal artífice do *Book of Common Prayer*, executado igualmente na fogueira em Oxford, a 21 de março de 1556;

2. O massacre de milhares de protestantes na conhecida Noite de São Bartolomeu, em 1572, em Paris.

Na França a pacificação chegou em 1598 com o Édito de Nantes, dando garantias de tolerância e liberdade de culto aos protestantes (huguenotes). Por outro lado, no século XVII, o protestantismo tornou-se o seu próprio adversário, em decorrência de seu esquartejamento interno.[37] Na Inglaterra as disputas internas nos vários segmentos protestantes tornaram-se preponderantes, ocupando os espaços sociais da vida inglesa e obrigando a posicionamentos radicais de lado a lado.[38] Após a morte da rainha Elizabeth (1603), diante dos posicionamentos de Jaime I quanto ao "direito divino dos reis", esse monarca decidiu dissolver o Parlamento em 1611, mesmo ano da publicação da Bíblia King James, tendo como aliados os anglicanos e como principais inimigos os católicos não conformistas e os puritanos.

Esse panorama político foi agravado com a subida ao trono de Carlos I, que, em 1629, por questões religiosas, semelhantemente a seu pai, dissolveu o Parlamento e em 1633 designou William Laud como Arcebispo

---

[37] Segundo McGrath, op. cit., "Essas tensões entre as compreensões diferentes de protestantismo, por fim, eclodiram publicamente na Guerra Civil inglesa (1642-51)", tendo como protagonistas principais puritanos e anglicanos que "batalhavam pela alma da Inglaterra – e possivelmente, pela direção futura do protestantismo de língua inglesa" (p. 134).

[38] Aqui oferecemos apenas uma síntese dos acontecimentos. Para ulteriores aprofundamentos, sugerimos: Diarmaid MacCulloch. *Reformation: Europe's House Divided – 1490-1700*. London: Penguin Books, 2004; Hugh Trevor-Roper. *A crise do século XVII*: religião, a reforma e mudança social. Rio de Janeiro: Topbooks, 2007; Christopher Hill. *A Bíblia inglesa e as revoluções do século XVII*. Rio de Janeiro: Civilização Brasileira, 2003. Christopher Hill. *O eleito de Deus*: Oliver Cromwell e a revolução inglesa. São Paulo: Companhia das Letras, 1988; Alister McGrath. *A revolução protestante*. Brasília-DF: Palavra, 2012; nesta obra, especialmente o capítulo 6: "Guerra, Paz e Desinteresse", pp. 129-151.

de Canterbury para cuidar dos assuntos religiosos e manter no país um protestantismo episcopal fiel à monarquia, sendo o monarca o chefe da Igreja. Contudo, o Parlamento, a partir de 1541, reagiu às aspirações de Carlos I; situação que desembocou na Guerra Civil em meados de 1642. O Parlamento, com seu novo exército, sob o comando de Oliver Cromwell, obteve significativas vitórias. Segundo McGrath:

> A Guerra Civil inglesa, independentemente do que mais possa ter sido, foi, em essência, uma batalha pela alma do protestantismo inglês. Os dois lados consideravam que personificavam os verdadeiros ideais do protestantismo... Enquanto Carlos representou uma ameaça séria, o puritanismo foi forçado a se unir a fim de se opor a ele. Uma vez que acabou esse incentivo para a união, o puritanismo começou a se fragmentar. Os presbiterianos e os congregacionais estavam envolvidos em um combate teológico no Parlamento.[39]

Após as execuções de W. Laud (1645) e Carlos I (1649), um protestantismo não episcopal foi assumindo a vida religiosa inglesa, algo similar ao experimento calvinista em Genebra, mais radical, fazendo desaparecer de sua teologia ou de suas cerimônias quaisquer resquícios da religião católica presentes no anglicanismo. Novamente McGrath resume, de forma clara, a situação:

> Talvez as ideias religiosas tivessem mudado, mas parecia que a Inglaterra, em quase todos os aspectos, só trocara um regime opressivo por outro. A "nova" ordem nacional parecia deprimentemente semelhante à antiga... Os puritanos tinham perdido toda simpatia popular por causa de sua rigidez religiosa... Talvez outras nações tenham ficado tentadas a experimentar o ateísmo e o agnosticismo em resposta à intolerância e ao fanatismo religioso da era puritana. Não obstante, a Inglaterra decidiu restabelecer a Igreja da Inglaterra... decididamente emergiu uma forma dócil de anglicanismo como a religião da elite governante inglesa... O protestantismo radical nunca mais seria de novo

---

[39] Alister McGrath, op. cit., p. 141.

uma presença marcante na Inglaterra... No entanto, ele seria permitido: o Ato de Tolerância de 1690 deu aos sucessores dos puritanos o direito de adorar, desde que sujeito a determinadas concessões.[40]

Olhando para além da configuração político-religiosa, num sentido mais sociológico, a riqueza do espectro social inglês é de uma significação quase infinita de possibilidades. Constata-se um sem-número de movimentos religiosos com interessantes posicionamentos político-sociais compondo o conjunto cultural inglês daquele momento. Com efeito, se a alternativa puritana não conseguiu êxito, a versão inglesa do protestantismo – o *anglicanismo* – igualmente buscou, sem sucesso, naquele momento histórico, ser uma tentativa de *via média* ou *terceira via* – expressões vinculadas ao anglicanismo, que buscava um ponto mediano entre Roma e Genebra, também a partir das reflexões de Richard Hooker (1554-1600), em sua principal obra: *Of the laws of ecclesiastical polity* (1594). Nela, o autor propunha a leitura das Escrituras considerando tanto a razão humana quanto a tradição da Igreja, levando-se em conta as circunstâncias culturais, políticas, econômicas etc., e indicando aquele ponto de equilíbrio equidistante entre: de um lado, o *catolicismo* associado a um príncipe estrangeiro, como pensava Locke, mas possuidor de uma herança inesgotável e insubstituível, a teologia patrística-monástica-escolástica, riquíssima em sua pluralidade cultural, bem como uma liturgia milenar, principal instrumento de formatação da identidade judaico-cristã ocidental – verdadeiro tesouro da fé cristã; e, de outro, o *protestantismo magistral* como movimento de vanguarda dos novos tempos, protagonista central na recuperação do texto bíblico e de suas máximas norteadoras: *sola gratia*, *sola fide*, *sola scriptura* – além das doutrinas do sacerdócio universal dos santos e da liberdade de consciência, exame e expressão.

De fato, esse "caminho do meio", esse espaço forjado politicamente entre catolicismo e protestantismo, enfim, essa opção de "equilíbrio", foi tornando-se cada vez mais larga e ampla, possibilitando que a dinâmica

---

[40] Ibid., pp. 143-145.

das circunstâncias históricas cuidasse de elaborar uma mistura de ingredientes, quer dizer, uma mistura de elementos, como se fosse um grande caldeirão, contendo ideias filosóficas, políticas e principalmente religiosas. É bem verdade que a representatividade católica tornou-se cada vez menor no patamar das decisões governamentais, desde a mudança religiosa efetuada por Henrique VIII (1491-1547) e especialmente após a "conspiração da pólvora" em 1605 – tentativa malsucedida de católicos ingleses, por não usufruírem de direitos iguais aos protestantes, de assassinar o Rei Jaime I (1566-1625), em sua visita anual ao Parlamento, juntamente com sua família e ainda toda a aristocracia protestante, reunidos no dia 5 de novembro. Mas apesar disso, por conta de uma forte presença na espiritualidade popular, mesmo o catolicismo tinha o seu espaço na Inglaterra do séc. XVII.

Por conseguinte, simultaneamente a tais ideias, fizeram-se presentes as forças e tendências religiosas que se tornaram verdadeiros partidos representativos de grupos e movimentos religiosos. Em síntese, são eles:

a) O *partido católico*: também chamado de recusantes, composto de famílias e grupos que continuavam católicos, desde a época de Henrique VIII, e que no séc. XVII tiveram bons dias sob Carlos I (1625-1649), filho de Jaime I. Na verdade, eram pessoas, famílias ou mesmo grupos que se abstinham de participar do culto anglicano. Majoritariamente eram católicos, mas podiam ser também puritanos, presbiterianos, congregacionais, etc., que sofreram bastante por manterem-se contra o Ato da Uniformidade (1559) imposto no país, obrigando os cidadãos tanto à frequência semanal ao culto como ao uso do *Book of Common Prayer*.

b) O *partido anglicano – High Church*: desde a Reforma no século XVI, produziram-se tendências religiosas que distanciavam ou aproximavam a *Church of England* do modelo romano. A *High Church* (Igreja Alta) estabeleceu uma ruptura somente parcial com Roma, preservando-se aspectos litúrgicos e estéticos do culto. Desde o século XIX, *High Church* é sinônimo de anglo-catolicismo, ocasionado pelo importante "Movimento de Oxford", encabeçado por J. Henry Newman e outros.

Teologicamente era "arminiano", quer dizer, rejeitava a doutrina calvinista da predestinação, como um "decreto horrível", afirmando, em contraposição, a liberdade da vontade humana. Identificava-se com o sistema teológico do pensador calvinista holandês Jacobus Armínius (1560-1609), que, contudo, no afã de refutar as ideias doutrinárias do teólogo Dirck Koornhet acerca da predestinação, viu-se convencido pelas ideias deste, defendendo, a partir daí, uma "predestinação restrita", indexada ao livre-arbítrio humano e não mais à eleição incondicional e soberana de Deus. O arcebispo de Canterbury, William Laud (1573-1645), foi um dos principais proponentes desta posição. Uma via média entre catolicismo e protestantismo.

c) O *partido anglo-calvinista – Low Church*: era igualmente parte da *Church of England* e buscava sempre um distanciamento do modelo romano e, consequentemente, se diferenciava bem do anglo-catolicismo, postulando uma celebração cristã mais simples e despojada. Por isso mesmo esta tendência foi chamada também de anglo-evangélica. Há que se registrar que este segmento foi fundamental tanto nos *revivals* quanto nos empreendimentos missionários nos séculos XVIII e XIX. Seus membros eram episcopais e afirmavam a relação entre Igreja e Estado, mas, doutrinariamente, eram simpáticos ao pensamento teológico de João Calvino. Desse partido fazia parte o arcebispo da época do rei Jaime I, George Abbot (1562-1633). Seguiam ainda o pensamento dos também arcebispos-teólogos Edmund Grindal (1519-1583) e John Whitgift (1530-1604).

d) O *partido calvinista estrito*: seus integrantes estavam à esquerda dos anteriores e buscavam seu modelo de Igreja no continente, particularmente no calvinismo de Genebra. Foram conhecidos pejorativamente como "puritanos" ou ultracalvinistas. Uma vez definido o anglicanismo como religião oficial da Inglaterra pela rainha Elizabeth I durante seu reinado (1558-1603), surge como reação natural uma tendência religiosa a dar mais firmeza à questão doutrinal, tornando mais clara a diferença em relação ao catolicismo. Destaca-se então o movimento puritano, segundo seus críticos. Os puritanos, especialmente no segmento presbiteriano, mas não só aí, lutaram contra a hierarquia, afirmaram a separação entre Igreja e Estado e, em geral, foram intolerantes em relação a outras tendências religiosas. Radicalizaram posições doutrinárias do calvinismo, desembocando nas decisões holandesas de Dortdrecht em 1618-1619, nos chamados "cinco pontos do calvinismo".

e) O *partido independente*: separatista e sectário, identificava-se com os grupos batistas, também chamados de congregacionais pelo modelo de governo eclesiástico que adotaram, ainda que, teologicamente, alguns fossem calvinistas. Eram oriundos de uma burguesia média-baixa e composta de pequenos mercadores, artesãos e camponeses enriquecidos, que elaboravam uma leitura mais simples/simplista das Escrituras e nutriam uma rejeição ao modelo episcopal e também ao presbiteriano, optando pelo governo de Igreja congregacional. Na política apoiavam a democracia. Os batistas se inseriam aqui, embora, teologicamente, alguns batistas fossem calvinistas.

f) O *partido da quinta monarquia*: possuía como característica principal uma visão apocalíptica milenarista com base na profecia descrita no livro do profeta Daniel no Antigo Testamento, sendo a Inglaterra, evidentemente, o quinto reino a surgir pela ação de Deus, sucedendo os quatro reinos passados: babilônico, persa, macedônico, romano (Dn 2,39-44). Tal ideia era similar à de Joaquim de Fiore (1132-1202). Dependia de personalidades individuais, pregadores carismáticos com forte emoção. Visão de mundo também presente entre os dissidentes.

g) O *partido dos dissidentes*: grupos que mesclavam visão religiosa apocalíptica com ideias sociais e políticas revolucionárias. Entre eles podem ser contados os *shakers/quakers*, tendo George Fox como seu fundador; os *levellers, ranters*, os *diggers*, os *seekers* e os *levellers*, igualmente. Alguns deles são denominados por Christopher Hill de "seitas não conformistas".

O espírito revolucionário protestante, que em Lutero se limitou basicamente às questões religiosas e teológicas, no caso do calvinismo adquiriu uma abrangência bem maior, com profundas significações para as questões sociais e políticas. Dentro do calvinismo o movimento puritano,[41] presente em várias denominações e igrejas, encabeçou este viés insurgente, cuja separação de Estado e Igreja era a principal questão debatida, juntamente com uma infinidade de temas secundários de ordem ético-moral e teológico-cultural. A visão de mundo construída pelo puritanismo, como sabemos, adveio de Calvino e do calvinismo, constituindo-se numa importante ideologia pragmática com objetividade e disciplina. Diferentemente de Lutero, que ainda trazia para a modernidade algo da espiritualidade medieval, a lógica brilhante de Calvino, pelo contrário, segundo Walzer:

> Não estava tão sujeita a um processo privado de internalização e recapitulação emocional... foi um homem comprometido, desde o princípio de sua carreira, com a inovação sistemática, e suas inovações foram muito menos importantes teologicamente do que no campo da conduta moral e organização social.[42]

Tais diferenças foram fundamentais para a configuração dos dois discursos protestantes. De um lado, Lutero, ansiando pelo reino invisível de Deus; de outro, Calvino, motivado a demonstrar o poder e a majestade de Deus por meio de um reino na terra como representante político deste Deus poderoso. Estaria aqui, sem dúvida, a fonte ideológica do puritanismo na Inglaterra do século XVII. Como novamente explica Walzer, "Este Deus,

---

[41] A literatura a respeito é bem vasta. Para aprofundamento da questão política no século XVII e a participação do puritanismo no processo, são imprescindíveis alguns manuais clássicos sobre o assunto. Aqui indico apenas alguns: Robert S. Paul. *The lord protector. Religion and politics in the life of Oliver Cromwell*. London: Lutterworth Press, 1955; Michael Walzer. *The revolution of de saints. A study in the origins of radical politics*. Cambridge-MA: Harvard University Press, 1965; William Haller. *The rise of puritanism*. New York: Columbia University Press 1957; William Haller. *Liberty and Reformation in the Puritan Revolution*. New York: Columbia University Press, 1955; Christopher Hill. *Society and puritanism in pre-revolutionary England*. London: Secker & Warburg, 1964.

[42] Michael Walzer. *The revolutions of de saints*, pp. 23-24.

tirano arbitrário e caprichoso, onipotente e universal, modelava e dominava a consciência puritana".[43] A visão puritana sobre a vida e o mundo assume por completo que a humanidade existe como uma herança do pecado adâmico, justificando-se, pois, uma iniciativa radical de mudança para salvar o mundo em declínio. Daí a necessidade da existência dos santos puritanos para fazer cumprir a lei de Deus, inclusive dispensando a necessidade da abordagem hobbesiana da política, uma vez que o Deus calvinista-puritano já exercia com zelo tal função, desde a época dos judeus no Antigo Testamento. Com isso, o puritanismo transformou-se numa vocação especial, num chamado para a vida santa e de disciplina no trabalho, reprimindo a desordem social que se manifestava na vida devassa dos jogos, bailes e divertimentos vários. Era preciso regular a vida secular desde a usura dos agiotas até as vestimentas e o comportamento geral.

> A guerra puritana consistia, em primeiro lugar, na luta contra a tentação, a rejeição vigilante das más companhias, a sujeição do pecador à disciplina e os exercícios da religião reformada. A guerra era a descrição de um estado de ânimo, um grau de tensão e nervosismo. Esta tensão era, em si mesma, um aspecto da salvação: um homem cômodo era um homem perdido.[44]

O indivíduo puritano foi nutrido com este sentimento belicoso pessoal, interno, de vencer a guerra contra o pecado arraigado na natureza humana e contra a guerra exterior em termos sociais e até nacionais, à semelhança de Israel nos tempos bíblicos. A consciência de eleição para um propósito e mandato divinos era a força motivacional para o empreendedorismo puritano na sociedade, a fim da criação de um *éthos* reformado na Inglaterra. Não obstante há que se reconhecer por clara evidência que

---

[43] Ibid., p. 152. Em vários momentos, Walzer compara Calvino com Hobbes, como que havendo uma "sintonia" entre ambos, tendo como pano de fundo a figura do "déspota", por exemplo: "Tanto para Hobbes como para os calvinistas, o antídoto para a maldade e a desordem se encontrava no poder arbitrário", p. 159. O pecado de Adão é que reina na humanidade, e, por isso, "o mesmo temor desencadeou em Hobbes a busca do poder absoluto", p. 204.

[44] Ibid., p. 279.

os tempos estavam mudando. Aquela visão teocêntrica medieval, fundada na interpretação platônica internalizada no cristianismo pela patrística e solidificada pela tradição agostiniana tanto quanto na escolástica pelo neoagostinismo franciscano radicado em Oxford principalmente, embora renovada e adaptada, perdia gradativamente sua hegemonia exuberante. A natureza antes intocável, espécie de santuário e extensão da glória divina a ser apenas passivamente contemplada, alimentando um quietismo devoto, deveria agora ser investigada a fundo pela razão humana e pela experiência para o avanço do conhecimento e para o bem da própria sociedade humana.

2.3 Protestantismo e uma nova cultura social – *Tolerantia*[45]

A inteligência prática como exercício da razão mantém seu *status* de primazia, e a experiência inglesa de vida em sociedade, extenuada pelas sucessivas guerras, testemunhava uma nova maneira de resolver as questões conflituosas da sociedade. Percebeu-se que era possível superar a cultura belicosa, e o conceito que emergiu dessa experiência foi a predisposição à *tolerância*. A. McGrath esclarece que:

> A "Revolução Gloriosa" evitou outra guerra civil e neutralizou o poder da religião na vida pública inglesa. Não foi por acaso que a famosa *Carta sobre a tolerância*, de John Locke, foi publicada nesse exato momento, argumentando em favor da necessidade de tolerar a diversidade na religião, em vez de permitir que ela levasse ao conflito. O estado de espírito público mudara.[46]

---

[45] Para o tema da relação entre religião e tolerância, ver: Ole P. Grell; Bob Scribner (ed.). *Tolerance and intolerance in the European reformation*. Cambridge: Cambridge University Press, 1994. Obra coletiva com grande profundidade de análise, abrangendo a temática em vários países e épocas dos séculos XVI e XVII. W. K. Jordan. *The development of Religious toleration in England*, 4 vols. London, 1932.

[46] Alister McGrath, op. cit.

Reiteramos que exatamente nesse período Locke produz sua obra *Cartas sobre a Tolerância* (1689).[47] Entre tantas coisas, afirma que:

> Nos assuntos comuns da vida, o uso de coisas indiferentes que Deus não proibiu é livre e legal e, portanto, nessas coisas a autoridade humana tem lugar... na adoração religiosa devemos distinguir entre o que é parte da própria adoração e o que só é uma circunstância. É parte da adoração o que se acredita ter sido indicado por Deus e Lhe for agradável e, portanto, necessário... que a heresia é uma separação feita numa comunidade eclesiástica entre os homens da mesma religião... Só posso imaginar na extravagante arrogância dos homens que pensam poder explicar sobre coisas necessárias à salvação mais claramente que o Santo Espírito, a eterna e infinita sabedoria de Deus... Cisma, pelas mesmas razões já alegadas, nada mais é que a separação da comunhão da Igreja, à conta de algo na divina adoração ou disciplina eclesiástica... aquele que não nega os ensinamentos das Sagradas Escrituras em palavras expressas, nem produz separação sobre nada que não esteja expressamente contido no texto sagrado, embora ele possa ser apelidado por alguma seita de cristãos e declarado por alguns, ou por todos, como esvaziado do verdadeiro cristianismo, ainda, de fato e em verdade, este homem não pode ser nem herético, nem cismático.[48]

Em John Locke, não obstante o importante juízo de Michael Walzer de que a experiência de tolerância sob o prisma lockeano "precisa ser provada; não pode ser simplesmente presumida";[49] fica patente que a religião e particularmente o protestantismo na modernidade entrante não podem nem devem mais ser resumidos naquelas realidades metafísicas,

---

[47] Os escritos de Locke sobre religião e tolerância podem ser vistos em: Victor Nuovo (ed.). *John Locke: Writings on religion*. Oxford: Oxford University Press, 2002; *Cartas sobre a tolerância*. São Paulo: Ícone, 2004. A presente reflexão sobre a tolerância em Locke, ligeiramente modificada, foi veiculada por mim em *A cidade e o gueto*. São Paulo: Fonte Editorial, 2010, pp. 111-123.

[48] John Locke. *Cartas sobre a tolerância*. São Paulo: Ícone, 2004, pp. 94-113.

[49] Em *Da tolerância*. São Paulo: Martins Fontes, 1999, p. 7.

conforme demonstraram mais tarde Hume, Kant, Nietzsche e Heidegger, particularmente o reconhecimento de Kant, de que: "foi a advertência de David Hume que, há muitos anos, interrompeu o meu sono dogmático".[50] Realidades metafísicas que foram tão centrais na formação da identidade cristã no medievo e da própria fé protestante na transição exata para o período moderno, e não apenas como uma força de coesão social, agora estavam postas sob suspeita diante das novidades da ciência.

Os tempos mudaram: o feudalismo se foi, o absolutismo estava em decomposição acelerada e o sobrenaturalismo não explicava mais o funcionamento da natureza e muito menos do universo. Agora, o princípio da liberdade (ver 2.4.3) se alteia como a própria definição essencial do cristianismo. Aliás, antes mesmo de Locke, o célebre puritano J. Milton, no seu *Areopagítica*, foi claríssimo sobre esse ponto ao afirmar que

> muitos criticam a divina Providência por haver permitido a transgressão de Adão. Tolas palavras! Quando Deus lhe deu razão, deu com ela a liberdade de escolher, pois a razão é isso – escolha.[51]

Milton postulava a descoberta da verdade, pela liberdade em relação à autoridade, de uma tradição já cristalizada, seja ela platônica-agostiniana, seja aristotélica-tomista; quer dizer, patrística ou escolástica, fazendo nascer, pois, como diz Michael Polanyi, a "fórmula antiautoritária de liberdade".[52] Em seus escritos políticos, ele igualmente afirma que:

> Disso resulta, por fim, que se a autoridade do rei ou magistrado provém originalmente e por natureza do povo – em primeiro lugar para o bem do povo, e não para seu próprio bem –, então o povo poderá, tantas vezes quantas julgar melhor, elegê-lo ou rejeitá-lo, mantê-lo ou o depor mesmo sem ser tirano, unicamente pela

---

[50] Immanuel Kant. *Prolegómenos a toda a metafísica futura*. Lisboa: Ed. 70, 2003, p. 17.
[51] John Milton. *Areopagítica: discurso pela liberdade de imprensa ao Parlamento da Inglaterra*. Rio de Janeiro: Topbooks, 1999, p. 109.
[52] Em *A lógica da liberdade*. Rio de Janeiro: Topbooks, 2003, p. 157.

liberdade e pelo direito que homens nascidos livres têm de se governar como melhor entenderem.[53]

Esta parece ter sido uma tendência que no protestantismo foi se generalizando, com diferentes nuanças, de acordo com as convicções religiosas individuais ou de grupos, com avanços e retrocessos, paradoxos e contradições.[54] Tendência também presente na França ainda no século XVI com Étienne de la Boétie (1530-1563). Autor pouquíssimo conhecido, embora não protestante, esforçou-se, como Conselheiro do Parlamento de Bordeaux, pela tolerância entre católicos e huguenotes. Em sua obra *Memórias*, conclamava aos praticantes das duas vertentes religiosas na França a aliarem os princípios da justiça à misericórdia, evitando extremismos e fanatismos. Travou uma amizade por toda a vida com Montaigne (1553-1592), que certamente o influenciara bastante. Contra a tirania e o servilismo extraídos das ideias de Maquiavel em *O príncipe*, La Boétie em seu *Discurso* retoricamente denuncia que

> aquele que vos domina tanto, só tem dois olhos, só tem duas mãos, só um corpo e não tem outra coisa a não ser a que tem o menor dos homens, do grande e infinito número de vossas cidades. O que ele tem a mais que vós, é um coração desleal, traidor, e a vantagem que lhe dais para vos destruir; donde tirou ele tantos olhos, com os quais vos espia? Se vós não os entregastes?[55]

No século seguinte, com o filósofo e imigrante protestante francês Pierre Bayle vivendo na Holanda,[56] e a propósito da revogação do Édito

---

[53] John Milton. *Escritos políticos*. São Paulo: Martins Fontes, 2005, p. 19.

[54] Sobre a tolerância na tradição protestante, ver a avaliação crítica de R. Niebuhr. *The nature and destiny of man*. Vol II: Human destiny. Louisville-KY-USA: Westminster John Knox Press, 1996, pp. 226-243.

[55] Étienne de La Boétie. *Discurso sobre a servidão voluntária*. São Paulo: Revista dos Tribunais, 2009, p. 100.

[56] Sobre Bayle e a tendência à tolerância nos meios religiosos, verificada também em Locke, ver: Benjamin Kaplan. *Divided by Faith. Religious conflict and the practice of toleration in early modern Europe*. Cambridge-Massachusetts: Harvard University Press, 2007, pp. 333-336.

de Nantes, ocorrida em 1685 pela mão do rei Luiz XIV, recrudescendo a intolerância religiosa e a perseguição aos protestantes franceses (huguenotes), a partir de 1686, ele produz a sua *opus magna*, o *Dictionnaire historique et critique*, publicado a partir de 1697.[57] O *Dictionnaire* de Bayle teve grande sucesso de venda, justificando uma nova edição em 1702, e exerceu notável influência em autores contemporâneos seus e sucessores, como Diderot, Leibniz, Voltaire, Berkeley, Hume, Franklin, Jefferson e tantos outros, facilitando o conhecimento de inúmeros filósofos antigos e renascentistas com suas eruditas sugestões e explicações em cada verbete, com a menção de centenas de autores antigos, medievais e modernos com relação ao mundo religioso do cristianismo, católico ou protestante.

Bayle destaca, por exemplo, a figura de Spinoza, concedendo ao filósofo judeu-holandês extensas páginas em que sublinha o acolhimento feito a ele pelos arminianos membros dos *colegiantes* (*collegia*), espécie de grupo cristão ecumênico formado após o Sínodo de Dort (1618-1619), quando centenas de clérigos arminianos (*remonstrantes*) foram expulsos. Ali (Rijnsburg, próximo a Leiden) Spinoza congregou por cerca de quatro anos e formou boas e longas amizades. Ademais, verbetes como os dedicados ao pacifista alemão H. Eppendorf, que contendeu com Erasmo em vários temas, como também ao bispo anglicano moderado Joseph Hall (1574-1656), encarregado, por William Laud, de produzir uma apologia do episcopado anglicano, que encontrou forte oposição dos radicais calvinistas, indicam que, além de um criticismo cético, Bayle nutria a esperança de um protestantismo tolerante e pacificador, talvez no modelo dos colegiantes que acolheram Spinoza, ou mesmo no estilo de Grotius ou Locke. Pierre Bayle, antes de seu *Dictionnaire*, escreveu seu *Commentaire philosophique* (1686), em que criticou severamente a intolerância religiosa logo após a revogação do *Édito de Nantes* em 1685.

---

[57] Utilizo a versão em Inglês: *Historical and critical dictionary: selections*. Indianapolis-IN: Hacket Publishing Company, 1991.

Locke, em sua doutrina política, propõe a "dúvida filosófica", inclusive aplicada à crença religiosa, apesar de, em sua obra *Cartas sobre a tolerância*, ter colocado limites para a prática da liberdade: catolicismo e ateísmo.[58] Sobretudo, naquele momento de viragem, era imprescindível a prática do diálogo, sentar-se à mesa, e que o espírito das confrarias medievais, esse sim, fosse preservado e estendido ao novo *éthos* que se formava, e se experimentasse de novo o comunitarismo, em uma nova roupagem, conforme lhe fora dada pelo próprio protestantismo, quando revitalizou "o caráter voluntário do cristianismo primitivo, com importância central para o desenvolvimento da sociedade moderna".[59] Aliás, o associanismo religioso no protestantismo mostrou-se de fato fundamental para a construção da nova sociedade, fazendo equilibrar o *modus vivendi* entre individualismo e comunidade. O apelo foi o de desarme dos espíritos, de suas certezas dogmáticas, tanto religiosas quanto científicas – a iluminação poderá não proceder mais apenas do entusiasmo fanático, da certeza escolástica, católica ou protestante, nem tampouco somente do telescópio e do microscópio da ciência, e sim da troca pacífica e enriquecedora desses conhecimentos adquiridos. Locke, no séc. XVII, na minha visão, representa esse avanço, essa coragem de ultrapassar os limites do *common sense*, estabelecidos como verdades inamovíveis.

Nesse sentido, então, tanto o tema da *tolerância* como o nome de John Locke colocam-se como "pontos inspirativos" para a temática que se ocupa aqui. Aliás, foram-me sugeridos por uma afirmação de Bertrand Russell de que: "É devido à influência de Locke e de sua escola que os católicos gozam de tolerância nos países protestantes, e os protestantes, nos países católicos".[60] Claro que, vindo de um ateu convicto como Russell e de sua quali-

---

[58] "... que a Igreja pode não ter o direito de ser tolerada pelo magistrado, se for constituída sobre tal fundamento; que todos os que a ela se associam se entregam, *ipso facto*, à proteção e serviço de Outro Príncipe... Por último, quem nega o Ser de Deus não pode ser de todo tolerado", em *Cartas sobre a tolerância*. São Paulo: Ícone, 2004, p. 105.
[59] B. R. Wilson. "La religión en la sociedad secular". In: Roland Robertson (comp.). *Sociología de la religión*. México: FCE, 1980, p. 143.
[60] Bertrand Russell. *Por que não sou cristão*. Porto Alegre: L&PM, 2008, pp. 133-134.

dade intelectual, tal reconhecimento se reveste, a meu juízo, de significado singular. Na verdade, essas sugestões formam uma espécie de "fio condutor" que percorre toda a pesquisa, na busca esperançosa de um protestantismo com um mínimo de relevância social e cultural para o seu tempo.

Afirmando que a *lei natural* possui um fundamento religioso, divino, Locke, na verdade, primeiramente reconhece que o Criador tem direitos de propriedade sobre a sua criação e, em segundo lugar, que esta realidade comunica direitos subjetivos inalienáveis aos seres humanos, por conta de terem sido criados à imagem e semelhança de Deus. A. Touraine[61] reconhece isso, dizendo que o ponto de partida de Locke é o fato de Deus ter dado ao homem entendimento, liberdade e liberdade de agir. Locke, no *Segundo Tratado*, diz: "Pois Deus, ao conferir ao homem um entendimento para governar suas ações, concedeu-lhe uma liberdade de vontade e de ação como a estas pertinentes, dentro dos limites da lei à qual está submetido" (*Livro II*, 58, 434). Outorgando tais virtudes ao indivíduo, estabelece, por isso mesmo, os limites do poder político-civil, quer dizer, ele (o poder) se mantém enquanto afirma seu significado natural, protegendo e defendendo a sociedade como tal.

Por isso mesmo, o poder político deixa de ser absoluto, como postulava Hobbes, exatamente por serem os homens criados por Deus naturalmente livres. Nesse sentido, como explica Rollet, "A monarquia absoluta é incompatível com a sociedade política, pois todos os príncipes estão no estado natural em relação àqueles que estão sob seu domínio... governar segundo leis estabelecidas, garantindo a tranquilidade, a segurança, o bem do povo".[62] O significado disso é que, em Locke, parece haver uma espécie de poder latente na sociedade, que é "mais duradouro do que governos específicos, e tal sociedade civil subverterá, tornará ilegítima e finalmente destituirá qualquer governo que não promover o florescimento de seus

---

[61] Em *Crítica à modernidade*. Petrópolis: Vozes, 2002, p. 56, citando textualmente esta passagem reveladora do *Segundo Tratado* de Locke.
[62] Jacques Rollet. *Religião e política*. Lisboa: Instituto Piaget, 2002, p. 92.

interesses materiais e morais".⁶³ Antes que mal-entendidos aconteçam, Locke se antecipa esclarecendo que o estado de liberdade "não é um estado de licenciosidade; embora o homem nesse estado tenha uma liberdade incontrolável para dispor de sua pessoa ou posses, não tem liberdade para destruir-se ou a qualquer criatura em sua posse...".⁶⁴ Pode-se dizer que, em suas teorias de liberdade e propriedade, os limites estão bem definidos pelo bom senso da vida em sociedade.

Obviamente, a ideia da tolerância como princípio inquestionável para a construção da cidadania, por meio de uma sociedade civil que dê garantias reais aos direitos naturais do homem, como entende Touraine, surge para Locke das suas muitas leituras na vasta literatura que se produzia na Inglaterra e no ambiente continental acerca do tema, uma vez que posições "equilibradas" em um cenário tão plural eram uma necessidade. Nesse particular, a influência do "judicioso" Richard Hooker, por exemplo, era, de fato, muito bem-vinda e Locke fazia questão de mencioná-lo em suas obras. Também não é demais citar novamente Spinoza,⁶⁵ que já havia escrito acerca da tolerância e intolerância religiosa. O estilo tolerante⁶⁶ ligado à religião era bem marcante entre os independentes, arminianos, latitudinaristas e podia ser facilmente percebido, além de Hooker, nos escritos de Francis Bacon, Jeremy Taylor, James Ussher, John Milton, Roger Williams, entre muitos; estilo que Locke conhecia muito bem. Por outro lado, entre os presbiterianos a tolerância, ainda que não de toda ausente,

---

[63] Max L. Stackhouse. "Sociedade civil, teologia pública e a configuração ética da organização política em uma era global". In: Conferência proferida no Simpósio Internacional sobre Teologia Pública. São Leopoldo: Sinodal/EST, julho de 2008.

[64] "Segundo tratado sobre o governo", em *Dois tratados sobre o governo*. São Paulo: Martins Fontes, 1998, p. 384.

[65] Baruch Spinoza escreveu a obra *Tractatus theologico politicus*, na qual explora o tema da tolerância religiosa na Holanda. Em português: Baruch de Espinosa. *Tratado teológico-político*. São Paulo: Martins Fontes, 2008.

[66] Christopher Hill, em seu magnífico *A Bíblia inglesa e as revoluções do século XVII* (Rio de Janeiro: Civilização Brasileira, 2003, pp. 555-558), oferece uma síntese a respeito. E outra síntese mais completa ainda em *O mundo de ponta-cabeça*, pp. 109-116.

era bem menos usual, talvez por conta de uma fixação confessional com a questão doutrinária, roçando quase sempre em dogmatismo fechado.

Ademais, Locke se esmerava nos estudos e no conhecimento das Sagradas Escrituras; quer dizer, tanto no ministério de Jesus na Galileia, expresso nos Evangelhos, como na teologia paulina. Locke tem uma nítida preferência pelos Evangelhos em detrimento dos escritos paulinos, que são para ele como que tipos de "desvios" da mensagem original de Jesus. Não obstante cita e utiliza-se de tais escritos com profusão, inclusive escreveu uma obra em dois volumes comentando o apóstolo e ressalta de maneira admirável e insofismável a realidade da tolerância como fundamento indispensável para a *koinonia*, não apenas à comunidade de fé, mas igualmente para a relação entre os povos, uma vez que a salvação estava estendida e oferecida aos gentios, sendo, pois, uma mensagem universal e ecumênica; singularidade cristã, aliás, digna de nota, quando comparada com o universo religioso daquele momento.

Dessa forma, Locke entende que "a tolerância é a marca característica principal da verdadeira Igreja",[67] e, ao contrário, objeta que se "for a essência, a natureza da religião cristã, ser turbulenta e destrutiva da paz civil... longe de nós dizer tal coisa dessa religião que traz em si a maior oposição à cobiça, ambição, discórdia, contenda e toda forma de desejos incontidos e é a mais modesta e pacífica religião que jamais houve".[68] A tolerância impõe-se como a própria essência da mensagem cristã, seu princípio nuclear, e como tal não poderá aceitar qualquer ideia ou prática que ameace tal princípio, produzindo algum tipo de intolerância religiosa proveniente de posicionamentos radicais com base numa suposta interpretação verdadeira das Escrituras, que, inclusive, resulta no estigma de heresia àqueles que as interpretam de maneira distinta. Sobre isso, Locke é taxativo e irônico ao afirmar: "Só posso imaginar na extravagante arrogância dos homens que pensam poder explicar sobre coisas necessárias à salvação mais claramente

---

[67] *Cartas sobre a tolerância*. São Paulo: Ícone, 2004, p. 75.
[68] Ibid., p. 109.

que o Santo Espírito, a eterna e infinita sabedoria de Deus".[69] Por ser a Igreja "uma sociedade voluntária de homens",[70] onde "cada um se reúne voluntariamente àquela sociedade em que ele acredita ter encontrado a profissão de fé e adoração verdadeiramente aceitável por Deus".[71] Por isso mesmo, logo no início da *Carta* evoca o Evangelho de Lucas 22,25-26, como base para delimitar que o objetivo da religião não é o "domínio eclesiástico, nem exercitar uma força compulsiva"; é, antes, o cultivo da "virtude e piedade".[72] Para Locke, orgulho, ambição, por um lado, paixão e zelo sem amor, por outro, são marcas daqueles que não conseguem ver "essa luz tão clara"[73] que é a tolerância. Por isso, "quão feliz e grande seria o fruto, na Igreja e no Estado, se os púlpitos em todo lugar soassem com a doutrina da paz e da tolerância".[74] Seu desejo supremo era o de que "a lei da tolerância fosse estabelecida, de que todas as igrejas fossem obrigadas a estabelecer a tolerância, como fundamento para a sua própria liberdade e ensinar a liberdade de consciência como o direito natural de todo homem natural, sejam igualmente dissidentes ou membros".[75]

Educado em um lar puritano e em contato intenso com os independentes, de quem certamente herdaria boa parte de seu liberalismo, já adulto permaneceu bem mais próximo dos latitudinaristas e posteriormente, em seu exílio na Holanda (1683-1689), onde escreve a *Epistola de tolerantia*,[76] esteve em contato direto com os remonstrantes arminianos, onde, nos diz

---

[69] Ibid., p. 112.
[70] Ibid., p. 81.
[71] Ibid.
[72] Ibid., p. 76.
[73] Ibid., p. 78.
[74] Ibid., p. 87.
[75] *Cartas*, p. 105.
[76] A *Carta* foi escrita em latim e publicada anonimamente em 1689 em Gouda, na Holanda, e em seguida traduzida para o inglês e francês, tendo rápida difusão nos meios intelectuais. Locke já havia escrito alguns *ensaios* sobre o tema da tolerância, e também escreveria três outras cartas sobre a tolerância nos anos que se seguiram. Todos os ensaios prévios às *Cartas sobre a tolerância* podem ser vistos em John Locke. *Ensaios políticos*. São Paulo: Martins Fontes, 2007. Para a presente reflexão utilizamos a edição brasileira.

Polin, "o poder pratica uma relativa política de tolerância, onde, em todo caso, a liberdade de se exprimir, de escrever e de publicar é maior que por toda parte no resto da Europa".[77] De fato, o século XVII da Holanda foi notável nesse particular. Primeiramente porque em toda a sua história o poder laico foi maior que o do clero, nesse caso calvinista. Em segundo lugar porque o cosmopolitismo e o mercantilismo que moviam a economia eram por demais flexíveis no acolhimento de pessoas novas e consequentemente de novos pensamentos; o que foi fundamental para as novas ciências. Principalmente Amsterdã, Roterdã e Leiden tornaram-se refúgios de "libertinos", arminianos e socinianos. Como nos explica Trevor-Roper, "Sabiamente, os arminianos na Holanda insistiam na supremacia do poder civil sobre o clero".[78] Num ambiente desses, cogitamos, mesmo Servetus encontraria um lugar bem mais seguro.

Na Holanda, o poder civil era uma segurança protetora contra o fanatismo dos *predikants*. Situação que certamente mudava nos momentos de crise. O Sínodo de Dort, como ficou evidente ao longo de nossa exposição, representa, de fato, o espírito reacionário mais contundente dentro da tradição calvinista. Atitude que caminhava no sentido oposto da opção mais tolerante que germinava no protestantismo da Holanda. Foi fruto de um momento crítico, no primeiro quarto do século XVII, em que o clero calvinista aproveitou bem a ocasião para forjar uma identidade reformada holandesa reacionária, na linha do seu principal líder, Gisbert Voetius (1589-1676), que não obstante defendesse a liberdade religiosa, advogou um calvinismo radical, mas que, entretanto, não conseguiria a hegemonia por muito tempo. À parte das disputas teológicas, sabe-se que as questões políticas envolvendo Maurício de Nassau foram decisivas no resultado do sínodo. R. Colie explica que o Sínodo de Dort "envolveu o governo da Igreja

---

[77] Raymond Polin na "Introdução" às *Cartas sobre tolerância*, p. 67. Sobre o ambiente religioso protestante na Holanda do século XVII, é de grande valia consultar: Henry Méchoulan. *Dinheiro e liberdade*: Amsterdam no tempo de Spinoza. Rio de Janeiro: Jorge Zahar Ed., 1992, pp. 116-147. (Cf. também o já dito na seção 1.1 – *Background* Intelectual).

[78] Op. cit., p. 304.

e o governo civil: as relações de Igreja para Estado eram tais que uma consideração que aparentemente tocava apenas uma, invariavelmente, tocava na outra... Simon Episcopius apelou em vão, pois os juízes já eram seus inimigos doutrinais".[79]

Na contramão disso e na linha erasmiana, a Holanda produziu Hugo Grotius, Philippus van Limborch, Jean le Clerc e muitos outros que estabeleceram uma legítima conexão com o Iluminismo. Exatamente esse ambiente de abertura e ebulição intelectual influenciaria permanentemente o pensamento de Locke. Arriscamos dizer que o exílio na Holanda foi determinante para a formação completa do seu pensamento liberal, em que a virtude da *liberdade* ganhou seu espaço definitivo. É significativo que Locke tenha publicado suas três obras principais:[80] *An Essay concerning Human Understanding*, *Two Treatises on Government* e *A Letter concerning Toleration*, em 1689, logo após seu retorno para Londres, que se deu em fevereiro, e igualmente depois da Revolução Gloriosa de 1688. Além do mais, em 1689, encontrou-se com Isaac Newton. Para Locke a *liberdade* compõe, com outras realidades, a *moralidade*. Esta, por sua vez, deve ser compreendida a partir da teologia, embora certamente falemos aqui de uma teologia proveniente dos meios liberais holandeses e ingleses, mormente entre os latitudinaristas e arminianos, apesar de em seu círculo de amizade poderem ser encontrados amigos puritanos. Fica bem clara a sua postura sobre a moralidade na obra *Essay concerning Human Understanding*. Ademais, em 1693, Locke publica seus *Thoughts on Education*,[81] que também revela esse espírito aberto e moderno.

---

[79] Rosalie L. Colie, op. cit., p. 10. Ver também: Andrew Pettegree. "The politics of toleration in Free Netherlands, 1572-1620". In: Ole Peter Grell; Bob Scribner (ed.). *Tolerance and intolerance in the European Reformation*. Cambridge: Cambridge University Press, 1996, p. 197.

[80] Todas elas felizmente em português. Nos anos seguintes publicaria: *A Second Letter concerning Toleration* (1690); *A Third Letter concerning Toleration* (1692); *The Reasonableness of Christianity* e *A Vindication of Reasonableness of Christianity* (1695).

[81] John Locke. *Pensamientos sobre la educación*. Madrid: Akal, 1986.

A tolerância se apresentava como parte de uma argumentação razoável – passando à razão a primazia para a resolução das questões sociais. De fato, a *Revolução Gloriosa* tem o mérito de ter evidenciado a possibilidade de que as dificuldades políticas e religiosas, quando mediadas pela razão, redundassem em logros consensuais. A Inglaterra, com o clima de tolerância se instalando, está se preparando para a era da *Iluminação – Enlightenment*. Por isso, não creio ser anacronismo mencionar talvez a crítica mais eloquente a Locke: a sua concordância com a prática da escravidão;[82] concordância, ao que parece, decorrente de sua teoria do direito à propriedade do homem livre que buscava um liberalismo moderno ideal, que fosse uma resposta vigorosa ao domínio hierárquico da maior parte da história da humanidade. Por isso, Locke atacou a família patriarcal exemplificada no absolutismo monárquico, argumentando a favor dos direitos de propriedade dos homens livres, inclusive de mulheres e crianças. Por isso mesmo, em sua visão, o governo deveria ter poderes limitados para o mínimo necessário de segurança e estabilidade ao indivíduo em seu acúmulo de propriedades. Obviamente que Locke confiava em que o contrato social produziria resultados positivos, uma vez que estava baseado em um tipo de "harmonia natural de interesses" (diferentemente de Hobbes), produzindo uma boa sociedade livre e tolerante. Seu ensinamento era um protesto contra as constrições sociais e culturais do passado, e com certeza sua concepção deveria estar acompanhada das restrições religiosas que eram fundamentais ao seu pensamento.

Ainda que destacasse sobremaneira o individualismo, John Locke estava convencido de que a crença em Deus era essencial para a existência de qualquer sociedade. E para ele, o afastamento de Deus, mesmo em pensamento, ajudaria a dissolver a vida social. "Tanto Locke como os fundadores [dos Estados Unidos da América] sabiam que as dissenções sectárias

---

[82] John Locke. *Dois tratados sobre o governo*. São Paulo: Martins Fontes, 1998. Ver capítulo IV do *Segundo tratado – Da escravidão*. Acerca da escravidão em Locke, ver: Bruno Cesar Leite. "Extremos desígnios: a condição do escravo". *CAOS – Revista Eletrônica de Ciências Sociais*, n. 10, p. 45 -53, mar. 2006. Disponível em: <http://www.cchla.ufpb.br/caos>.

eram politicamente perigosas; nada obstante eles não subestimaram a importância pública da religião".[83] John Dunn ressalta que o pensamento de Locke está inseparavelmente ligado à sua teologia e ao seu severo senso calvinista de obrigação.[84] Parece seguro afirmar que a recepção de seu pensamento secular no século XVIII nos EUA, em não poucos casos, ocorreu sem a consideração de sua visão geral, por exemplo, de seus aspectos religiosos, produzindo um individualismo solitário e feliz apenas com o direito à propriedade. Um *paradoxo* do liberalismo? (L. Sève) ou uma *contra-história* do liberalismo?(D. Losurdo). Mas, de qualquer modo, as limitações naturais de seu pensamento não apagam a importância de suas ideias para as conquistas da modernidade ocidental.

Estamos diante de um *pré-iluminismo* que trouxe consigo a crítica ao *common sense*, assentando a base para o criticismo tanto da tradição religiosa como um todo quanto do próprio texto bíblico.[85] No final do século XVII e inícios do XVIII, teólogos como J. Toland (1670-1722) e M. Tindal (1657-1733), inspirados pelo pensamento dos empiristas ingleses, causaram grande polêmica ao reinterpretarem a Bíblia e o cristianismo.

MacCulloch destaca que "Somente no século XVII, num período de tantas outras reavaliações, foi sincero e devotamente cristão fazer um retorno consistente ao projeto humanista de criticismo histórico, ao considerar o texto bíblico".[86] De fato, o desafio por uma nova cultura de tolerância e respeito mútuo entre grupos religiosos e políticos, com uma longa história

---

[83] Robert Bellah et al. *The good society*. New York: First Vintage Books, 1992, p. 180. Excelente material avaliativo da influência de Locke na fundação da nação americana. Para os autores, "o individualismo lockeano é inadequado" (p. 288) e "basicamente incompatível com importantes elementos da religião bíblica e do civismo republicano" (p. 289).

[84] J. Dunn. *The political thought of John Locke*: An Historical Account of the Argument of the Two Treatises of Government. Cambridge-England: Cambridge University Press, 1960, apud Robert Bellah, op. cit., p. 67.

[85] John Toland. *Christianity not mysterious*. Dublin: The Lilliput Press, 1997 (1696) e Matthew Tindal. *Christianity as old as the Creation*: or the gospel a republication of the religion of nature. Lexington-KY-USA: Forgotten Books, 2016 (1730, 1798). A obra de Tindal foi traduzida para o alemão (1741), influenciando também a teologia naquele país.

[86] Diarmaid MacCulloch. *Reformation*: A History. London: Penguin Books, 2003, p. 704.

de animosidade deletéria, deveria passar certamente por uma revisão da própria tradição de recepção e leitura do texto sagrado. John Toland e Matthew Tindal abriram o caminho para uma nova forma de religião cristã que acolhia especialmente intelectuais e membros não praticantes do anglicanismo, bem como livres pensadores que certamente desacreditavam na doutrina da revelação e em várias outras: era o *deísmo cristão*, uma tentativa de se conjugar o cristianismo com as descobertas científicas e o progresso da modernidade. Para tanto, dava-se uma interpretação naturalista à fé cristã, retirando dela qualquer doutrina ou fato não comprovável pela ciência. Mantinha-se Deus como criador do universo, mas não mais com ações de interferências no mundo dos homens. O aspecto moral do cristianismo tornava-se a mensagem por excelência a ser veiculada. Tal ideia influenciaria na própria visão religiosa de I. Kant. O deísmo foi uma forma encontrada na Inglaterra, que depois se espalhou pela Europa, para não se descartar a religião, uma vez que ela era parte integrante da própria identidade britânica.

Na Inglaterra de Locke, e principalmente na Holanda, a cultura da tolerância, mais do que uma virtude grega ou patrimônio judaico-cristão, foi quase sempre uma ação política necessária para contornar as crises religiosas que tinham graves ressonâncias na vida política e econômica. Ademais, como explica Pettegree, "a tolerância nesse período era sempre um grito suscetível dos despossuídos e desapontados ou seriamente confusa";[87] quer dizer, uma postura absolutamente humana com seus interesses próprios e momentâneos, sem essa conotação romântica que muitas vezes se dá ingenuamente na vinculação dela com o desenvolvimento da sociedade moderna liberal. É certo que há uma relação, mas não como uma descoberta de uma virtude perdida da natureza humana, mas antes como estratégia social para o bem comum. Com isso, a religião ganhava interessantes funções horizontalizadas, se afastando de temas metafísicos, doutrinários e dogmáticos para ajudar na coesão social.

---

[87] Andrew Pettegree, op. cit., p. 198.

2.4 Protestantismo e mudança social

O protestantismo, após as lutas doutrinárias travadas no século XVI e parte do XVII, em temas por demais teológicos e metafísicos, com fortes implicações políticas, foi tomando consciência de sua importância sociocultural na construção de uma nova sociedade em um mundo dilacerado e assustado ante a capacidade humana de destruição. Tornou-se evidente que a força da razão humana, dada por Deus, doravante, deveria ser encaminhada a promover a paz social, e os diversos segmentos religiosos oriundos do protestantismo certamente teriam uma importante participação nesse processo.

Dessa forma, diversos desses grupos iniciaram uma *guinada* ética pelos bons costumes e contra a injustiça social, principalmente. Tal mudança de rota no protestantismo encontrou um primeiro grande desafio na questão delicada da escravidão, uma vez que grande parte da economia estava montada sobre o trabalho e tráfico de escravos. M. Marty destaca que os protestantes estavam conscientes de que uma reforma da nação implicava a abolição, ainda que não se considerasse os negros como iguais.[88] Isso significa dizer primeiro que, no caso americano, a questão da abolição tornou-se a causa imediata da *Guerra da Secessão* (1861-1865), e segundo, que essa luta, ainda em meados do século XIX, produziu seu fruto mais precioso na Grande Emancipação (*Great Emancipation*) de 1863, realizada por Abraham Lincoln.

Por sua vez, a Inglaterra iniciou seu processo de abolição do tráfico de escravos e seu comércio apenas em 1807 com o *Abolition of the Slave Trade Act* e posteriormente conseguindo a vitória final em 1833 com o *Slavery Abolition Act*. Um novo olhar horizontal sobre a realidade mundana, pouco a pouco, foi sendo assumido no protestantismo, com moderação ou radicalismos, e transformando de vez sua agenda de prioridades. Em resumo, livres-pensadores, líderes religiosos, filantropos, teólogos de

---

[88] Martin E. Marty. *Pilgrims in their own land*: 500 years of religion in America. New York: Penguin Books, 1985, p. 227.

nações como EUA, Inglaterra e Holanda, com uma importante tradição religiosa protestante, lideraram os diversos movimentos nas causas sociais. Aqui destacamos apenas os principais estágios desse novo caminho protestante, conforme entendo.

2.4.1 Protestantismo e abolicionismo[89] – Denúncia ao *status quo* econômico

Se as raízes do abolicionismo estão postas um século antes da Guerra Civil americana, como pensa Marty,[90] eu diria que as sementes da abolição moderna foram lançadas ainda antes. Pelo que se sabe até o momento, o primeiro documento publicado na América do Norte contra o sistema escravista, *The selling of Joseph*, foi escrito e publicado em 1700 por Samuel Sewall (1652-1730), como o próprio Marty constata. Ele era cidadão de Boston, de tradição protestante puritana, formado em 1671 pelo *Harvard College*. Ficou conhecido por ter atuado como um dos juízes no tribunal das "bruxas de Salém" em 1692; pelo que consta, posteriormente, ele teria se desculpado por ter participado desse processo. Suas conclusões sobre a injustiça da escravidão "foram simplesmente ignoradas por seus contemporâneos", segundo registra a biógrafa Mel Yazawa.[91] Com isso, a causa

---

[89] Sobre o tema geral da escravidão e a luta pela abolição, ver especialmente: Simon Schama. *Rough crossing*: Britain, the slaves and the American Revolutions. New York: Harper Collins, 2006; Hugh Thomas. *The Slave trade*: The story of the Atlantic slave trade: 1440-1870. New York: A Touchstone Book, 1997; Manisha Sinha: *The slave's cause*: A history of abolition. New Heaven: University Press, 2016.

[90] Martin E. Marty, op. cit., p. 228: "The roots of abolitionism went back a full century before the Civil War and the Emancipation Proclamation of 1863".

[91] Mel Yazawa. *The diary and life of Samuel Sewall*. Boston: Bedford Books, 1998, apud Rodney Stark. *For the glory of God*. Princeton-NJ: Princeton University Press, 2004, p. 339. Sobre o abolicionismo, escrito em português, ver: Emilia Viotti da Costa. *A abolição*. São Paulo: Unesp, 2008; Joaquim Nabuco. *O abolicionismo*. Rio de Janeiro: Nova Fronteira; São Paulo: Publifolha, 2000; A. Rocha Penalves. *Abolicionistas brasileiros e ingleses*: a coligação entre Joaquim Nabuco e a British and Foreign Anti-Slavery Society (1880-1902). São Paulo: Unesp; Santana do Parnaíba: BBS, 2009; Jaime Pinsky. *A escravidão no Brasil*. São Paulo: Ed. Contexto, 2015; Olivier Pétré-Grenouilleau. *A história da escravidão*. São Paulo: Boitempo, 2009.

anti-slavering não prosperou em Massachusetts naquele momento. Mas, em 1750, o pastor e teólogo congregacional, Samuel Hopkins (1721-1803), graduado no *Yale College*, posicionou-se abertamente contra a escravatura. Desenvolveu a temática da "Benevolência desinteressada" e decidiu ensinar alguns escravos na igreja que pastoreava em Newport-Rodhe Island, cidade das mais importantes para o comércio de escravos. Ademais, produziu dois escritos sobre o tema: *A dialogue concerning the slavery of the Africans: shewing it to be the duty and interest of the American States to emancipate all their African Slaves*, publicado em 1776 e reimpresso em Nova York em 1785, e *A Discourse upon the Slave-trade, and the slavery of the Africans*, publicado em 1793.[92] Também promoveu e divulgou o livreto de Sewall. Todavia, um movimento maior e mais bem orquestrado havia sido desenvolvido na Filadélfia, pelo menos vinte anos antes.

De fato, as primeiras denúncias escritas contra a escravidão, com repercussão social e desdobramentos significativos, deram-se no ambiente devoto da tradição *quaker*, já mencionada aqui (na *Introdução*, na seção 2.2).

John Woolman (1720-1772), um alfaiate e escriturário, nascido no Condado de Burlington em New Jersey – EUA, tornou-se um *quaker* abolicionista bem conhecido, servindo como ministro dessa igreja em sua região. Casou-se com Sarah Ellis e teve uma filha. Woolman percebeu que a posse de escravos, prática bem comum naquele momento, era incompatível com o cristianismo e, desde então, passou sua vida viajando, como pregador itinerante, escrevendo e denunciando o sistema escravista. Ele começou a questionar e falar contra a escravidão enquanto trabalhava como escrevente. O patrão deu-lhe instruções para escrever a nota de venda de um escravo. Somente a contragosto é que escreveu a nota de venda. Posteriormente registrou aquele momento inicial de sua trajetória:

---

[92] Textos completos: *Classic work of apologetics*. Disponível em: <http://www.classicapologetics.com/h/hauthor.html>.

[...] mas ao executar a tarefa estava tão aflito em minha mente, que eu disse antes a meu mestre e Amigo que eu acreditava que manter um escravo era uma prática incompatível com a religião cristã (*Jornal de Woolman*, p. 15).[93]

Com 23 anos fez uma primeira viagem missionária, de duas semanas, no lado Leste de New Jersey. Três anos depois empreendeu uma longa viagem com Isaac Andrews para Virgínia, Maryland e Carolina do Norte, observando e falando com os escravos *in loco* acerca da maldade e da injustiça da escravidão, colhendo informações, números, localizações, e se inteirando das condições em que a escravidão acontecia. Tendo essa experiência como pano de fundo, ele escreveu seu *Essay: Some considerations on the keeping of Negroes*[94] ("Algumas considerações sobre a manutenção dos Negros" [como escravos]). Durante anos ele guardou seu escrito e finalmente em 1754, na Reunião Anual *Quaker* da Filadélfia, ele obteve a aprovação para publicá-lo. Nesse escrito, ele protestou contra a escravidão por motivos religiosos. Após a introdução, ele inicia seu ensaio citando um texto bíblico: "E, respondendo o Rei, lhes dirá: Em verdade vos digo que, quando o fizestes a um destes meus pequeninos irmãos, a mim o fizestes" (Mt 25,40). Ora, esta perícope está posta no contexto posterior de duas parábolas contadas por Jesus sobre a vinda do Reino de Deus: das *Dez virgens* e dos *Talentos*. A cena descrita na narrativa é a do grande julgamento final e o veredito era claríssimo para Woolman: os escravos eram

---

[93] Anne Moore Mueller. *John Woolman*. Drexel University, Class of 2008. *Quakers & Slavery*, "But at the executing of it I was so afflicted in my mind, that I said before my master and the Friend that I believed slave-keeping to be a practice inconsistent with the Christian religion" (*Woolman's Journal*, p. 15). Disponível em: <http://trilogy.brynmawr.edu/speccoll/quakersandslavery/commentary/people/woolman.php≥.

[94] John Woolman. *Some considerations on the keeping of Negroes*. Recommended to the professor of Christianity of every denomination. Philadelphia: Church Alley, 1754. Também em James Proud (Ed.). *John Woolman and the affairs of truth*. The journalist's Essays, Epistles, and Ephemera. San Francisco-CA: Inner Light Books, 2010, com uma ampla introdução sobre seus escritos.

os "pequeninos irmãos" que precisavam ser protegidos, cuidados e tirados daquela condição desumana. Em seguida afirma:

> Mas, em geral, a desvantagem desses pobres africanos que se encontram sob a falsidade de um país cristão iluminado me faz muitas vezes sentir como numa condição de tristeza real, tal como um assunto indigesto em minha mente, eu agora sei que é meu dever, através da ajuda divina, oferecer alguns pensamentos a respeito da consideração aos outros.[95]

A partir da publicação de seu ensaio, nessa mesma época, Woolman foi exercendo significativa influência em seus irmãos *quakers*, pois muitos deles eram proprietários de escravos e, por isso, a própria liderança da *Sociedade dos Amigos* reconheceu os erros e males da escravidão. A partir de 1754-1755, os próprios *quakers* se posicionaram oficialmente contra o sistema escravista com um importante documento: "Epistle of Caution against the purchasing of Negroes and Advice to those who have them in their families", encaminhado pela reunião mensal da Filadélfia para a sua reunião anual em setembro de 1754, a fim de que esta fizesse as devidas alterações. No final desse ano já estava sendo distribuído entre os periódicos e nas demais reuniões mensais dos *quakers*, com o título: "An Epistle of Caution and Advice, Concerning the Buying and Keeping the Slaves". Proud registra que Antoine Bénézet (1713-1784) e J. Woolman foram designados para reproduzir este documento e levá-lo para a reunião anual da Virgínia.[96] Nesse mesmo *meeting*, como já referido, foi autorizada a publicação de J. Woolman. No ano seguinte, os *quakers* produziram um

---

[95] John Woolman. "Some considerations on the keeping of Negroes", *Quakers & Slavery*, p. 7, "But the general this advantage which these poor Africans lie under in an enlightened Christian country having often fill'd me with real sadness, an been like undigested Matter on my mind, I now think in my Duty, through Divine aid to offer some thoughts thereon to the consideration of others". Disponível em: <http://triptych.brynmawr.edu/cdm/ref/collection/HC_QuakSlav/id/497>.

[96] James Proud, op. cit., apêndice 2, p. 227.

documento sobre o tempo de sofrimento por conta de guerras no exterior: "An Epistle of Tender Love and Caution" escrito e assinado por Woolman e mais vinte outros amigos, entre eles Bénézet e Pemberton (1727-1795); este último, procedente de uma importante família, foi muito influente e, com suas posses, comprou a liberdade de vários escravos. Ademais, em 1755, escreveu e publicou seu segundo documento: *Epistle from our General Spring Meeting of Ministers and Elders*,[97] que foi uma *Epistle* recheada de textos bíblicos e um testemunho de paz na Pensilvânia, numa época de grande tribulação em consequência da guerra entre Inglaterra e França, envolvendo os nativos americanos e os territórios disputados.

Em 1758, novamente na Filadélfia, em sua Reunião Anual *Quaker*, foi nomeado um *committee* para visitar os amigos que ainda mantinham escravos. John Woolman foi, certamente, o líder mais destacado e ativo desse grupo. Soderlund sintetiza o posicionamento *quaker* dessa época. Visitou Newport para verificar as condições dos navios negreiros. Em seu diário registrou a náusea e a fraqueza diante do que viu, e a comparou com a sensação do profeta Habacuque: "Ouvindo-o eu, o meu ventre se comoveu, à sua voz tremeram os meus lábios; entrou a podridão nos meus ossos, e estremeci dentro de mim; no dia da angústia descansarei" (Hb 3,16). Seus *Journals* tornaram-se documentos pessoais bem importantes para se conhecer um pouco mais da alma americana naquele período entre o primeiro avivamento e a Guerra Civil.

> Finalmente, na década de 1770, as reuniões anuais da Nova Inglaterra, Nova York, Nova Jersey, e Pensilvânia proibiram seus membros de manterem escravos, sob a pena de exclusão. Portanto, estava lançado o movimento americano da abolição.[98]

---

[97] Texto completo em James Proud, op. cit., pp. 17-19.
[98] Jean Soderlund. *Quakers and slavery*: a divided spirit. Princeton: Princeton University Press, 1985, apud Rodney Stark. *For the glory of God*. Princeton-NJ: Princeton University Press, 2004, p. 341.

Nessa mesma época, vozes isoladas de outros segmentos religiosos ou seculares também se levantaram a favor da abolição da escravidão, mas, de fato, foram os *quakers* que se notabilizaram como um forte movimento com esse ideal. A semente *quaker* da abolição plantada por Sewall e Woolman deu frutos, criando uma geração inteira de ativistas em várias áreas, como Benjamin Franklin (1706-1790), Benjamin Rush (1746-1813), Lyman Beecher (1775-1863), Charles G. Finney (1792-1885), William L. Garrison (1805-1879). Em 1833 vários líderes abolicionistas criaram a *American Anti-Slavery Society*, que cresceu rapidamente, facilitando a adesão de várias outras lideranças presbiterianas, batistas e metodistas.

William Wilberforce (1759-1833) – mencionado na introdução – nasceu a 24 de agosto na cidade litorânea de *Kingston upon Hull*, ou simplesmente *Hull*, localizada no nordeste da Inglaterra e em parte do Condado de *East Riding of Yorkshire*. Seu pai era um próspero comerciante e pode lhe fornecer uma ótima educação. Como resultado disso, com 17 anos de idade, foi aceito no St. John's College da Universidade de Cambridge. Ali se preparou politicamente, tendo desenvolvido uma grande e fundamental amizade com William Pitt (1759-1806), que se tornaria o mais jovem Primeiro-ministro da Grã-Bretanha por dois mandatos (1783-1801 e 1804-1806). Certamente Pitt teve grande influência sobre Wilberforce para que esse se encaminhasse para a carreira política. De fato, em 1780, com apenas 21 anos, Wilberforce tornou-se membro do *Parliament* – Câmara dos Comuns (*House of Commons of Great Britain*), equivalente à nossa Câmara dos Deputados –, primeiramente representando *Hull* e três anos depois como representante do importante Condado de *Yorkshire*, permanecendo como parlamentar até 1825.

Entrementes, nos anos 1783 a 1785, esse encaminhamento político de Wilberforce sofre uma interrupção em seu ritmo meteórico, uma vez que ele passa por um surpreendente processo de "conversão religiosa" que, ao que parece, pode ter-se iniciado após haver conhecido James Ramsay (1733-1789), um clérigo anglicano que havia trabalhado no Caribe, tendo conhecido *in loco* a situação aviltante dos escravos. Este, em 1784, de volta à Inglaterra, publica *An Essay on the Treatment and Conversion of African Slaves in the British Sugar Colonies*, possibilitando informar ao público acerca do comércio de escravos e de suas horríveis condições, o que causou enorme repercussão e igualmente ferrenha oposição naqueles que usufruíam de seus lucros. Nesse mesmo ano, Wilberforce, em companhia de familiares e amigos, empreende uma viagem de semanas à França e a outros países europeus, e nesse período faz a leitura da obra *The Rise and Progress of Religion in the Soul*, de Philip Doddridge (1745), emprestado de seu companheiro de viagem e antigo professor em Cambridge Isaac Milner. O professor James Houston, acerca deste fato, na nota do editor nas edições americana e brasileira, comenta que "O livro, tendo causado nele uma forte impressão, o inspirou a escrever *Visão prática do verdadeiro cristianismo*",[99] seu escrito mais conhecido. Somado a isso, Wilberforce, a partir daí, faria contato direto com pessoas, organizações e associações que já estavam empenhadas na erradicação da escravidão e de seu tráfico.

Cabe ressaltar que, quando ainda criança, em decorrência da morte do pai, Wilberforce, tendo ido morar bem perto de Londres com seus tios, conheceu o pastor John Newton (1725-1807), autor do famoso hino *Amazing Grace* e antigo capitão de navios negreiros, e também o grande evangelista itinerante George Whitefield (1714-1770), tendo precocemente manifestado um entusiasmo evangélico pouco comum para um adolescente. No futuro, Newton teria uma importância crucial em sua vocação na luta contra a escravidão. Já idoso Newton foi consultado por Wilberforce sobre se devia dedicar-se ao ministério clerical, saindo da vida pública.

---

[99] O título original de 1797 era *A practical view of the prevailing religious system of professed Christians, in the higher and middle classes in this country, contrasted with real Christianity*. Em língua portuguesa felizmente dispomos de uma edição: William Wilberforce. *Cristianismo verdadeiro: discernindo a fé verdadeira da falsa*. Brasília-DF: Palavra, 2006. Esta edição é na verdade uma tradução da americana de 1982, que, por sua vez, reproduz outra americana anterior de 1829, que mantinha o título original, mas reduzia seu conteúdo de 450 para 130 páginas. A versão brasileira contém ainda um interessante apêndice do editor James Houston: *Um guia para a leitura devocional*, em que destaca que o livro de Wilberforce foi "um ataque corajoso à religião civil, feito por um líder abolicionista contra a escravidão".

Identidade protestante e sociedade moderna

Newton lhe desafiou a permanecer como deputado e lutar contra a grande injustiça do sistema de comércio de escravos; conselho que se somou ao apelo de William Pitt para que Wilberforce não abandonasse a vida pública. E mesmo estando claro que Pitt tinha intenções diferentes das de Newton, o fato é que ambos os esforços evitaram que Wilberforce recuasse diante da grande tarefa, na qual gastaria toda sua vida a partir daí.

Na verdade, o posicionamento religioso contra a escravidão, naquele momento, já contava com uma significativa história[100] que vale aqui resenhar. São conhecidas as posturas antiescravagistas dos puritanos Richard Baxter (1615-1691) e do já citado fundador dos *quakers*, George Fox, ambos no século XVII. No final desse século, os *menonitas* alemães imigrantes na Pensilvânia publicam um documento contra a posse de escravos e também Samuel Wesley (1662-1735), pai de John e Charles Wesley, escreve no *Athenian Oracle* (1692), um jornal publicado em Londres, contra o tráfico, a compra e a posse de escravos. John Wesley relata em seu diário, no início de 1758, a catequese e o batismo de dois escravos. Em 1772, Lord Mansfield (anglicano) declara a escravidão inconstitucional na Inglaterra. Em 1775, a Sociedade para a libertação de negros ilegitimamente mantidos em escravidão é fundada por A. Bénézet. Em 1780, o concílio dos metodistas na América opta pela expulsão de donos de escravos e estabelece prazos.[101] Em 1783, é criado na Inglaterra pelos *quakers* o *Committee on the Slave Traffic* (Comitê sobre o Tráfico de Escravos).

Este conjunto de influências agiu como "pano de fundo" para a composição do livro *Cristianismo verdadeiro*, de Wilberforce, que foi uma contundente denúncia contra o *cristianismo nominal* em seu país, uma vez que separava a religião da moralidade, impedindo de se enxergar o horror

---

[100] História que pode ser vista em síntese no esclarecedor quadro cronológico montado por Helmut Renders, em "John Wesley e o movimento abolicionista". *Revista Caminhando*, v. 18, n. 1, pp. 199-204, jan./jun. 2013. Disponível em: <http://dx.doi.org/10.15603/2176-3828/caminhando.v18n1p199-204>.

[101] A postura social de Wesley e do metodismo, que inclui o protesto contra a escravidão, será tratada na seção 2.4.2.

da escravidão e de seu comércio. Nesta obra, ele mergulha nas Escrituras, trazendo consigo os princípios sagrados para reverter tal condição de cegueira. De certa maneira, Wilberforce quer não apenas fazer cessar o sistema escravagista, como também reformar a vida moral inglesa; por isso mesmo refaz o caminho da tradição bíblica evocando, especialmente, as máximas do Evangelho e a mensagem profética.

Logo no início, Wilberforce afirma que "A Bíblia está esquecida em cima de alguma prateleira".[102] E por causa disso delata que "O Evangelho da paz tem se tornado uma máquina de crueldade. Em meio à amargura e à perseguição, todos os traços de um espírito compassivo e benevolente têm desaparecido da religião de Jesus".[103] Com certeza a ideia de uma "máquina de crueldade" (*engine of cruelty*) já antecipa o tema maior de suas preocupações, a *escravidão*. Entretanto, nesta obra não se ocupa dela explicitamente, ainda que mencionada. Seu objetivo é o combate da condição moral degradante da Inglaterra; quer ir à fonte dos problemas recuperando a "verdadeira religião". Busca as raízes do mal! Estava convicto de que o cristianismo verdadeiro (*real Christianity*) era a solução para a triste condição do povo inglês. Para ele, "o mérito do cristianismo é o de que ele suscitou padrões gerais de moralidade"[104] e possuía as características doutrinais e práticas que o possibilitavam rearmar moralmente o país. Wilberforce identifica a religião nominal, indiferente, inócua e vazia no mínimo como corresponsável pela situação de enfermidade social que assolava sua época. Foi claro ao pontuar que

> a religião não mais nos alimenta como sendo um princípio de ação vigoroso, constante e universal. Nós mesmos estabelecemos um sistema... eliminamos o espírito generoso e ativo da benevolência cristã. Em seu lugar, temos estabelecido declaradamente um sistema de

---

[102] *Cristianismo verdadeiro*, op. cit., p. 22.
[103] Ibid., p. 32.
[104] Ibid., p. 66.

egoísmo conveniente. A recreação é seu negócio principal... As diversões se multiplicam, combinam e variam, "para preencher o vazio de uma vida lânguida e indiferente".[105]

Sua denúncia se agudiza ao referir-se não só ao sistema, mas às "pessoas que igualmente esquecem as obrigações que devem a si mesmas e aos seus semelhantes".[106] Para Wilberforce, a imoralidade era uma questão de caráter. Era preciso "obedecer à máxima da Escritura: 'acima de tudo guarde o seu coração' (Provérbios 4,23)". Diz ele que

> as Santas Escrituras estão repletas de admoestações para que tenhamos como prioridade o cultivo de nosso coração com toda a diligência; o exame de sua condição com imparcialidade; e a sua vigilância como cuidado contínuo. Na verdade, é o coração que constitui o homem. Ações externas expressam seu caráter e significado a partir das motivações e disposições do coração, de quem elas são nada mais que indicações.[107]

Sobre o caráter cristão, ele ainda diz: "é um espírito composto de firmeza, complacência, paz e amor. Ele se manifesta em atos de bondade e gentileza".[108] A firmeza de caráter está ligada aos valores espirituais, e o principal deles é o amor a Deus, conforme expresso no primeiro mandamento segundo Deuteronômio 6,5. Amar a Deus de todo o coração, para Wilberforce, "em pouco tempo, coloca em ordem todas as questões morais incertas no lugar".[109] Por isso, pergunta, "Se os cristãos nominais são defeituosos no amor a Deus o que dizer de seu amor a seus semelhantes".[110] Ao contrário do amor a Deus, Wilberforce salienta que a vida nas cidades

---

[105] Ibid., pp. 76-77.
[106] Ibid., p. 78.
[107] Ibid., p. 82.
[108] Ibid., p. 98.
[109] Ibid., p. 110.
[110] Ibid.

inglesas está marcada pela opulência e contribui em demasia ao "declínio da moralidade". Diz ele que "o espírito mercantilista não favorece a manutenção do espírito religioso em uma situação vigorosa e ativa".[111] E considerava que a própria Inglaterra "produziu o declínio do cristianismo, reduzindo-o a um mero sistema ético".[112] Curioso pensar que, não obstante, o maior problema a ser enfrentado seria no campo ético-moral.

Wilberforce finaliza sua obra ressaltando que o que caracteriza a vida do cristão é aquele desejo de agradar a Deus, por meio de "pensamentos, palavras e ações". Nesse sentido, o cristão deve ser sempre achado

> buscando a paz com todos os homens e olhando para eles como membros da mesma família, com direito à justiça e à bondade fraterna... sem usurpar os direitos de outros, então todo o mundo na verdade estaria ativo e harmonioso na família humana... a verdadeira religião que recomendamos provou sua consistência com o caráter original do cristianismo, a saber, sua preocupação com o pobre... todo esforço deveria ser feito no sentido de erguer o baixo nível da moralidade pública... Que apoiem e tomem parte em quaisquer planos que possam ser elaborados a fim de fortalecer os valores morais. Acima de todas as coisas, que eles se empenhem em instruir e melhorar a próxima geração.[113]

Com tal interpretação tropológica e prática da religião, sublinhando seus aspectos "humanos", mas sem perder de vista suas raízes transcendentes, Wilberforce finca suas estacas, seus valores e os princípios inamovíveis da dignidade humana a ser recuperada de seu vitupério. Clama nele um senso de justiça inusual para a época, e apenas encontrado naqueles ferozes solitários já alquebrados em uma luta inglória. Como diria anos depois nosso principal poeta abolicionista, em agônica oração:

---

[111] Ibid., p. 126.
[112] Ibid., p. 128.
[113] Ibid., pp. 133, 137.

> Senhor Deus dos desgraçados!
> Dizei-me, vós, senhor Deus!
> Se é loucura... se é verdade
> Tanto horror perante os céus?!
> Ó mar, por que não apagas
> Co'a esponja de tuas vagas
> De teu manto este borrão?
> Astros! Noites! Tempestades!
> Rolai das imensidades!
> Varrei os mares, tufão![114]

Dez anos antes de escrever *Real Christianity*, William Wilberforce, logo após sua experiência religiosa, precisamente em 1787, juntamente com *quakers* e anglicanos, fundou a *Society for the Abolition of the Slave Trade*.[115] Não há dúvidas sobre o papel central da Sociedade dos Amigos – *Quakers* na liderança do movimento antiescravagista nos EUA e posteriormente na Inglaterra, particularmente sob a influência do *quaker* norte-americano John Woolman, conforme vimos, e ainda das informações veiculadas entre os *Amigos* pelo francês de tradição protestante huguenote Antoine Bénézet. A partir daí a *Sociedade dos Amigos* fez-se presente nos diversos movimentos em favor da abolição da escravatura e do comércio de escravos. Esses dados conferiam um teor religioso aos movimentos antiescravagistas; tônica que se manteve de certo modo nas gerações seguintes. Nesse contexto, Wilberforce, sob esse olhar religioso, entendeu sua luta política no *Parliament* como uma espécie de vocação divina.

---

[114] Castro Alves. *Navio negreiro*. Parte V, verso 1. O poema foi concluído em 1868, na cidade de São Paulo, dezoito anos após a proibição do tráfico de escravos que, não obstante, continuava a ser praticado ilegalmente. Disponível em: <http://www3.universia.com.br/conteudo/literatura/O_navio_negreiro_de_castro_alves.pdf>.

[115] Na fundação da Sociedade estavam principalmente os Quakers: William Dillwyn (1743-1824); John Barton (1755-1789); George Harrison (1747-1827); Samuel Hoare Jr. (1751-1825); Joseph Hooper (1732-1789); John Lloyd (1750-1811); Joseph Woods (1738-1812); James Phillips (1745-1799) e Richard Phillips (1756-1836).

Desde finais de 1786, Wilberforce procurou se informar sobre a questão da escravidão, ouvindo relatos, lendo documentos, discutindo sobre estratégias, conhecendo essa história moderna da luta contra o tráfico negreiro. A princípio não se julgou competente para enfrentar tão grande desafio e sua reação à carta enviada a ele em Hull pelos Middletons não o convenceu, mas também não o fez reagir negativamente. A esse apelo, somaram-se os escritos de Ramsay, o conhecimento da legislação de Granville Sharp (1735-1813) – biblista erudito e ativista britânico, figura importantíssima na história da abolição do tráfico internacional de escravos, que em 1769 publicou *A Representation of the Injustice and Dangerous Tendency of Tolerating Slavery*, considerado o primeiro tratado inglês que atacava explicitamente o sistema da escravidão –, a insistência do seu novo amigo, o Bispo de Londres Beilby Porteus (1731-1809), os conselhos de John Newton, as conversas com Thomas Clarkson (1760-1846), no início de 1787, e vários outros contatos, que o ajudaram a levar o assunto ao *Parliament*. Hague[116] registra as impressões de Clarkson sobre seus encontros com Wilberforce:

> Na minha primeira entrevista ele declarou francamente que o assunto tinha muitas vezes ocupado seus pensamentos, e que estava em seu coração. Ele mostrou-se sério sobre isso, e também muito desejoso de se dar ao trabalho de investigar ainda mais sobre o assunto.

Hague confirma que Clarkson passou a visitar Wilberforce regularmente e, no dia 13 de março de 1787, organizou um jantar na casa de Bennet Langton com as presenças de Charles Middleton, Isaac Hawkins Brown, Sir Joshua Reynolds, James Boswell e William Windham. Obviamente que o assunto dominante no jantar foi o tráfico de escravos. Ao ser convidado para liderar a campanha antiescravagista, ele respondeu que, quando estivesse mais bem preparado, certamente o faria. Há que se ressaltar a

---

[116] William Hague. *William Wilberforce: the life of the great anti-slave trade campaigner.* London: Harper Press, 2008, p. 141.

importância de Clarkson em toda essa luta pela abolição e término do comércio escravo. Segundo D. Berkley,

> ele pessoalmente coletou todas as evidências que podia, publicando os horrores do comércio... Em sete anos percorreu por volta de 48.000 quilômetros e entrevistou cerca de 20.000 marinheiros... Ele trabalhou ao limite da exaustão, mas sua investigação municiou os abolicionistas com irrefutável conhecimento acerca do tráfico. Essa campanha política foi a primeira com ampla divulgação popular e apoio publicitário.[117]

Finalmente sua decisão definitiva em favor da campanha contra o tráfico aconteceu dois meses depois, em maio de 1787. Em outubro deste mesmo ano, registra Hague que Wilberforce escreveu: "Deus Todo-Poderoso enviou diante de mim dois grandes objetos à supressão do tráfico de escravos e da reforma dos costumes".[118] A campanha, segundo Leandro Narloch,

> começou em 1787, quando 12 amigos criaram a Sociedade para a Abolição do Comércio de Escravos. Para mudar o pensamento da época, usaram armas que depois se tornariam comuns, como a propaganda em panfletos e jornais, os boicotes e as petições públicas. "Foi a mais impressionante campanha de opinião pública que o Ocidente viveu antes do século 20", afirma Manolo Florentino, historiador da Universidade Federal do Rio de Janeiro. "Com um objetivo e uma estratégia clara, os abolicionistas transformaram uma ideia absurda em lei aprovada pelo Parlamento."[119]

---

[117] David Berkley. *Thomas Clarkson*: The British Anti-Slavery Campaigner and the Cambridge Connection. Cambridge: Christian Heritage, 2007, p. 10.

[118] Ibid. "God Almighty has sent before me two great objects the suppression of the slave trade and the reformation of manners".

[119] Leandro Narloch. "Abolição da escravidão: A luz que veio da Inglaterra". In: *Aventuras na História*, 2007. Disponível em: <http://guiadoestudante.abril.com.br/aventuras-historia/abolicao-escravidao-luz-veio-inglaterra-435570.shtml>. Segundo ele, organizado em comitês e contando com mulheres, religiosos e cidadãos comuns que saíam de porta em porta distribuindo panfletos e juntando abaixo-assinados, o abolicionismo britânico seria um modelo dos movimentos sociais que marcariam o século XIX.

Para o historiador Manolo Florentino, citado por Narloch, a campanha foi um exemplo de mobilização e de esforço concentrado que redundaria em sua vitória parlamentar vinte anos depois. Segundo ele,

> A luta contra a escravidão era apoiada em quatro bases:
>
> *1. Religiosos*: Os amigos que criaram a Sociedade para a Abolição do Comércio de Escravos eram ligados a instituições religiosas, como a Igreja anglicana e os *quakers*, protestantes. Entre outras coisas, organizavam boicotes a produtos feitos por escravos. Em 1787, Thomas Clarkson, filho de reverendo, fez com que 300 mil pessoas deixassem de consumir açúcar das Índias Orientais em protesto contra a escravidão.
>
> *2. Mulheres*: Apesar de na época não terem direito ao voto, foram peça-chave na luta. Além de contribuírem com os comitês oficiais, elas tinham suas próprias instituições, como a Sociedade Feminina de Birmingham, e seus meios de propaganda. A abolicionista mais radical foi Elisabeth Heyrick, que, em 1824, publicou o panfleto Abolição Imediata e Não Gradual. A campanha pela abolição acabou fortalecendo outro movimento – o das sufragistas, pelo direito de voto das mulheres.
>
> *3. População*: para pressionar o Parlamento britânico a votar o direito dos negros, os abolicionistas entram com petições na Câmara dos Comuns – equivalentes aos projetos de iniciativa popular à nossa Câmara dos Deputados. Foram em média 170 por ano entre 1788 e 1800, chegando a 900 em 1810. No total, até o fim da escravidão na Inglaterra, em 1833, foram mais de 5 mil petições, cada uma com centenas e milhares de assinaturas. Na cidade de Manchester, 90% dos homens adultos chegaram a participar dos abaixo-assinados.
>
> *4. Propaganda*: para mostrar a realidade do tráfico de escravos, publicaram-se plantas de navios negreiros em panfletos abolicionistas. Na época, acreditava-se que as viagens pelo Atlântico eram quase um passeio. A população ficou horrorizada com a verdade e aderiu facilmente à causa. Outro método de convencimento era expor publicamente as ferramentas usadas para prender os negros – correntes e ferros no pescoço.[120]

---

[120] Florentino, apud Narloch, 2007.

Como dissemos, a vitória no *Parliament* deu-se somente em 25 de março de 1807, aprovando o *Abolition of the Slave Trade Act*. O *Ato* aboliu o comércio de escravos no Império Britânico, mas não a *escravidão* propriamente dita, que teve de esperar pelo *Slavering Abolition Act* de 1833.

Cabe mencionar a importância de Wilberforce e o modelo inglês da luta contra o sistema escravagista para a campanha da abolição desenvolvida no Brasil[121] no século XIX, tendo a figura de Joaquim Nabuco como um dos seus principais protagonistas, que optou pela estratégia inglesa da persuasão no parlamento e pouco a pouco foi formando uma consciência social a respeito.

Grande parte do século XVIII e princípios do século XIX, mesmo após a vitória em 1807 de Wilberforce e seus aliados, e logo antes do *Slavering Abolition Act* de 1833, testemunhou uma luta incansável pela abolição e o fim definitivo do tráfico negreiro. Mas a história dos africanos escravizados possui também um lado muito pouco conhecido, que é o da resistência que sempre aconteceu desde o início, em solo africano, nos navios e nas plantações. Isso está bem evidente na história e na geografia de cada região onde a prática da escravidão estava estabelecida. No Caribe,[122] centenas de levantes e fugas aconteceram durante todo o tempo; escravos lutando por liberdade e condições melhores de vida. Como exemplo, podemos citar as revoltas de:

a) *Saint-Domingue* (atual Haiti), uma colônia francesa riquíssima. Vicente Ogé e Henry Christopher, importantes líderes abolicionistas, tiveram contato direto com Thomas Clarkson. Centenas foram mortos.

b) *Barbados*, uma possessão inglesa que, após um século sem revoltas, se rebelou em 1816, sob o comando de Bussa e da escrava doméstica

---

[121] Desenvolvo isso com mais detalhes em *Sociedade e Direitos Humanos*: a Filosofia do Direito Aplicada – Os Clássicos I. "Do horror da escravidão em W. Wilberforce e J. Nabuco". São Paulo: Fonte Editorial, 2015, pp. 245-270. Aqui o conteúdo sobre Wilberforce é fundamentalmente o mesmo a que faço referência, com escassas modificações necessárias.

[122] Richard S. Reddie. *Abolition!* The struggle to abolish slavery in the British colonies. Oxford: Lion Hudson, 2007.

Nanny Grigg. Como resultado, cerca de mil escravos foram mortos na luta ou executados, e os demais vendidos para outras regiões.

c) *Demerara* (Guiana), primeiramente colônia holandesa e depois inglesa. Sob a liderança de um escravo chamado Jack Gladstone, foi palco de uma revolta de milhares de escravos. Tanto o pai de Gladstone, um diácono, como o próprio pastor John Smith (missionário inglês) foram acusados de conspiração e mortos. A morte de Smith na prisão causou a grande comoção no Parlamento em Londres, o que acelerou o processo da abolição da escravidão.

d) *Jamaica*, também uma colônia britânica, possui um dos capítulos mais tristes da história nessa luta contra a maior das infâmias. Refiro-me ao levante batista da Jamaica e o trágico destino final de centenas de escravos e de seu principal líder, Samuel Sharpe (1801-1832).[123] Algumas páginas atrás mencionamos a figura do Rev. James Ramsay, que, com certeza, foi de uma importância ímpar por sua experiência no Caribe e posteriormente por seu contato direto com W. Pitt, W. Wilberforce, T. Clarkson e vários outros do grupo de Teston, abolicionistas com grande poder de influência. Nas fontes consultadas, pode-se perceber que inúmeras revoltas violentas aconteceram na Jamaica desde o século XVII. Não obstante o teor da resistência de S. Sharpe em 1831, no início, era pacífico; tão somente uma recusa a trabalhar naquelas condições. De fato, foi uma greve geral envolvendo milhares de escravos, mais o aumento de pessoas envolvidas (cerca de 60 mil escravos) e a impossibilidade de controlá-las, gerou uma onda de saques, incêndios em propriedades e agressões. A reação do governo foi contundente: cerca de 200 escravos foram mortos, além de 14 plantadores e administradores das fazendas. Num segundo momento, após debelada a revolta, mais 750 escravos foram capturados e presos, sendo que 138

---

[123] Sobre a vida de Samuel Sharpe e sua luta contra a escravidão, ver: Fred Kennedy. *Daddy Sharpe*: A narrative of the life and adventures of Samuel Sharpe, a West Indian slave. Jamaica: Ian Publishers, 2008; Delroy A. Reid-Salmon. *Burning for Freedom*: A theology for the Black Atlantic struggle for liberation. Jamaica: Ian Publishers, 2012. Também o *site*: "The Abolition Project". Disponível em: <http://abolition.e2bn.org/resistance_54.html>.

foram executados por enforcamento ou fuzilados, e o restante, punido exemplarmente. Samuel Sharpe era um pregador batista, diácono da igreja batista de Montego Bay. Programou a greve para depois do recesso de Natal. Os escravos não voltariam aos canaviais e a cana madura se perderia, se não fosse cortada. Isso causaria grande impacto e os escravos ganhariam os direitos que Samuel desejava. Contudo, o fim disso foi trágico, com Samuel Sharpe sendo executado em 1832 na Praça do Mercado, em Montego Bay, que hoje abriga sua estátua, como monumento ao herói da Jamaica.

2.4.2 Protestantismo e ação social – *a vanguarda metodista*

A Inglaterra adentrou o século XVIII com uma estabilidade política que lhe dava unificação sob um Estado liberal burguês parlamentar, ainda que mantendo uma monarquia como elemento importante de coesão da tradição britânica. Nas finanças tinha boa estrutura bancária e uma classe burguesa com capital suficiente para bancar a grande transformação econômica para o capitalismo; no plano físico, uma geografia privilegiada com inúmeros portos marítimos e rios navegáveis que facilitavam o escoamento da produção, com razoável comunicação entre os mercados interno e externo. Somada a isso, a abundante mão de obra disponível, cada vez mais barata, fundamental para o êxito industrial. C. Hill, comentando sobre a Inglaterra que Daniel Defoe, o escritor e jornalista inglês, conheceu, pontua que no início de século XVIII

> já estamos no mundo moderno – o mundo de bancos e de cheques, de orçamentos, da bolsa de valores, da imprensa periódica, das casas de café, dos clubes, de ataúdes, de microscópios. De estenografia, de atrizes e de guarda-chuvas [...]. O país como um todo tornou-se muito mais rico. A quantidade de impostos arrecadados multiplicou-se 25 vezes. O sistema de tributação foi reorganizado de forma que uma proporção maior dos encargos caísse sobre os proprietários de terras e os pobres, e menos sobre os industrialistas.[124]

---

[124] Christopher Hill. *O século das revoluções – 1603-1714*. São Paulo: Editora Unesp, 2012, p. 327.

De fato, a Revolução Industrial, na segunda metade do século XVIII, significou, por um lado, uma época de grande prosperidade para a Inglaterra, que inclusive assumiu a hegemonia naval, desenvolvendo simultaneamente tecnologia de ponta para a modernização do país – invenção da máquina de fiar, por James Hargreaves, em 1767; criação do tear hidráulico, por Richard Arkwright, em 1769, usado na indústria têxtil; nesse mesmo ano, James Watt aperfeiçoou a máquina a vapor, fundamental para a metalurgia, para a indústria têxtil e para o transporte em geral; em 1785, Edmund Cartwright inventou o *tear mecânico*, marcando o fim da tecelagem manual. Naquele período, a Inglaterra contava com abundância de ferro e carvão, matérias-primas fundamentais para a construção de máquinas e para a produção de energia.[125] A produção de carvão aumentou devido às bombas a vapor e outras inovações, o que significou um salto tecnológico sem precedentes.

Hoje sabemos que a Revolução Industrial possuía a sua face sombria, pois precipitou uma gigantesca crise social urbana, relacionada à migração interna do campo para a cidade e diretamente ocasionada pelo "inchaço" dessas cidades, em um crescimento demográfico descontrolado. Tal fenômeno deu-se em decorrência da decisão do governo, em meados desse século, da supressão das propriedades comuns e da incrementação dos "cercamentos legais" – terras livres que estavam nas mãos dos camponeses e eram utilizadas para pequenas lavouras de subsistência num sentido bem familiar e para criação de ovelhas e produção de lã a serem usadas na indústria têxtil, foram confiscadas desde meados do século XVII e durante o século XVIII.[126] Tais terras que até então pertenciam ao povo e que eram primordiais para o sustento de milhares de famílias que se organizavam em espécies de pequenas cooperativas e repartiam o produto mutuamente, rapidamente foram compradas pelos burgueses e pela nobreza. O resultado, do ponto de vista social e humano, foi desastroso, uma vez que os camponeses pobres somente podiam sobreviver graças a essas pequenas

---

[125] Disponível em: <https://www.todamateria.com.br/revolucao-industrial-inglesa/>.

[126] Para mais informações sobre *Enclosure Acts*, ver: <http://www.fff.org/explore-freedom/article/enclosure-acts-industrial-revolution/>

parcelas comunitárias e, sem opção, para não morrer de fome, literalmente, tiveram de deixar o campo. Foram para a cidade trabalhar como operários nas novas fábricas que pouco a pouco iam ocupando as cidades. Novamente, Hill é preciso ao descrever as consequências sociais do ritmo de crescimento da industrialização, e o faz a partir de uma fala do doutor Plumb: "sem proteção, os pobres, os fracos e os enfermos foram arruinados; os ricos e os fortes prosperaram". Comenta Hill:

> O campesinato estava desaparecendo, os artesãos independentes estavam entrando em sua longa agonia na concorrência com unidades econômicas maiores. A coesa comunidade patriarcal familiar era minada no mesmo período em que a teoria patriarcal da monarquia ruiu. As esposas dos homens pobres tornavam-se burros de carga para seus maridos ausentes, em vez de parceiras em uma oficina da família [...]. De cada quatro ingleses, três não tinham condições financeiras de pagar por atendimento médico ou tratamento, escreveu o filantropo quacre John Bellers no final de nosso período de estudo. Três de cada quatro bebês nascidos em uma paróquia de Londres, morriam quase imediatamente [...]. Os homens de menos posses fracassaram em todas as esferas, quando se tratava de ter sua liberdade reconhecida, fracassaram na conquista tanto de voto como de segurança econômica.[127]

A vívida descrição de Hill pinta uma imagem de caos urbano, onde as necessidades mais básicas para a sobrevivência estavam ausentes; em contrapartida, o nascente sistema capitalista industrial funcionava, pois tinha mão de obra para tanto. Surge, então, a classe operária na Inglaterra.[128] Com

---

[127] Christopher Hill. *O século das revoluções, 1603-1714*. São Paulo: Editora Unesp, 2012, pp. 328-330.

[128] Ver: E. P. Thompson. *A economia moral da multidão na Inglaterra do século XVIII*. Lisboa: Editores Refractários, 2008. E, sobretudo, sua obra clássica: *A formação da classe operária inglesa*. Rio de Janeiro: Paz e Terra, 1987, 3 vols. Esta segunda obra é, sem dúvida, a narrativa mais completa e impressionante acerca do tema em questão, e dá a impressão de que de alguma forma Thompson era uma testemunha ocular, pela desenvoltura com que caminha pelos fatos e a familiaridade com os protagonistas. No primeiro volume – *A árvore da liberdade* – trata de forma crítica da tradição metodista, reconhecendo-lhe virtudes, porém, o balanço é negativo, como veremos a seguir.

isso, as cidades industriais vão absorvendo essa mão de obra, havendo um acúmulo de pessoas em busca de um posto de trabalho. Essa abundância de mão de obra, que Karl Marx chamou de "exército industrial de reserva",[129] que corresponde à *força de trabalho* que excede as necessidades da produção, era aproveitada pelos proprietários das unidades fabris (primeiros capitalistas industriais da história), que iam contratando os operários por salários diminutos. Por isso mesmo, em pouco tempo a condição dos trabalhadores mostrou-se espantosamente degradada, com eles morando em cortiços sem nenhum saneamento básico e sendo submetidos a uma jornada extenuante de trabalho com não menos que 14 horas diárias. E como o lucro tornou-se o valor acima de qualquer outra coisa, para lucrar mais, as mulheres e crianças eram contratadas com salário ainda inferior; resultado: a expectativa média de vida dificilmente passava dos 40 anos. Tornou-se comum o abandono de filhos recém-nascidos ou ainda pequenos nos orfanatos e depois, quando cresciam, a única possibilidade deles era tornarem-se funcionários das fábricas, num círculo perverso de exploração. Era um mundo de miséria e dor, como bem descrito por Charles Dickens em sua obra-prima *Oliver Twist*:

> Dentre os vários monumentos públicos que enobrecem uma cidade da Inglaterra, cujo nome tenho a prudência de não dizer, e à qual não quero dar um nome imaginário, um existe comum à maior parte das cidades grandes ou pequenas: é o asilo da mendicidade. Lá em certo dia, cuja data não é necessário indicar, tanto mais que nenhuma importância tem, nasceu o pequeno mortal que dá nome a este livro. Muito tempo depois de ter o cirurgião dos pobres da paróquia introduzido o pequeno Oliver neste vale de lágrimas, ainda se duvidava se a pobre criança viveria ou não; [...] Ainda que eu não esteja disposto a sustentar que seja extraordinário favor da fortuna nascer a gente num asilo de mendigos, posso afirmar que, nas circunstâncias atuais, era o melhor que podia acontecer a Oliver Twist.[130]

---

[129] Karl Marx. *O Capital*, vol. 1.

[130] Charles Dickens. *Oliver Twist*. Tradução de Machado de Assis e Ricardo Lísias. 1. ed. São Paulo: Hedra, 2002. Primeiro capítulo.

Entretanto, as fábricas não conseguiam atender tamanha demanda de postos de trabalho, gerando desemprego, mendicância, indigência, prostituição, alcoolismo etc. O conjunto de tais fatores formava um retrato aviltante da sociedade inglesa no final daquela centúria, diante de um novo sistema econômico que buscava sempre maiores lucros com menores custos. Precisamente nesse contexto social de degradação moral, que atingia todos os estamentos e classes da sociedade, é que as sociedades metodistas iriam desenvolver suas atividades.

Se, por um lado, os *quakers* foram importantes na causa contra a escravidão e o tráfico, no sentido daquele protagonismo protestante diante do maior desafio social a que fora conduzido pelo *quaker* John Woolman e a "Sociedade dos Amigos" nos Estados Unidos da América, em sua cruzada antiescravagista, também o foram na Inglaterra. Atividade coroada pelo anglicano evangélico e parlamentar William Wilberforce, com o fim da escravidão e do tráfico negreiro, mas que teve cooperadores entre os *quakers* como igualmente de outros grupos protestantes em meados do século XVIII e durante toda a sua segunda metade e início do século seguinte. Por outro, o protestantismo metodista surge bem forte na cena sociorreligiosa inglesa, perante a imensa crise social instalada decorrente da Revolução Industrial e dos *Enclosure Acts*,[131] atos parlamentares que foram aprovados em sua maioria entre 1750 e 1860. Referem-se à consolidação da terra, geralmente com o objetivo declarado de torná-la mais produtiva. Os Atos de Cercamento britânicos removeram os direitos prévios de povos locais a terras rurais que haviam sido usadas frequentemente por gerações. Como compensação, às pessoas deslocadas eram comumente oferecidas terras alternativas de escopo menor e qualidade inferior, às vezes sem acesso à água ou à madeira. As terras apreendidas pelos atos foram então consolidadas em fazendas individuais e de propriedade privada, com grandes agricultores politicamente conectados recebendo a melhor terra. Muitas

---

[131] Ver *Enclosure Acts*, em: <http://www.fff.org/explore-freedom/article/enclosure-acts-industrial-revolution/>.

vezes, os pequenos proprietários não podiam pagar os custos legais e outros custos associados ao recinto e, com isso, foram expulsos.

O embrião do movimento metodista foi um grupo de jovens membros da Igreja Anglicana e alunos da Universidade de Oxford, entre eles, John Wesley (1703-1791).[132] Juntos eles formavam uma pequena agremiação que se reunia para estudar, orar, ler a Bíblia e ajudar pessoas necessitadas; com isso, tentavam revitalizar a espiritualidade na Igreja da Inglaterra. Não há dúvida de que realmente o objetivo era a renovação interna do anglicanismo, considerando que este possuía uma estrutura por demais formal, apática e distante dos males urbanos da sociedade na qual estava posto. Não havia, portanto, intenções cismáticas ou sectárias naqueles momentos iniciais; algo similar ao que fizera cem anos antes o movimento pietista, com seus *collegia pietatis*, dentro da Igreja Luterana na Alemanha, e, poderíamos dizer, como também o próprio Lutero em 1517. A menção do pietismo não é fortuita, pois Wesley teve contato com esta forma de piedade cristã no navio, quando de sua primeira viagem para América, e posteriormente chegou a visitar e impressionar-se com a qualidade da vida cristã vivenciada no pietismo moraviano de Herrnhut.

O grupo de Oxford ficou conhecido como "clube santo", e certamente esse ambiente fraterno e simples de comunhão cristã despertou no jovem Wesley desejos pastorais mais ousados. Após o diaconato, com 22 anos foi ordenado presbítero (pastor), ministro da Igreja Anglicana e com 24, após o *Magister artium*, tornou-se professor nessa mesma universidade. Já com oito anos de trabalho pastoral e de docência em Oxford, juntamente com o irmão Charles e outros dois amigos do clube santo, decidiram empreender uma viagem missionária no estado da Geórgia, nos Estados Unidos

---

[132] Para detalhes da vida e obra de Wesley, ver: Mateo Lelièvre. *João Wesley*: sua vida e obra. São Paulo: Editora Vida, 1997; Richard Watson. *The life of John Wesley, founder of the Methodist societies*. New York: New York Carlton & Phillips, 1853; Martin Schmidt. *John Wesley a theological biography*, vol. I. Nashville, TN: Abingdon Press, 1962; Richard P. Heitzenrater. *Wesley e o povo chamado metodista*. São Bernardo do Campo: Editeo, 2006; Randy L. Maddox. *Responsible Grace*: John Wesley's Practical Theology. Nashville: Kingswood Books, 1994.

da América, nesse momento ainda uma colônia inglesa. Após dois anos de experiência como missionários anglicanos, os resultados não foram animadores, e por isso retornaram à Inglaterra. Entrementes, Wesley, participando de uma reunião bíblica na Rua Aldersgate, teve uma marcante experiência religiosa que mudaria toda a sua vida e ministério. Isso foi em 1738, precisamente no dia 24 de maio, quando sentiu seu "coração aquecido"; estava com trinta e cinco anos de idade. A primeira Sociedade Metodista foi organizada no ano seguinte.

Desde esse "novo início", a atividade pastoral de Wesley revelou-se bem próxima das massas e de suas vicissitudes; em contraposição, foi-se distanciando do *modus operandi* da Igreja Anglicana, pelo fato de vê-la acomodada e insensível. As massas de desafortunados, indigentes, pobres tornaram-se seu povo – "Minha paróquia é o mundo",[133] diria ele numa síntese genial de suas intenções e aspirações ministeriais. A discussão acerca do sentido e alcance social[134] das atividades de Wesley no contexto da Revolução Industrial já rendeu dezenas de obras. O debate despertou interesse entre os estudiosos após as contundentes conclusões do historiador E. P. Thompson, já citado, quando avalia negativamente a *performance* metodista no século XVIII. Não era incomum os historiadores marxistas trazerem como pressuposto de investigação certo preconceito para o

---

[133] Diário de John Wesley, Londres, 20 de março de 1739. Wesley registra nesta data uma carta que tinha escrito havia algum tempo a seu amigo James Hervey. Nela, ele afirma: "Eu olho para todo o mundo como minha paróquia".

[134] A literatura a respeito é bem extensa. Aqui remeto àquelas que julgo mais esclarecedoras sobre o tema: Richard Cameron. *Methodism and society in historical perspective*. Nashville, TN: Abingdon Press, 1962; Theodor W. Jennings Jr. "Good News to the Poor: An agenda for Wesleyans". In: M. Douglas Meeks (ed.). *The portion of the poor in the Wesleyan tradition*. Nashville, TN: Abingdon Press, 1995; Oscar Sherwin. *John Wesley, Friend of People*. New York: Twayne Publisher, 1961; Bernard Semmel. *The Methodism revolution*. New York: Basic books, Inc., Publishers, 1973; John Kent. "Methodism and Social Change in Britain". In: Theodore Runyon (ed.). *Sanctification & liberation*. Nashville: Abingdon Press, 1981; R. George Eli. *A social holiness*: John Wesley's thinking on christian community and its relationship to the social order. New York: Peter Lang, 1993; Irv Brendlinger. *A social justice through the eyes of Wesley*. John Wesley's theological challenge to slavery. Guelph, ON: Joshua Press, 2006.

estudo de fatos religiosos[135] institucionalizados ou não. Entretanto, o historiador francês protestante Elie Halévy (1870-1937), em sua obra sobre a Inglaterra no século XIX, em seis volumes (1912-1932), afirmou:

> the England of the nineteenth century was surely, above all other countries, destined to revolution, both politically and religiously. Neither the British constitution nor the Established Church was strong enough to hold the country together. He found the answer in religious nonconformity: "Methodism was the antidote to Jacobinism".[136]

As teses de Halévy estão bem próximas do entendimento de Weber, quanto às "afinidades eletivas" entre ética calvinista-puritana com o capitalismo crescente. Se, por um lado, a tipologia de Weber é bem abrangente, podendo ser aplicada em vários nichos protestantes e influenciada por sua observação na viagem que fizera aos Estados Unidos da América (1905), por outro, as teses de Halévy estavam circunscritas ao caso inglês no contexto da Revolução Industrial. Este entendia que o *revival* metodista do século XVIII se estendeu influenciando outros grupos protestantes, os próprios anglicanos e o povo em geral. O fato central aqui é que a ideologia religiosa metodista teria se prolongado e por isso mesmo tomado uma densidade quantitativa razoável, e de fato alterado o caminho normal dos fatos históricos na Inglaterra. O teólogo argentino metodista J. M. Bonino mencionou com destaque a compreensão de Halévy, ao dizer que, "Halévy estava convicto do forte impacto do Metodismo na vida dos ingleses, a ponto de afirmar que a religião de Wesley foi o antídoto ao radicalismo

---

[135] A respeito disso, ver: André Souza Brito. "Relações de poder e religião: movimentos sociais e movimentos religiosos a partir de uma historiografia marxista", a propósito de três historiadores marxistas: E. Thompson, C. Hill e Emília Viotti da Costa. Disponível em: <http://www.editora.ufrrj.br/revistas/humanasesociais/rch/rch31_n2/chsr_v31_n2_11_Demanda_2_relacoes%20de%20poder.pdf>.

[136] Elie Halévy. *History of the English People in the Nineteenth Century – England in 1815*. Vol. 1 – A árvore da liberdade. New York: Barnes & Noble, 1961, p. 424. Igualmente bem elucidativas sobre a situação social da Inglaterra quando do nascimento do metodismo, são suas reflexões em *The birth of Methodism in England*. Chicago/London: The University of Chicago Press, 1971, pp. 63-77.

do Jacobismo".[137] Historiadores e sociólogos veem os fatos de pontos de vista distintos, de forma que uma unanimidade nesse tema jamais poderia ser alcançada; porém, como veremos, algo próximo disso foi conseguido nos estudos que se seguiram a Halévy, pelo fato de que em um momento de crise social como a que resumidamente descrevemos, no qual levantes, motins e greves eram acontecimentos prováveis e frequentes em princípios do século XVIII, verifica-se na Inglaterra, em seu lugar, a incidência de um fervor religioso contagiante. Diante da letargia anglicana, o metodismo ocupa um espaço social.

Mas, de fato, qual o significado social do ativismo metodista? O historiador inglês marxista E. Hobsbawm (1917-2012), por exemplo, reconhecia a importância do anticlericalismo metodista[138] e certamente não via problema em considerar o papel de grupos religiosos, em especial, movimentos milenaristas, na constituição da identidade de um povo. Sendo assim, acompanhou Halévy na sua crítica ao metodismo, de que este procedia de um conservadorismo, e mesmo mostrando-se ambíguo em sua atitude sobre a Igreja Anglicana, dissentiu quanto à conclusão do historiador francês, pois não conseguia ver toda essa força social no metodismo. Segundo M. Löwy,

> em outro trabalho, dedicado à questão do papel do metodismo na agitação revolucionária na Inglaterra, no fim do século XVIII, Hobsbawm chega à conclusão de que os metodistas ditos "primitivos" e algumas outras correntes dissidentes talvez tenham favorecido a agitação radical em alguns meios populares (mineiros, tecelões), sem, todavia, ter exercido um papel determinante. Estamos longe do milenarismo campesino espanhol ou italiano.[139]

---

[137] José Miguez Bonino et al. *Luta pela vida e evangelização*: tradição metodista na teologia latino-americana. São Paulo: Paulinas, 1985, p. 32.

[138] Ver a respeito os pertinentes comentários de Alexandre Fortes, em "Razão e paixão na construção de uma historiografia engajada: uma homenagem a Eric J. Hobsbawm e E. P. Thompson". *Projeto História*, São Paulo, n. 48, dez. 2013. Disponível em: <http://revistas.pucsp.br/index.php/revph/article/viewFile/20696/15331>.

[139] Michael Löwy. "Eric Hobsbawm, sociólogo do milenarismo campesino". In: *Estud. av.*, São Paulo, vol. 24, ano. 69, 2010. Disponível em: <http://dx.doi.org/10.1590/S0103-40142010000200007>.

E. P. Thompson, como Hobsbawm, segue Halévy nas críticas, mas faz uma abordagem radical delas. Para ele o conservadorismo político era uma mentalidade *tory* desde sua origem aristocrática na segunda metade do século XVII. Também os metodistas foram recalcitrantes em relação à instituição anglicana, o que contribuiu para disseminar um tipo de comportamento moral de obediência e uma disciplina que solidificou demais instituições industriais e ministeriais em detrimento do espírito revolucionário, o que para Thompson, logicamente, era negativo, pois era de novo uma ética puritana (moralista e de subserviência) que servia muito bem aos interesses econômicos da burguesia industrial.[140] Surpreendentemente, nutriam algo de inconformismo, gerando no povo incertezas, e que no final das contas prestava um desserviço no processo de amadurecimento social. Ademais o fervor religioso que se manifestava no descontrole emocional dos indivíduos envolvidos na atmosfera do reavivalismo transmitia uma impressão nada racional de uma sociedade infantil. Comentando sobre a primeira metade do século XIX, ele observa que

> a estrutura do caráter puritano sustenta a seriedade moral e a autodisciplina [...]. O metodismo foi uma influência fortemente anti-intelectual, da qual a cultura popular britânica nunca se recuperou totalmente. O círculo ao qual Wesley restringiria a leitura de metodistas (observou Southey) "era bastante estreito; o principal de uma biblioteca metodista consistiria de suas próprias obras e sua série pessoal de compilações e resumos" [...]. Se a investigação intelectual foi desestimulada pelos metodistas, a aquisição de conhecimento *útil* podia ser considerada piedosa e cheia de mérito [...]. Assim, o metodismo e o evangelismo contribuíram com poucos ingredientes intelectuais ativos para a cultura verbalmente articulada do operariado, embora se possa dizer que acrescentaram uma seriedade na busca da *informação*.[141]

---

[140] Ver a respeito os comentários de Michael Hill. *Sociología de la religión*. Madrid: Ediciones Cristiandad, 1976, pp. 230-242. Todo o capítulo 9 é dedicado a descrever as teses de Halévy e sua recepção nos vários historiadores.

[141] E. P. Thompson. *A formação da classe operária inglesa*: a força dos trabalhadores. Rio de Janeiro: Paz e Terra, 1987, vol. III – A força dos trabalhadores, pp. 333-336.

Logo, Thompson levanta a questão de como foi possível o metodismo conseguir uma forte presença nas classes operárias e concomitantemente servir como religião burguesa, porém, bem próxima do pobre. Talvez fosse mesmo esta ambivalência que tornou confuso o diagnóstico. De minha parte, penso que o vácuo deixado pela *High Church*, o anglicanismo culto, formal e elitista, em sua ausência das ruas, responda à dúvida de Thompson, no sentido de que o imaginário religioso inglês carecia de uma referência. O fato é que a contundência das conclusões de Thompson sobre o metodismo soou para Brian Palmer como um típico caso psicológico não resolvido. Ele arrisca em seu juízo, afirmando e perguntando retoricamente:

> A juventude de Thompson, sem levar em conta o distanciamento de seu pai com respeito ao metodismo, não ajudou para que ficasse marcada com o selo do wesleyanismo. Essa experiência deixou obviamente suas cicatrizes. Algumas das páginas mais graficamente hostis da *Formação da classe operária na Inglaterra* são de uma condenação sem piedade, em polêmica implacável contra o metodismo [...]. Como não estaria enraizado em uma relação altamente ambivalente com seu pai o *entendimento* obviamente hostil que Thompson tinha com o wesleyanismo no qual foi escolarizado – um metodismo que, em sua própria família, era profundamente histórico e estava arraigado em gerações de seus antepassados?[142]

Apesar de suas duras conclusões acerca do metodismo por apaziguar os espíritos, desestimulando a revolução entre os operários e trabalhadores em geral, Thompson reconhece a marcante presença metodista naquela situação de pobreza e miséria:

> A letargia e o materialismo da Igreja Anglicana do século 18 eram tais que, ao final e contra os desejos de Wesley, o ressurgimento evangélico resultou na Igreja Metodista. E ainda assim o Metodismo vinha profundamente marcado pelas suas origens; a dissidência dos pobres de Bunyan, Dan Taylor e – posteriormente – dos metodistas primitivos

---

[142] Brian D. Palmer. *E. P. Thompson*: objeciones y oposiciones. Valencia: PUV, 2004, pp. 46-47.

era uma religião dos pobres; o wesleyanismo ortodoxo se manteve tal como iniciara, isto é, uma religião para os pobres.[143]

Por sua vez, Christopher Hill, em várias de suas obras, citadas aqui, demonstrou com perspicácia e profusão de fontes que, no século XVII, diversos grupos protestantes minoritários e bem vinculados às camadas sociais mais baixas, mas não apenas, tiveram uma atuação bem relevante no processo revolucionário (ver 2.2). Sobre isso, a pesquisadora Etiane Caloy B. de Souza ressalta que:

> E a abordagem escolhida por Hill mostra que seu mérito está em tratar seriamente as ideias que os homens do século XVII levaram a sério. Talvez por isso seja possível não ver esses homens e mulheres como lunáticos ou representantes de uma aberração social, mas articuladores de um discurso racional que buscava sua força na religião.[144]

Sobre Thompson, ainda Etiane Souza vai direto ao ponto ao identificar que ele "sugere que o movimento metodista favoreceu a estabilização da sociedade inglesa e sua inserção no sistema capitalista, tornando a classe operária não revolucionária".[145] Há de se convir que reconhecer algumas ideias de Weber[146] e o metodismo como pacificador social já era um logro razoável para um pensador talvez marcado negativamente na infância por essa religião, mesmo tendo aderido a um socialismo heterodoxo de corte humanista. E, claro, seus ex-colegas de partido e que permaneceram na ortodoxia marxista, desde a ruptura em 1956, jamais poderiam aceitar algo assim.

---

[143] E. P. Thompson. *A formação da classe operária inglesa*. Rio de Janeiro: Paz e Terra, 1987, vol. I – A árvore da liberdade, pp. 37-38.

[144] Etiane Caloy B. de Souza. "Sensibilidades religiosas em Christopher Hill e Edward Thompson". *Revista da UniCuritiba*. Artigo apresentado na ANPUH de 2002. Disponível em: <http://revista.unicuritiba.edu.br/index.php/RIMA/article/viewFile/224/197>.

[145] Ibid.

[146] Ver a respeito: Michael Löwy. "E. P. Thompson (1924–1993): a religião dos trabalhadores". *História e Perspectivas*, Uberlândia (1): 295-311, jan./jun. 2014.

Semmel, em sua avaliação sobre essas questões, conclui que, quanto aos historiadores L. Stephen, os Hammonds, E. J. Hobsbawm, E. P. Thompson e outros, a imagem formada sobre o metodismo foi de uma

> religião regressiva e repressiva na doutrina e na prática... Portanto, a maioria dos historiadores liberais-seculares tende a julgar o Metodismo como um movimento reacionário, um protesto contra o Iluminismo e a razão...[147]

Contrariamente a esses pensadores, Semmel aprofundou sua pesquisa nas teses de Halévy e percebeu nelas uma coerência histórica e social praticamente irretocável, indicando afinidade entre o historiador francês e pensadores alemães como Weber e Troeltsch. Para Semmel, grande parte dos mesmos indivíduos que poderiam empreender uma revolução na Inglaterra no século XVIII foi cooptada ou influenciada pelo *revival* metodista de Wesley e Whitefield. A sua introdução[148] ao *The birth of Methodism in England* é, nesse aspecto, primorosa ao reconstituir a figura e a tese de Elie Halévy. Talvez a experiência da Revolução Gloriosa, sem derramamento de sangue, no final do século XVII, somada à questão econômica e ainda à "pacificação" metodista tenham cooperado numa ação não belicosa.

Atualmente, nem é preciso boa vontade para aceitar a influência da religião nos processos sociais. Realmente o tipo de abordagem que C. Hill veio fazendo há decênios, sendo ele também um marxista e compondo a famosa tríade de historiadores ingleses contemporâneos desse viés ideológico, porém, como disse, fora do marxismo ortodoxo (Thompson/Hobsbawm/Hill), deixou patente que as tipologias de M. Weber, replicadas

---

[147] Bernard Semmel. *The Methodism revolution.* New York: Basic Books, Inc., Publishers, 1973, pp. 3-4.

[148] Bernard Semmel. "Introduction: Elie Halévy, Methodism, and Revolution", pp. 1-29. In: Elie Halévy. *The birth of Methodism in England.* Chicago/London: The University of Chicago Press, 1971. Ver ainda: Timothy Smith. "Holiness and Radicalism in Nineteenth-Century America". In: Theodore Runyon, op. cit.

e discutidas por E. Troeltsch,[149] R. H. Tawney[150] e vários outros, obviamente com ressalvas e limitações, foram aceitas, enriquecendo sobremaneira o campo da sociologia da religião. Enfim, reconheceu-se que ideias e comportamentos originados em ambientes religiosos podem, de fato, ocasionar ou alterar mudanças sociais importantes. Os estudos de E. Durkheim sobre o suicídio, o ensaio seminal de M. Weber sobre a ética protestante, e, mesmo antes, aqueles pioneiros da antropologia da religião, teólogos, historiadores e pensadores de outras áreas do conhecimento, tiveram seus esforços recompensados ao terem a religião como um "fato social por excelência". E é exatamente disso que tratamos ao enfocar o caráter social do metodismo. É preciso argúcia para perceber as filigranas do lema "minha paróquia é o mundo".

Reily, por exemplo, é categórico em reconhecer em Wesley a presença da simplicidade do Evangelho que convoca a um compromisso inquebrantável com Deus e com o próximo. Diz ele:

> João Wesley teve a convicção de que a verdadeira fé em Cristo resulta inevitavelmente em boas obras. Para ele, portanto, a chave da reforma social era a conversão dos indivíduos. Um pecador, tendo achado paz com Deus, viverá, em consequência, em paz com o seu próximo; amando a Deus, o pecador redimido amará e servirá a seu irmão.[151]

Pelo que leio em Wesley, a simplicidade do Evangelho, ressaltada por Reily, não implica o simplismo de entender que a mudança social acontece automaticamente quando da conversão sem o espaço necessário para

---

[149] Especialmente seu conceito de seita comparado com o de igreja, em *The social teachings of the Christian churches*. New York: Macmillan, 1931, vol. 1 (original alemão de 1912). Também em Weber. "As seitas e o espírito do capitalismo". *Ensaios de sociologia* (1920). Rio de Janeiro: LTC, 1982, pp. 347-370.

[150] Historiador inglês e socialista cristão (anglicano), que expõe seu entendimento crítico da religião com destaque para a Reforma Protestante em Lutero e Calvino, em *A religião e o surgimento do capitalismo*. São Paulo: Perspectiva, 1971.

[151] Duncan A. Reily. "A influência do metodismo na reforma social da Inglaterra no século XVIII". *Folhetos*. Junta Geral de Ação Social da Igreja Metodista, 1953.

a crítica social. Em Wesley, a profecia com caráter público de denúncia e anúncio é bem destacada.

Um âmbito da atividade de Wesley visava diretamente os "usos e costumes" que, segundo ele, deterioraram a níveis insuportáveis após o período puritano de 1649-1660, que foi de intensa repressão e moralismo. Referimos aqui a pouco mais de 70 anos de laxidão moral, considerando que Wesley inicia seu ministério na década de 30 do século seguinte. Isso não era apenas convicção metodista. Indivíduos da Igreja Anglicana, como Wilberforce e seus colaboradores, igualmente lutavam no sentido de erradicar os maus costumes sociais. Segundo Reily, imoralidade, crime, alcoolismo, jogos, corrida de cavalos, recreação bárbara (briga de galos, de cachorros etc.), bailes, roubo, contrabando etc. Obviamente que a proibição de algumas dessas práticas sugeria aos historiadores posteriores, como os já citados anteriormente, que o metodismo repetia o moralismo puritano do século anterior e que em seu lugar exigia a disciplina e o trabalho. Isso não é de todo um exagero, no entanto, algo que talvez passe despercebido era que Wesley e seus paroquianos enfocaram, como havia muito tempo não se fazia na Inglaterra, as "obras de misericórdia" (*misericordiae et pietatis*), aquela piedade cristã (*pietas evangélica*) vivida por muitos na Idade Média e que durante séculos foi a única proteção e consolo para os pobres, abandonados, doentes e "pequeninos deste mundo". Muito dessa *spiritualitas* estava presente na devoção em Herrnhut na Morávia; daí também chegou para Wesley, que já a conhecia de leituras anglicanas, por exemplo, nas obras de William Law (1686-1761)[152] e Jeremy Taylor (1613-1667),[153] causando-lhe um fascínio que para ele traduzia a essência do Evangelho do Nazareno. H. Renders ressalta corretamente a ligação de Wesley com essa piedade medieval, e da *Devotio Moderna*, sobretudo, a *Imitatio Christi* de Tomás a Kempis, a tentativa de recuperar a mística de Cristo verificada em sua humanidade, que comungava plenamente com Deus e com os homens.

---

[152] *A Serious Call to a Devout and Holy Life* (1729), *The Spirit of Love* (1752, 1754).
[153] *The Rule and Exercises of Holy Living* (1650, 1651).

Renders observa que Wesley faz uma releitura, expandindo essa piedade para uma dimensão mais pública:

> Em termos gerais [Wesley], trouxe a herança do anglicanismo e de autores como William Law. Entretanto, fez uma ampliação que ia contemplar mais aspectos públicos e uma releitura que ia revolucionar a sua dinâmica. Diferente do pietismo alemão, e sua ênfase na *práxis pietatis* com seu foco na εὐσεβέια (eusebeia), surge no seu discurso uma nova compreensão da vitalidade da fé como compromisso com a justiça e a misericórdia, visando à organização da sociedade.[154]

Com esse pano de fundo, somado às condições sociais de todo o século XVIII na Inglaterra e mais o distanciamento eclesiástico e a ausência do Estado inglês, Wesley não teve dúvidas de que sua paróquia de fato não deveria ter portas, teria que ser o mundo. No formato da pregação seguiu o exemplo de seu amigo G. Whitefield, com reuniões campais ao ar livre, tendo muito êxito em suas ações. Seguiu o modelo de Cristo – permaneceu junto com o povo, com: o cuidado dos enfermos, a reforma das prisões e a reforma educacional, as melhorias nas condições laborais, erradicação do analfabetismo, diminuição do desemprego, a luta incessante contra o sistema escravagista e o *Slave trade*. Todas estas foram situações sobre as quais Wesley refletiu e escreveu, elaborando diversos projetos para minorar os males sociais do seu tempo. Pode ser que em muitos momentos tais ações assemelhassem-se a assistencialismo, mas isso de forma alguma invalida os esforços e os compromissos dos membros como cidadãos, incluindo aí os operários, camponeses, as crianças, as mulheres. Ele verificou que em muitíssimos casos a pobreza era crônica e evoluía rapidamente para a miséria total, e a morte era iminente.

---

[154] Helmut Renders. "As obras de misericórdia e piedade em John Wesley e no metodismo contemporâneo: base para uma teologia pública?". *Revista Caminhos*, Goiânia, v. 12, n. 2, p. 357-358, jul./dez. 2014. Disponível em: <http://seer.ucg.br/index.php/caminhos/article/viewFile/3545/2055>.

O caso das coletas financeiras para os pobres era precisamente uma assistência imediata nos invernos rigorosos em que havia o risco de morte. As sociedades metodistas passaram a realizar tais coletas sempre que fossem necessárias. Sherwin registra, a partir do Diário de Wesley, que em 1740, em um severo inverno em Bristol, ele ficou tão afetado pelas condições de pobreza que "em uma semana fez três coletas, podendo alimentar entre 100 e 150 pessoas por dia".[155] Também foi criado um *loan fund* – fundo de empréstimos (1746)[156] que significou uma mudança no rumo de muitos que estavam desempregados e haviam caído na mendicância sem possibilidade alguma de superação.

A Inglaterra pobre necessitava não apenas de assistência emergencial de toda sorte, presença pastoral e novas estruturas que promovessem uma cultura de cidadania, mas também de um profeta que denunciasse a injustiça social generalizada e incomodasse as autoridades. Wesley conseguia, dentro de suas limitações, reunir essas qualidades e a coragem correspondente, convergindo em crítica social e ações concretas. Sua atuação ia além da filantropia assistencialista, desafiando a uma nova postura ética os seus paroquianos e os convertidos, grande parte deles artesãos e proletários das indústrias e das minas de carvão, como seguidores de Jesus Cristo.

Os dois mandamentos que resumiam toda a lei estavam entronizados no coração aquecido de Wesley, de modo que ele não poderia ignorar tal condição do seu povo. Deus o encontrou na rua Aldersgate e ele precisava encontrar o próximo. Em Londres, os vários diáconos eleitos atendiam aos respectivos distritos e bairros designados, com roupas, alimentos e ajuda médica semanal.

---

[155] Oscar Sherwin. *John Wesley, friend of the people*. New York: Twayne Publishers, 1961, p. 121.
[156] Ver: "The Journal of the Rev. John Wesley" – WJJ, III, 246, 329; V, 194. Wesley Works, V, 189. In: Richard M. Cameron. *Methodism and society in historical perspective*. Nashville: Abingdon Press, 1961, pp. 60-61; Manfred Marquardt. "Social Ethics in the Methodist Tradition". In: Charles Yrigoyen Jr. (ed.). *T & T Clark companion to Methodism*. London/New York: 2010, pp. 292-293; Mateo Lelièvre. *João Wesley*: sua vida e obra. São Paulo: Editora Vida, 1997, p. 105.

A sua origem e a experiência universitária em Oxford fizeram-lhe ver que nenhuma reforma da sociedade seria completa sem um processo educativo. A educação foi para o metodismo a "pedra de toque" na superação da crise social. Isso ficou claro quando da inauguração da *Kingswood school*,[157] em 1748, para crianças pobres, filhas dos trabalhadores das minas na região de Bristol. Sua influência também se fez ouvir sobre os demais segmentos protestantes. Como já dito, na segunda metade do século XVIII e início do XIX, a luta principal foi em relação à abolição do comércio e do trabalho escravos. Houve um despertamento quanto à infâmia do sistema escravagista. Em seu "Thoughts upon slavery" (1774)[158] ("Pensamentos sobre a escravidão"), ele uma vez mais torna explícita sua vocação. Após descrever de maneira simples e direta a pior de todas as injustiças, Wesley pergunta:

> [...] Eu gostaria agora de perguntar: acaso podem tais coisas ser defendidas, mesmo tendo como base um princípio pagão de honestidade? Poderão tais coisas ser reconciliadas (deixando a Bíblia fora da questão) com qualquer ideia de justiça e misericórdia?
>
> 2. O grande clamor é este: "estas coisas são autorizadas pela lei". Mas poderá a lei, a lei humana, mudar a natureza das coisas? Poderá ela transformar trevas em luz, maldade em bondade? De forma alguma. Não obstante a força de dez mil leis, o que é certo é certo e o que é errado é errado. Há de haver uma diferença essencial entre justiça e injustiça, crueldade e misericórdia. Logo, eu pergunto novamente: quem haverá de reconciliar o tratamento dado aos negros com alguma noção de misericórdia e justiça? Onde está a justiça quando se pratica o mais atroz dos males contra aqueles que nada fizerem de errado contra nós? De privar de todo conforto da vida aqueles que nunca nos injuriaram seja em palavra, seja em ações? De arrancá-los de suas terras natais e os privar de liberdade?

---

[157] A Escola Kingswood foi transferida em 1852 para a cidade de Bath, na região de Somerset, no sudoeste da Inglaterra. Mais detalhes podem ser vistos em: <http://www.methodistheritage.org.uk/cornwall.htm>.

[158] Felipe Maia e Helmut Renders. Os "Pensamentos sobre a Escravidão" (1774) de John Wesley: introdução e tradução para o português brasileiro. *Revista Caminhando*, v. 18, n. 1, p. 153-181, jan./jun. 2013. DOI: <http://dx.doi.org/10.15603/2176-3828/caminhando.v18n1p.168>.

Por conta do impacto social de suas atividades, de seu dinamismo pastoral diversificado, de sua presença constante entre a população da classe social mais baixa, acolhendo os pobres da Revolução Industrial, o metodismo exerceu uma influência direta de constrangimento ou de engajamento explícito em seus membros mais ricos ou de melhores condições, no sentido de que partilhassem seus bens como uma norma do Evangelho. Ecoava forte as palavras do fundador do metodismo: "Faça todo o bem que você puder, por todos os meios que você puder, de todos os modos que você puder, em todos os lugares que você puder, em todo o tempo que você puder, para todas as pessoas que você puder".

O nível profundo de compromisso de Wesley com a libertação integral do ser humano deu frutos. O último deles talvez seja o atual Credo Social da Igreja Metodista. Na sua parte final diz:

> A Igreja Metodista não só deplora os problemas sociais que aniquilam as comunidades e os valores humanos como também orienta seus membros no tratamento dos problemas dentro das seguintes normas e critérios:
>
> a) Propugnar por mudanças estruturais da sociedade que permitam a desmarginalização social dos indivíduos, grupos e das populações.
>
> b) Trabalhar para obter dos que já desfrutam das oportunidades normais de participação socioeconômica e cultural e dos que têm a responsabilidade do poder diretivo da comunidade, uma mentalidade de compreensão e de ação eficaz para erradicação da marginalidade.
>
> c) Oferecer às pessoas vitimadas pelos problemas sociais a necessária compreensão, o apoio econômico e o estímulo espiritual para sua libertação, a orientação individualizada, respeitando sempre a sua autodeterminação.
>
> d) Pautar-se em normas técnicas atualizadas e específicas a cada situação-problema, no tratamento das mesmas, utilizando os recursos comunitários especializados.

e) Amar efetivamente as pessoas, caminhando com elas até as últimas consequências, para a sua libertação dos problemas e sua autopromoção integral.[159]

Igualmente, a práxis metodista exerceria fascínio em outros segmentos do protestantismo, com um conceito de salvação expandido que incluía as dimensões sociais[160] e necessidades do corpo – as *boas obras, obras de misericórdia*. Novas expressões de fé, igrejas, ministérios e a própria prática do evangelismo urbano, que foram surgindo na Inglaterra e nos Estados Unidos da América, a partir daí, seguiram, mais ou menos, as orientações e o modelo de John Wesley ou do "metodismo primitivo".[161] Uma nova concepção de avivamento, voltado para o próximo em uma clara consciência de fraternidade cristã como forma de adoração a Deus, aflorou no século XIX, por meio da proliferação não só de sociedades metodistas, mas de novas escolas, hospitais, orfanatos, abrigos para mendigos, creches, campanhas a favor da temperança, da abolição e contra o ócio excessivo etc., fora do metodismo. Como exemplo, os evangélicos da Igreja da Inglaterra – além de W. Wilberforce, Hannah More (1745-1833), Edward Eliot (1758-1797), Henry Thornton (1760-1815), Zachary Macaulay (1768-1838), Lord Shaftesbury (1801-1885) etc. Tudo isso era, de fato, uma resposta aos apelos inflamados de Wesley durante toda a sua vida. A professora Diane Severance, no final do seu artigo a respeito, registra que

> Wesley usou todo o lucro de suas obras literárias para fins caridosos, e encorajou os cristãos a tornarem-se atuantes na reforma social. Ele falou fortemente contra o tráfico de escravos e encorajou William Wil-

---

[159] Credo Social da Igreja Metodista do Brasil (Aprovado pelo X Concílio Geral, em 1971).

[160] Para uma visão geral do impacto social do *revival*, ver J. Edwin Orr. *The light of the nations*: Evangelical renewal and advance in the nineteenth century (cap. XXVI – social impact of revival II). Eugene-OR-EUA: Wipf and Stock Publishers, 1965.

[161] Acerca da evolução e das mudanças no pensamento social do metodismo, bem como os seus protestos, cismas internos e tendências, especialmente após a morte de Wesley, ver: Richard M. Cameron. *Methodism and society in historical perspective*. Nashville: Abingdon Press, 1961, pp. 72-82.

berforce em sua cruzada antiescravagista. Numerosas agências que promovem o trabalho cristão surgiram como resultado do avivamento do século XVIII na Inglaterra. Foram fundadas sociedades antiescravagistas, grupos de reforma de prisões e agências de alívio para os pobres. Foram formadas numerosas sociedades missionárias. Foi organizada a Sociedade para Assuntos Religiosos, e foi estabelecida a Sociedade Bíblica Britânica para o Estrangeiro. Hospitais e escolas multiplicaram-se. O avivamento transpôs o ambiente sectário das denominações e alcançou as demais classes da sociedade. A própria Inglaterra foi transformada pelo avivamento. Em 1928, o Arcebispo Davidson escreveu que Wesley praticamente mudou a perspectiva e o caráter da nação inglesa.[162]

Aqui, como forma de ilustração, menciono apenas quatro dessas iniciativas sociais ligadas a ministérios protestantes independentes, e que causaram impacto expressivo na sociedade da época.

a) **Órfãos de Bristol:** Desde o início do *revival* metodista, a preocupação com as crianças era prioridade, pois a morte prematura de pais trabalhando em condições insalubres e em decorrência do surto de cólera em 1834, fez crescer vertiginosamente o número de órfãos, produzindo uma multidão de crianças desassistidas, sem teto, alimentação e educação. A influência pietista-moraviana que despertou Wesley também marcaria a vida de George Müller (1805-1898),[163] um alemão (*Kroppenstaedt*) que emigrou para a Inglaterra e se estabeleceu em Bristol, cidade inglesa com uma população imensa de crianças abandonadas. Müller, pelo que

---

[162] Diane Severance. "Evangelical revival in England" (*Church History Timeline*). Disponível em: <http://www.christianity.com/church/church-history/timeline/1701-1800/evangelical-revival-in-england-11630228.html≥.

[163] Para mais detalhes da vida e do ministério de George Müller, ver: George Müller. *A autobiografia de George Müller*. Londrina-PR: Editora IDE, 2004; George Müller. *Yours Affectionately George Müller*: Valuable Selections from the Writings of George Müller. Hannibal-MO-USA, 2009; Arthur T. Pierson. George Müller of Bristol: a man of Faith and prayer. Harrington-DE-USA: Delmarva Publications, 2013; Arthur T. Pierson. *George Müller of Bristol*: his witness to a prayer-hearing God. Middletown-DE-USA, 2016.

se sabe, não teve nenhum contato com a Igreja Metodista, propriamente dito; entretanto, em sua formação cristã, recebeu a mesma influência que fora dada a Wesley, desencadeando um avivamento localizado com base na oração e na dependência absoluta de Deus, e com o propósito de abrigar e cuidar dos órfãos de Bristol e regiões vizinhas. Era pastor *Bethesda Chapel* e juntamente com seu amigo pastor Henry Graik, em 1834, fundaram o *Scriptural Knowledge Institution for Home and Abroad*. Com esse Instituto bíblico, Müller pôde ajudar milhares de crianças e adultos a estudar, além de ajudar a manter dezenas de missionários em várias partes do mundo. Hudson Taylor e diversos companheiros de missão na China foram quase inteiramente mantidos por Müller. Não obstante, desde o início lhe preocupou a situação dos órfãos de Bristol. Por isso, em 1836 abriu a primeira casa para receber as crianças e logo outras quatro, pois a demanda era sempre maior que as possibilidades. Diante disso projetou o primeiro edifício que foi inaugurado em 1845. Sua inspiração veio do grande orfanato de Halle fundado por A. H. Francke, um dos pais do pietismo alemão, que Muller visitou. Em 1870 ele já tinha cinco desses grandes edifícios para 2 mil crianças. O número de crianças assistidas nesses cinco orfanatos ascende a 20 mil. Elas eram treinadas profissionalmente e saíam já com um posto de trabalho assegurado. Na educação, ele iniciou dezenas de escolas que atuaram na formação de milhares de crianças.

b) **Exército da Salvação:** a ideia de uma salvação que englobava os aspectos materiais e sociais da existência humana, e não apenas a alma, como John Wesley difundiu em todo o seu ministério, foi assumida e aprofundada na prática com a organização cristã *The Salvation Army*. Seu fundador, William Booth (1829-1912),[164] era um pastor metodista nascido em Nottingham, na Inglaterra. Pastoreou precisamente no momento de maior

---

[164] Detalhes sobre a vida e ministério de William Booth, ver: William Booth. *Salvation Soldiery*: a series of addresses on the requirements of Jesus Christ's service. Charleston-SC-USA, 2014; William Booth. *Social Service in the Salvation Army*. Middletown-DE-USA: Leopold Classics Library, 2016; Maruílson M. de Souza. *Teologia salvacionista em ação*: análise do caso da torre. São Paulo, 1999.

desenvolvimento industrial, e por isso mesmo com problemas sociais imensos e incontáveis. Em 1861, saiu da igreja para se dedicar a um ministério mais itinerante de evangelização, pois a assembleia da Igreja Metodista não aprovou sua ida; mas, como estava decidido, abandonou aquele formato tradicional de igreja e púlpito consagrado no protestantismo. Em 1865, em Londres, percebeu a decadência moral e social nas ruas e por isso armou uma tenda em um cemitério *Quaker*, onde faria suas pregações. O êxito foi enorme e toda a Londres ficou impactada com sua mensagem e com seus primeiros convertidos, todos com um passado nada agradável, mas era neles que Booth estava interessado. Juntamente com sua esposa, Catharina Booth, iniciaram esse trabalho árduo, distribuindo roupa e alimento aos rejeitados da sociedade londrina – chamaram-no de *Missão cristã do lado Leste de Londres*, e exatamente aí temos o embrião do que seria o Exército da Salvação.

O historiador metodista Luccock lamentou o fato de a Igreja Metodista não ter apoiado o pedido de Booth, mas registra que tal apoio veio desde o início por meio de voluntários que entenderam a amplitude daquele ministério. Diz ele:

> Este desenvolvimento é um exemplo do jorro da mensagem e espírito metodista para outros canais. Muitos primitivos associados de Booth na fundação do Exército da Salvação eram metodistas.[165]

De fato, o elo com o metodismo primitivo era claríssimo; trata-se de uma abordagem encarnacionista, à luz do ministério terreno de Jesus, oferecendo a salvação num sentido total, integral. As fontes de sua teologia prática buscavam em Wesley e além dele, indo até os evangélicos anglicanos e aos místicos católicos, que perceberam a sociabilidade do Evangelho. Poderia, *prima facie*, parecer que a disciplina militar como modelo do Exército da Salvação fosse inibidora da criatividade, mas a história mostra exatamente o contrário; a diversificação dos serviços ao atender o próximo

---

[165] Halford E. Luccock. *Linha de esplendor sem fim*, apud Maruílson M. Souza, op. cit., p. 19.

foi seu diferencial até hoje.[166] Foi uma visão com latitudes amplas e que transformaram aquele movimento, hoje, em uma das maiores organizações de filantropia e ação social do mundo.

c) **YMCA:** é a sigla inglesa para *Young Men's Christian Association*. Em português, *ACM – Associação Cristã de Moços*. Fundada em 1844 na cidade de Londres por George Williams (1821-1905),[167] a Associação Cristã de Moços é uma instituição educacional, assistencial e filantrópica, sem fins lucrativos, que congrega pessoas sem distinção de raça, posição social, crença religiosa, política ou de qualquer natureza. É ecumênica e as suas práticas seguem a orientação cristã, firmando-se especialmente no Evangelho de Jesus Cristo, segundo João 17,21: "Para que todos sejam um". O objetivo, desde o início, era claro: providenciar habitação e lugar seguro para a convivência saudável da juventude, conhecendo e desenvolvendo princípios cristãos, já que Williams percebeu não haver em Londres ambientes favoráveis a uma vida sadia. Tudo começou com a sua conversão aos 15 anos de idade em uma igreja congregacionalista, onde se tornou bem atuante. Em 1841, com 20 anos, mudou-se para Londres, conseguindo emprego em uma loja de tecidos. Logo percebeu que muitos companheiros de trabalho, como ele, vieram do campo e não tinham oportunidades nenhuma de lazer e dormiam no próprio lugar de trabalho em péssimas condições.

> Essa situação levou George Williams a refletir sobre o desenvolvimento sadio de pessoas que viviam expostas a tais condições. Ainda que fosse comum a degeneração dos princípios por parte das pessoas,

---

[166] Para mais detalhes do ministério social do Exército da Salvação, ver: William Booth. *Darkest England and the Way Out*. Montclair-NJ-USA: Patterson Smith, 1997; William Booth. *Social service in the Salvation Army*, op. cit.; Diane H. Winston. *Red-hot and righteous*: the urban religion of de Salvation Army. Cambridge-MA-USA: Harvard University Press, 1999; Frederick Coutts. *Bread for my neighbor*: an appreciation of the social action and influence of William Booth. London: Hodder & Stoughton, 1978.

[167] Sobre a vida e obra de George Williams, ver: John Ernest Hodder-Williams. *The father of the Red Triangle*: the life of Sir George Williams, founder of the YMCA. London/New York: Hodder and Stoughton, 1918; John Ernest Hodder-Williams. The life of Sir George Williams, founder of the Young men's Christian association. New York: A. C. Armstrong & Son, 1906. Disponível em: <https://archive.org/details/lifeofsirgeorgew00hoddrich>.

> George Williams continuou firme em seus propósitos de estender a palavra de Deus entre as pessoas. Continuava a trabalhar na escola dominical e aos poucos, um a um, conseguiu reunir em seu quarto um pequeno grupo de empregados para meditação e oração. Este grupo foi crescendo e se agregaram a ele funcionários de outras lojas e fábricas de Londres, o que forçou a busca por um lugar mais amplo [...]. Aproveitando a crescente importância que o grupo obtinha junto às casas comerciais londrinas, George Williams lutou pelo melhoramento das condições de trabalho, conseguindo uma razoável diminuição do horário de trabalho.[168]

Juntamente com a criação de ambientes saudáveis para os jovens, o movimento iniciou discutindo sobre melhores condições para os trabalhadores, inclusive a introdução da jornada de seis horas de trabalho, a erradicação do trabalho infantil e a busca de um sentido mais nobre para a vida. Com essas ideias, conseguiram um terreno e prepararam a primeira sede. Com um ano já tinham atividades regulares de estudo bíblico, línguas estrangeiras e atividades de educação física. Em 1845, a YMCA já estava presente em outros países da Europa. Em 1848, organizou seu primeiro ciclo de conferências com a presença de 3 mil ouvintes, sendo que posteriormente conseguiram vender as comunicações feitas no congresso, num total de 36 mil impressos. Em 1849, foi necessário arrumar um local mais amplo, onde se organizou uma biblioteca, sala de leitura e salas de aulas, onde se ministravam cursos para os empregados associados. Em 1850 o movimento teve maior visibilidade por conta da Exposição Mundial da Indústria, com a presença de pessoas de muitas partes do mundo, ganhando projeção internacional. O leigo metodista J. R. Mott foi o secretário-geral e depois presidente da instituição, de 1915 a 1937, e em 1946 recebeu o prêmio Nobel da Paz por seus esforços de pacificação e iniciativas ecumênicas. Hoje a ACM está presente em 120 países, com 14 mil associações locais e 45 milhões de membros.

---

[168] Texto de apresentação no *site* da ACM Brasil, narrando um pouco da história. Disponível em: <http://www.ymca.org.br/index.asp?pagina=historia>.

d) **New Education:** o outro percurso da religiosidade protestante na Europa e em seguida nos Estados Unidos da América deu-se no campo da educação, em especial, a universitária. Como já salientado antes (1.3) e evidenciado por R. K. Merton e S. J. Tambiah, as novas propostas na área da educação implementadas por Comenius na Boêmia (atual República Tcheca) e na Polônia foram disseminadas pela Holanda, Alemanha e Inglaterra. Merton informa que

> o reformador boêmio João Amós Comenius foi um dos educadores mais influentes daquela época. No sistema que promulgou eram fundamentais as normas do utilitarismo e o empirismo: valores que só podiam conduzir a destacar a importância do estudo da ciência e de tecnologia, dos *Realia*.[169]

Na Alemanha, a partir de Halle, os pietistas, comandados primeiro por P. J. Spener e depois principalmente por A. H. Francke e C. Thomasius, conseguiram difundir a nova educação em Könisberg (onde nasceu, foi instruído e ensinou I. Kant), Göttingen, Heidelberg (tradição calvinista), Altdorf etc. A ligação do sistema educativo de Comenius com os Estados Unidos deu-se por meio da Inglaterra, precisamente por membros da *Royal Society*. Tambiah ressalta o já dito por Merton, e acrescenta que, "No Novo Mundo, os correspondentes e membros da *Royal Society* que viviam na Nova Inglaterra foram treinados no pensamento Calvinista",[170] como John Winthrop (1587-1649) e Increase Matter (1639-1723); este último, futuro presidente do *Harvard College* e fundador da Sociedade Filosófica de Boston. Personalidades fundamentais nessa disseminação e transição foram Samuel Hartlib, Hezekiah Woodward (1590-1675) e Charles Morton (1627-1698), que se transferiu para a América (1686) e igualmente serviu no *Harvard College*, como vice-presidente. Seu *Compendium Physicae* (1687), um sistema de filosofia natural, foi usado por mais de quarenta anos em Harvard e Yale.

---

[169] R. K. Merton, op. cit., p. 671.
[170] S. J. Tambiah, op. cit., p. 14.

Esses homens, muito embora tivessem como modelo as universidades inglesas de Oxford e Cambridge, mantendo um caráter bem formal, deixaram marcado na fundação das universidades americanas o espírito de liberdade religiosa e de pensamento que norteava a vinda dos colonos e peregrinos para o Novo Mundo. E desde o início houve a preocupação em formar um clero instruído para as atividades religiosas.

Sobre Harvard, Merton explica que seu programa educativo

> derivava em grande parte do protestante Peter Ramus. Ramus havia formulado um plano de estudos que, em contraste com o das universidades católicas, dava grande importância ao estudo das ciências. Suas ideias foram bem acolhidas nas universidades protestantes do Continente, em Cambridge... e mais tarde em Harvard.[171]

Como é sabido, a atual *Harvard University*[172] começou em 1636, como um *New College* (uma escola para pastores), estabelecida pelo "Great and General Court of the Governor and Company of the Massachusetts Bay in New England", devido a necessidade de se ter um clero para atender os milhares de colonos peregrinos puritanos que necessitavam de acompanhamento e apoio espiritual na nova terra. O historiador Samuel Eliot Morison descreve a fundação de Harvard College:

> Depois que Deus nos levou para a Nova-Inglaterra, e nós construímos nossas casas, providenciamos coisas para nosso sustento, fizemos lugares convenientes para a adoração de Deus, e estabelecemos o Governo Civil: uma das coisas urgentes que desejávamos e olhávamos foi avançar no aprendizado e perpetuá-lo para a posteridade; temendo deixar um Ministro analfabeto às Igrejas, quando nossos atuais Minis-

---

[171] R. K. Merton, op. cit., p. 674.
[172] Sobre *Harvard University*, ver: Bentinck-Smith, William (ed.). *The Harvard Book: Selections from Three Centuries*. Cambridge-MA-USA: Harvard University Press, 1982; John T. Bethell. *Harvard A to Z*. Cambridge-MA: Harvard University Press, 2004; Samuel Eliot Morison. The founding of Harvard College. Cambridge-MA-USA: Harvard University Press 1935.

tros se deitarão no Pó. E enquanto estávamos pensando e consultando como realizar esta grande obra, agradou a Deus despertar o coração de um tal Sr. Harvard (um cavalheiro piedoso e um amante da aprendizagem, então vivendo entre nós) para dar a metade de sua propriedade (sendo em torno de £ 1.700) para a construção de um *Colledge*, e toda a sua biblioteca. Depois dele, outro deu £ 300; outros depois deles deram mais; e a mão pública do Estado acrescentou o restante. O *Colledge* foi de comum acordo nomeado para estar em Cambridge (um lugar muito agradável e de fácil acolhedora), e é chamado (de acordo com o nome do primeiro fundador) *Harvard Colledge*.[173]

John Harvard (1607-1638) era um pastor congregacional inglês que aos 20 anos entrou para o *Emmanuel College* de Cambridge, após terminar seu bacharelado em Artes em 1632. Em 1637, emigrou para a Nova Inglaterra, instalando-se em Charlestown. Faleceu precocemente de tuberculose em 1638 como o primeiro benfeitor da Universidade de Harvard. Seu primeiro presidente foi o Rev. Henry Dunster (1580-1646), nomeado em 1640, natural da Inglaterra, egresso de Cambridge (*Magdalene College*), também congregacional e com forte senso de liberdade. Todos os seguintes presidentes eram também pastores, em geral puritanos e congregacionais: Charles Chauncy (1592-1671), Leonard Hoar (1630-1675), Urian Oakes (1631-1681) e vários outros.

Quase setenta anos mais tarde, outro *college* foi criado na Nova Inglaterra: trata-se da *Yale University*,[174] fundada em 1701 pela "*General Court of the Colony of Connecticut*", primeiramente em Saybrook, também para preparar pastores com disciplinas de teologia e de línguas bíblicas. Em 1716 transferiu-se para New Haven-Connecticut. No final do século XVIII

---

[173] Samuel Eliot Morison. *The founding of Harvard College*. Cambridge-MA-USA: Harvard University Press 1935. "The Origin of Universities", p. 4.

[174] Sobre *Yale University*, ver: Richard Warch. *School of the Prophets: Yale College, 1701-1740*. New Haven: Yale University Press, 1973; Brooks Mather Kelley. *Yale: A History*. New Haven: Yale University Press, 1974; George Wilson Pierson. *Yale College: An Educational History, 1871-1921*. New Haven: Yale University Press, 1952. Mais informações disponíveis em: <https://www.yale.edu/>.

incorporou disciplinas de humanidades e ciências. Seu primeiro benfeitor foi o empresário de Boston Elihu Yale. São considerados fundadores um total de dez pastores congregacionais, sob a liderança de James Pierpont (1659-1714), americano de Massachusetts e, como os demais, ex-aluno de Harvard. O Rev. Abraham Pierson (1646-1707), americano de Long Island, foi o primeiro reitor da instituição, de 1701 até sua morte. Em 1714 ele recebeu uma doação de livros enviados da Inglaterra para formar a biblioteca, de várias áreas do conhecimento. Nesse momento, o futuro teólogo e filósofo formado em Yale, Jonathan Edwards, ainda precoce, explora as obras de Locke. Novos ventos iluministas colaboraram para que a orientação religiosa de Yale se afastasse do puritanismo calvinista, assumindo posições arminianas e se filiando à Igreja Anglicana, o que influenciaria na formação do *curriculum* científico, com um destaque para o estudo dos clássicos gregos e latinos, além do hebraico para o estudo do Antigo Testamento.

Outra grande instituição de ensino americana é a prestigiada Princeton *University*.[175] Sua fundação remonta a 1746, ocasião na qual um grupo de sete pessoas – os pastores Ebenezer Pemberton, Jonathan Dickinson, Aaron Burr e John Pierson, o advogado, William Smith, Peter Van Brugh Livingston, um comerciante, e William Peartree Smith – fez um pedido ao governador interino John Hamilton. Eles são considerados fundadores do *College of New Jersey* e eram todos presbiterianos, egressos de Yale, exceto Pemberton. Seus dois primeiros presidentes foram Jonathan Dickinson e Aaron Burr. Este fez a mudança de Newark para Princeton em 1756. Nessa primeira geração de Princeton havia uma presença religiosa bem acentuada, influência direta de William Tennent, fundador de

---

[175] Sobre *Princeton University*, ver: Jeffry H. Morrison. *John Witherspoon and the Founding of the American Republic*. Notre Dame-Indiana: University of Notre Dame Press, 2005; Mark A. Noll. *Princeton and the Republic, 1768-1822: The Search for a Christian Enlightenment in the Era of Samuel Stanhope Smith*. Princeton: Princeton University Press, 1989; P. C. Kemeny. *Princeton in the Nation's Service: Religious Ideals and Educational Practice, 1868-1928*. Oxford: Oxford University Press, 1998. Mais informações da história da Princeton University, ver: <https://blogs.princeton.edu/mudd/2016/01/who-founded-princeton-university>. E ainda no próprio *site* da Universidade para informações atualizadas: <https://www.princeton.edu/main/>.

um colégio na Pensilvânia em 1726 e que posteriormente cooperou também em Princeton. Era a influência do *Revival*, "Grande Despertamento" (Avivamento), ligado a nomes como George Whitefield, Jonathan Edwards, e que objetivava tornar a religião de matriz protestante presente em todos os segmentos da vida cotidiana.

Sob a longa presidência do Reverendo John Witherspoon (nascido na Escócia), durante os anos 1768-1794, a Universidade de Princeton foi transformada de uma faculdade idealizada predominantemente para treinar o clero protestante (como Harvard e Yale, a princípio) em uma escola que equiparia os líderes de uma geração revolucionária. Witherspoon fez mudanças fundamentais no currículo da filosofia moral, fortaleceu o compromisso da faculdade com a filosofia natural (ciência) e posicionou Princeton no mundo transatlântico maior da república das letras. A abordagem de senso comum de Witherspoon à moralidade foi mais influenciada pela ética do Iluminismo dos filósofos escoceses Francis Hutcheson e Thomas Reid. Witherspoon era um líder religioso e político proeminente; além de signatário da Declaração de Independência. Sua forte influência liberal no plano dos estudos acadêmicos, fez com que diversos alunos de Princeton participassem na Convenção Constitucional de 1787, sendo a maior representatividade de uma mesma instituição.

Além dessas três grandes universidades, diversas outras são de origem protestante, ou fundadas por filantropos protestantes, muitos deles abolicionistas. Entre elas, destaco: University of Pennsylvania (Philadelphia-Pennsylvania, 1740, Igreja Quaker); Columbia University (New York-New York, 1754, Igreja Episcopal/Anglicana); Brown University (Providence-Rhode Island, 1764, Igreja Batista); Emory University (Oxford-Geórgia, 1836, Igreja Metodista Unida); Duke University (Durham-North Carolina, 1838, Igreja Metodista Unida); Boston University (Boston-Massachusetts, 1839, Igreja Metodista Unida); Baylor University (Waco-Texas, 1845, Igreja Batista); University of Rochester (Rochester-New York, 1850, Igreja Batista); Northwestern University (Evansto/Chicago-Illinois, 1851, Igreja Metodista Unida); Vanderbilt University (Nashville-Tennessee, 1873,

Igreja Metodista); Johns Hopkins University (Baltimore-Maryland, 1876; seu fundador pertencia à Igreja Quaker); University of Chicago (Chicago-Illinois, 1890, Igreja Batista).

Com esses exemplos, fica evidente que a religiosidade protestante, em sua realidade multiforme, assumiu uma identidade que a fez colaborar nas grandes questões trazidas pela modernidade, com forte ênfase educacional. Muito embora no plano estritamente teológico as discussões e propostas continuassem acontecendo a passos mais lentos diante dos enormes desafios culturais e sociais que iam surgindo.

2.5 Síntese

A fé protestante, a partir do século XVII, fortemente ancorada nas Escrituras e em seus símbolos, confissões e catecismos, de onde extraiu seu *corpus* doutrinal, percebeu cedo a necessidade de articular esse entendimento confessional e espiritual com sua vida no mundo, com sua presença na sociedade humana. Não queria repetir o *éthos* católico medieval. Por isso mesmo, o fenômeno protestante manifestou-se de forma criativa e diferenciada, ocupando espaços da vida cotidiana não apenas na educação, nas fábricas, no comércio, na saúde e na alimentação, na navegação, na magistratura e em descobertas científicas etc., como também na luta pelos direitos sociais do indivíduo, pela melhoria das condições de trabalho, pela liberdade de consciência, exame e expressão, fazendo valer seu protesto como um direito dado por Deus diante do Estado ou mesmo da própria autoridade religiosa, direito ao corpo e à propriedade. Às duras penas, foi aprendendo a tolerância com a sua própria intolerância. A luta pela democracia, sufrágio universal e separação de Igreja e Estado fez parte da agenda protestante. Entretanto, o grande desafio ainda estava distante. A prática escravagista e seu comércio hediondo negavam princípios da própria Escritura; era o maior escândalo a ser vencido, o que só foi possível pela obstinação cristã de pessoas e movimentos, atualizando a mensagem profética das Escrituras, somada ao Evangelho inclusivo de amor e misericórdia de Jesus Cristo.

Quakers, *Levellers*, Não conformistas, Metodistas, J. Woolman, S. Sharpe, J. Wesley, W. Wilberforce, T. Clarkson, e tantos mais, por entenderem a fé como uma ação libertadora, defenderam uma sociedade cidadã presente em cada indivíduo, evocaram o direito natural de seus antecessores, exigiram igualdade de tratamento, educação para todos, educação básica e universitária, inclusive para mulheres e crianças.

3

O caráter plural da teologia protestante: 4 ensaios

Assim como Jesus Cristo é a certeza divina do perdão de todos os pecados, assim e também com a mesma seriedade é a reivindicação poderosa de Deus sobre toda a nossa existência. Por seu intermédio experimentamos uma jubilosa libertação dos ímpios grilhões deste mundo, para servirmos livremente e com gratidão às suas criaturas.

Declaração de Barmen (1934)

O pensamento protestante foi pródigo na expressão de sua fé por meio de teologias. No século XVI, essa manifestação esteve vinculada a pressupostos apologéticos na tentativa de firmar-se como identidade legítima do cristianismo. Isso condicionou o resultado na forma de catecismos e confissões de fé, em geral, como respostas ao dogmatismo católico. Na verdade, o posicionamento "definitivo" do catolicismo ante o fenômeno protestante deu-se apenas por ocasião do Concílio de Trento, a partir de 1545, com os anátemas decretados. Nesse sentido, as posições se polarizaram e a literatura exarada nos concílios locais e regionais, de ambas as confissões, bem como a produção das muitas escolas de teologia, em geral, era no estilo das diatribes, cavando ainda mais fundo o fosso da discórdia e da separação.

A partir do século XVII, desenvolveu-se um processo de modernização no mundo ocidental – humanismo, ciência moderna, nacionalismos –, demandando determinados posicionamentos em relação à vida humana, ética, cultura, novos conhecimentos, com razoável digressão dos assuntos mais transcendentes e doutrinários com respeito à fé e indicando uma nova rota para a teologia, sinalizando uma outra agenda de compromissos, na qual o protestantismo poderia e deveria participar, uma vez que, como já descrito, foi parte integrante desse novo tempo que veio. As realidades metafísicas, tão importantes por ocasião de sua origem, pouco a pouco, vão sendo colocadas de lado e as confissões protestantes vão percebendo as novas temáticas a serem deslindadas teologicamente.

A teologia iluminista, produzida nos séculos XVIII e XIX – refiro-me àquelas primeiras reflexões teológicas de J. Locke, J. Toland e M. Tyndal, que se formaram a partir das descobertas racionalistas e empiricistas, e depois especialmente com F. Schleiermacher, A. Ritschl, A. Harnack, e ainda de todas as tentativas por descobrir o Jesus histórico com feições moralistas e éticas apenas, como pensava I. Kant, bibliografia que se concentra nas nossas teologias contemporâneas, caminhando até a primeira metade do século XX com as suas respectivas reações –, conquanto tenha realizado um avanço espantoso nas ciências bíblicas e históricas, identificando os meandros da composição e produção dos textos sacros, bem como seus aspectos mitológicos, não conseguiu oferecer uma teologia pastoral condizente com o "abalo sísmico" religioso causado pelas descobertas – um tipo de revolução copernicana atingiu o universo religioso, colocando sob suspeição credos e crenças.

Paralelamente à desintegração social nas capitais europeias e grandes cidades industriais, desde o século XVIII, houve uma fragmentação daquele sentido teleológico que ainda restara após a ruptura causada pela Reforma Protestante. Se a Reforma Protestante foi a quebra da síntese e a mácula na túnica inconsútil de Cristo, como pensava a apologética católica, a fragmentação social moderna foi acompanhada por uma avalanche de religiosidades protestantes, cada qual com sua doutrinação; quer dizer, foi a transformação da túnica em trapos. Falando a partir da fé, nada é mais horrendo que o divisionismo com base na vaidade humana e na ideologia de gueto, encobertas pelo discurso da fidelidade à sã doutrina. Se o pontificado católico era, nas palavras do Papa Paulo VI, um grande obstáculo à unidade, exatamente porque cria ter a posse da verdade toda, o divisionismo protestante foi uma nódoa na túnica antes de ela ser feita em mil pedaços.

Agora, a existência se manifesta pela fragmentação, a realidade humana viu-se atomizada em um individualismo irreversível a partir de epistemologias diversas – o telescópio e o microscópio trouxeram novas visões da realidade que, a princípio, em nossas categorias e códigos não existiam. Foram percebidas verdades distintas das que tínhamos. Diante da desagregação era necessário, por exemplo, uma teologia que restaurasse a fraternidade e a convivência. Uma teologia que contemplasse a realidade terrena da vida humana e que a religião cumprisse seu desiderato primeiro – a religação entre os homens com Deus manifesta-se no espírito solidário e fraterno! Uma teologia que pudesse falar sobre a vida na terra e deixasse o céu para o seu momento porvir.

Essa "nova teologia" veio no início do século XX de forma plural e multifacetada. Brown, especialista no *éthos* identitário protestante, se refere ao fenômeno protestante como "variedades do protestantismo",[1] apontando essa variedade por meio das famílias denominacionais, famílias teológicas e família ecumênica. Brown, apesar de dar uma conotação positiva à expressão "variedades", ao final do capítulo afirma que pela "paciência de Deus" é que ele *endured* ("suportou") as "Variedades do Protestantismo por quatro séculos".[2] O espírito do pensamento libertário do protestantismo falou bem forte nas novas elaborações teológicas, tocando em questões confessionais, históricas, técnicas, literárias e político-ideológicas. O que, por um lado, desestabilizou, por outro, abriu criativamente a teologia.

---

[1] Robert M. Brown. *The spirit of Protestantism*. Oxford: Oxford University Press, 1965, pp. 24-39.
[2] Ibid., p. 37.

3.1 *Ensaio 1* – Protestantismo e o evangelho social como caráter da teologia

Como vimos no final da seção anterior, os ambientes para os esforços comunitários de solidariedade estavam sendo veiculados e implantados, tendo como motivação as máximas do cristianismo como normativas, e o protestantismo, em sua variedade, com erros e acertos, contribuiu diretamente nesse "mutirão" humanista. Mas era preciso uma referência teórica para fundamentar toda essa práxis social que começava a fazer diferença na membresia protestante. A teologia buscava o diálogo com a política, com a cultura cada vez mais secularizada, e, de repente, cristãos de denominações distintas estavam colaborando juntos nas reflexões e ações concretas, e o ecumenismo dando seus primeiros passos. Sobretudo, vai recuperando o caráter social do Evangelho e a luta por uma sociedade mais justa, não sem os atritos com os que ainda viam o campo doutrinário como o coração da fé cristã.

Nos Estados Unidos, os ambientes urbanos das grandes e médias cidades também experimentavam graves problemas sociais com os operários e população de imigrantes; pobreza, desemprego e marginalidade se tornaram lugares-comuns nesses rincões periféricos de Nova Iorque, Detroit, Chicago etc. Movimentos progressistas de crítica ao modelo capitalista de exclusão social foram se desenvolvendo e abrigando também posturas religiosas de vários matizes. Entre elas, destaca-se aquela que vinculava a literatura profética do Antigo Testamento, o Evangelho e parte da tradição cristã a posturas de crítica social, política e econômica.

Pode-se dizer que o início desse movimento esteve diretamente ligado à pessoa e ao ministério de Washington Gladden (1836-1918).[3] Ele foi pas-

---

[3] Mais detalhes sobre Gladden, ver: Sean Cashman. *America in Golden Era*. Np: NYU Press, 1993; Jacob H. Dorn. *Washington Gladden: Prophet of social gospel*. Columbus: The Ohio State University Press, 1967; Gary Dorrien. *The making of American liberal theology – Imagining progressive religion 1805-1900*. Louisville/London: Westminster John Knox Press, 2001, pp. 304-311. Gladden escreveu bastante em forma de artigos, poemas e livros, dentre os quais mencionamos: *Salvação social* (1902); *Cristianismo e Socialismo* (1905); *A Igreja e a vida moderna* (1908).

tor da Primeira Igreja Congregacional de Columbus, em Ohio (1882-1918). Antes disso ele havia pastoreado duas igrejas em Nova Iorque e outra em Massachusetts. Voltou a Nova Iorque para trabalhar como articulista no jornal *New York Independent*, no caderno de religião. Posteriormente voltou a pastorear em Massachusetts, onde se posicionou a favor dos trabalhadores. Como líder, envolveu-se em questões sociais e políticas desde quando foi eleito para a Câmara Municipal (vereador) e foi bem atuante em seu mandato de 1900 a 1902 contra a corrupção do governo, reduzindo a tarifa dos meios de transportes; porém, foi impotente em relação à promulgação das leis de temperança, além de cultivar preconceito contra negros e imigrantes católicos, apesar de se posicionar contra a segregação racial. Além disso, de seu púlpito combateu a ganância e o egoísmo dos grandes empresários e industriais, muitos deles protestantes, e estimulou a que os trabalhadores se organizassem em sindicatos. As propostas de melhoria social dos centros urbanos a partir da mensagem religiosa, em geral, estavam vinculadas a posições teológicas mais "liberais", no sentido da concepção de uma *ordo salutis* mais ampla. Ao contrário do calvinismo, que quase sempre evidenciava um distanciamento das camadas sociais mais carentes, o sistema congregacional, dando voz aos membros na assembleia, em tese facilitava as opções de cada comunidade local.

É praticamente impossível mencionar a *Teologia do Evangelho Social* e não lembrar o nome de Walter Rauschenbusch (1861-1918).[4] Não obstante ele continua um ilustre desconhecido do público brasileiro, e por isso mesmo, como disse H. Renders, "não é lido no Brasil".[5] Foi pastor da Segunda Igreja Batista na cidade de Nova Iorque (igreja de imigrantes alemães), de 1887 a inícios de 1891, em uma área periférica da cidade,

---

[4] Suas principais obras são: *A theology for the social gospel*. New York: The Macmillan Company, 1918; *Christianizing the social order*. New York: The Macmillan Company, 1926; *The social principles of Jesus*. New York: Association Press, 1916; *Christianity and the social crisis*. New York: The Macmillan Company, 1920.

[5] Helmut Renders. "As obras principais de Walter Rauschenbush na internet". *Mosaico – Apoio Pastoral*, São Paulo: Faculdade de Teologia da Igreja Metodista – Umesp, ano 16, n. 41, p. 16, jan./maio 2008.

denominada "Cozinha do Inferno" (*Hell's Kitchen*). Certamente essa experiência pastoral em meio à pobreza foi inspirativa para construir sua interpretação do Evangelho e da Palavra de Deus como um todo.

Ele havia sido criado em uma tradição eclesiástica na qual os males da sociedade não faziam parte da agenda, pois a dimensão individual da experiência com Deus era amplificada de tal modo que não se conectava com as questões sociais. No entanto, durante sua formação intelectual, teológica e prática pastoral e docente, foi percebendo essa dimensão igualmente desconhecida e ignorada do Evangelho no protestantismo norte-americano.

Por problemas de saúde (audição), conseguiu um ano sabático na Alemanha e no final do período visitou várias cidades da Inglaterra, tendo contato com o ministério desenvolvido pelo Exército da Salvação, que muito lhe impressionara. Retornou ao pastorado em 1892, com novas ideias e projetos na área da justiça social. Em 1897 iniciou sua carreira docente no Seminário Rochester de Nova Iorque, lecionando a matéria de História do Cristianismo. A sua segunda etapa de ministério pastoral e posteriormente como professor, somado ao que viu e leu na Europa, o fizeram, de fato, ter uma nova visão do cristianismo. Sobre esse momento, Fosdick diz: "Esta segunda conversão dele demandou a reconstrução radical de sua teologia, sua interpretação da Bíblia e seu conceito da função da Igreja".[6] A partir de rascunhos que ele produzira na Alemanha e alguns artigos posteriores, Rauschenbusch escreveu um importante manuscrito intitulado *Cristianismo Revolucionário* (1891), mas que não foi publicado durante sua curta vida. Esta obra foi publicada 50 anos após sua morte, editada por Max Stackhouse.[7] Nesse manuscrito ele parece discutir sobre o Reino de Deus à luz da teologia alemã, especialmente de Albrecht Ritschl (1822-1889), o importante erudito teólogo alemão, considerado um dos pais do liberalismo teológico, herdeiro de várias ideias de F. Schleiermacher e que

---

[6] Harry E. Fosdick. "Introduction – An Interpretation of the Life and Work of the Walter Rauschenbush". In: Benson Y. Landis. *A Rauschenbush reader*. New York: Harper & Brothers Publishers, 1957, xvi.

[7] Walter Rauschenbush. *The Righteousness of the Kingdom*. Nashville: Abingdon Press, 1968.

levou à teologia os valores morais do cristianismo, conforme a concepção de I. Kant em relação ao fim da metafísica e o cristianismo como moral elevada. Entre os teólogos da alta crítica foi comum o reducionismo do Evangelho à sua dimensão ético-social, com repercussões diretas na prática moral.

Com isso Rauschenbusch estabeleceu uma conexão entre a Igreja primitiva e o tema do Reino de Deus como núcleo central da mensagem de Jesus e da Igreja do primeiro século. E dentro desta concepção mais ampla, há que se incluir as dimensões espirituais e sociais da Palavra de Deus. Fica evidente que os aspectos éticos e morais da mensagem do Reino de Deus nos Evangelhos sinóticos, sublinhados por Ritschl, Harnack e outros, em lugar do dogmatismo, misticismo e helenismo, foram bem importantes para Rauschenbusch. Justo González destaca que "devido à influência de Ritschl, Rauschenbusch sabia que o pecado possui dimensões que vão além do sentido individual, percebendo a importância do Reino de Deus no Novo Testamento".[8] Por sua parte Stackhouse, editor desta primeira obra, em uma longa introdução, comenta que,

> assim, a influência de Ritschl que aparece nos últimos escritos de Rauschenbusch possa ter truncado parcialmente ao invés de apoiar o realismo inicial de Rauschenbusch. Esse abrandamento era um padrão comum nos círculos teológicos alemães da época.[9]

De minha parte, entendo que ele superou o liberalismo alemão ao manter firme a confissão da expiação pelo sangue de Cristo; doutrina desprezada

---

[8] Justo González. *Historia del pensamiento cristiano*. Vol. III. Miami-USA: Editorial Caribe, 1992. Sobre o seu pensamento teológico, ver: Donovan E. Smucker, *The origins of social ethic of Walter Rauschenbusch*. Montreal: University Press McGill-Queen, 1994; Christopher H. Evans. *The kingdom is always but coming*. Grand Rapids, MI: Eerdmans de 2004; Willen A. Visser't Hooft. *The background of the social gospel in America*. Haarlem: Tjeenk Willink & Zoon de 1928; Gary J. Dorrien. *Reconstructing the Common Good: Theology and the Social Order*. Maryknoll, New York: Orbis Books, 1990.

[9] Max L. Stackhouse. Introduction: "The Continuing Importance of Walter Rauschenbush", p. 18. In: *The Righteousness of the kingdom*. Nashville: Abingdon Press, 1968.

por aquele teólogo bem no contexto da negação da metafísica, conforme processo destacado pelo filósofo alemão luterano Immanuel Kant. Isso implica que a pregação da Igreja deve reafirmar tanto o seu significado espiritual quanto seu alcance social, tendo a Igreja uma dupla tarefa com um Evangelho que não se encerra na mensagem da salvação espiritual do indivíduo apenas; antes, enfrenta com coragem as consequências sociais desagregadoras do pecado que humilham o ser humano com uma vida indigna.

Após isso, já em 1905 ele se dedicou a produzir o livro que o tornaria conhecido fora dos círculos denominacionais batistas: *Christianity and the Social Crisis*, publicado em 1907. Pelo conteúdo e a maneira como ele dispõe os capítulos, percebe-se uma intenção programática que seria posteriormente complementada pelo restante de suas obras.[10] Ele começa pelas raízes: *The historical roots of Christianity – The Hebrew Profets* ("As raízes históricas do cristianismo – Os profetas hebreus"), em que observa, quanto aos profetas do Antigo Testamento, que "As ideias sociais extraídas foram fatores poderosos em todas as tentativas do cristianismo para influenciar a vida social e política".[11] Ressaltando o caráter ético e moral da mensagem dos profetas pela dimensão social, ele afirma:

---

[10] Por exemplo: Ele explora essa mesma temática do caráter social do Evangelho em *Christianizing the social order*. New York/London: The Macmillan Company (1912), 1926, pp. 48-68; igualmente, em *The social principles of Jesus*. New York/London: Association Press, 1916. Pequeno e interessante livro de caráter pastoral. No primeiro parágrafo da introdução, ele diz: "Este livro não é sobre a vida de Cristo, nem uma exposição de seus ensinos religiosos, nem uma declaração doutrinal sobre sua pessoa e obra. É uma tentativa de formular em simples proposições a fundamental convicção de Jesus sobre as relações sociais e éticas e os deveres do homem". Também, em três opúsculos, Rauschenbush repete a ênfase do Evangelho Social: a) *For God and the People: Payers of the social awakening*. Boston/New York/Chicago: Pilgrim Press, 1910, especialmente a Introdução: "The Social Meaning of the Lord's Prayer"; b) *Unto me*. Boston/New York/Chicago: Pilgrim Press, 1912; c) *Dare we be Christians*. Eugene-OR-USA: Wipf & Stock Publishers, 1914, seção "Love and Social Progress", pp. 35-40.

[11] W. Rauschenbush. *Christianity and the social crisis in the 21st Century*. New York: Harper One, 2007, p. 2. Utilizo a versão comentada, em comemoração ao centenário da obra, por vários autores consagrados que tentam uma interpretação ou aplicação do seu conteúdo para o século XXI. Entre os autores, seu neto por parte paterna, o filósofo norte-americano Richard Rorty (1931-2007).

> Esta insistência sobre a moralidade na religião como a única coisa que Deus se importa como de fundamental importância para nós. Os problemas sociais são problemas morais em grande escala.[12]

Nesse particular a moralidade manifestava-se publicamente. Para tanto, logo no início, menciona Oseias 6,6: "Porque eu quero a misericórdia, e não o sacrifício; e o conhecimento de Deus, mais do que os holocaustos", comentando que Jesus gostava desta passagem. Cita também Isaías 1,15-17; Miqueias 6,6-8; Amós 5,25 e Jeremias 7,22-23, e explica que, apesar de não termos altares de sacrifícios para o derramamento de sangue e oferecimentos das entranhas de animais, como acontecia nos dias dos profetas, o nosso sistema de adoração possui a intenção de "agradar e apaziguar a Deus garantindo seus favores temporais e eternos para aqueles que colocam seu coração nesses processos". Por isso, diz ele: "Este sistema cerimonial cristão não difere essencialmente daquele contra o qual os profetas protestaram".[13] Para Rauschenbusch, "Os profetas foram os arautos da verdade fundamental de que religião e ética são inseparáveis e que a conduta ética é suprema e suficiente para a atitude religiosa".[14] Somado a isso, Rauschenbusch menciona como comprovante histórico desta junção entre religião e ética no interior do protestantismo o caso da reforma calvinista, que, se desfazendo de grande parte do cerimonial eclesiástico, transformou a energia da religião conduzindo-a para os canais da política e educação. Parece que aqui ele pensa na totalidade da tradição calvinista, incluindo liberais, moderados e radicais. De qualquer modo, não deixa de ser curioso, pois o segmento batista, ao qual ele pertence, tem como marca de identidade a simplificação do ritual religioso, onde, por exemplo, os principais ritos do cristianismo, Batismo e Ceia, são definidos como ordenanças, atos simbólicos apenas, sem qualquer conotação sacramental. Por isso, estaria aqui uma sutil crítica à sua própria Igreja em não preencher o

---

[12] W. Rauschenbush, op. cit., p. 5.
[13] Ibid.
[14] Ibid., p. 6.

vazio ritualístico que ela mesma criou, colocando no seu lugar a moralidade ética de caráter público?

No capítulo "The Social Aims of Jesus" ("Os objetivos sociais de Jesus"), ao expor sobre o ministério de Jesus, após reconhecer que ele não era um reformador social,[15] afirmando que "Se queremos entender os reais objetivos, nós precisamos vê-lo na relação com seu próprio tempo",[16] Rauschenbusch identifica que a proposta de Jesus é o Reino de Deus e faz uma pormenorizada descrição.[17] Nesta seção ele retoma as teses do escrito anterior – *Cristianismo revolucionário* (publicado muitos anos após sua morte) e aprofunda suas implicações para uma aplicação em seus dias. Em todo o capítulo nota-se por trás do texto um conceito de Reino de Deus bem dependente da teologia erudita alemã da alta crítica. A interpretação de Rauschenbusch considerou a mensagem do Reino como a formadora de uma consciência social. Sobre isso ele afirmou que Jesus "nunca viu o ser humano individual separado do ser humano social; ele nunca esqueceu a natureza gregária do homem".[18] Por isso, esta mensagem do reino, despertando esse sentimento de comunhão, faz com que a ética de Jesus o diferencie, por exemplo, de um filósofo grego ou hindu[19] e se assemelhe a um profeta hebreu, preparando os homens para uma era de justiça social. Toda bondade humana deve ser uma bondade social. O homem é fundamentalmente gregário e sua moralidade consiste em ser um bom membro de sua comunidade.[20]

> Em Rauschenbusch, não há dúvida, para que o sentimento gregário frutifique e produza uma comunidade e uma nação com justiça social,

---

[15] Ibid., p. 41.

[16] Ibid., p. 42.

[17] Ver páginas 46 a 55, onde argumentará sobre a mensagem do Reino com uma base histórica na recuperação da dimensão ética do ministério de Jesus, relativizando o ritual como indiferente e até hostil.

[18] Ibid., p. 54.

[19] Ibid., p. 55.

[20] Ibid.

> a ética que se requer, para tanto, ergue-se no fundamento do amor. "A fundamental virtude na ética de Jesus era o amor, porque amor é a sociedade feita com qualidade... amor cria a associação".[21] Por isso, o que deve mover a ética é a relação com Deus e com o próximo, tornando o ritual algo "indiferente", como ensinado pelos profetas e retomado por Jesus. "Jesus era, nesse particular, um sucessor dos profetas."[22]

A indiferença e até a hostilidade de Jesus para com o ritual religioso estariam justificadas, segundo Rauschenbusch, ou por ele não servir aos homens ou quando causava danos a eles. Nesse caso, "Portanto, religião havia se tornado um parasita no corpo da moralidade, sugando ao invés de alimentar".[23] Com essa base de argumentação, Rauschenbusch faz a leitura do cristianismo primitivo e dos primeiros séculos na difícil e crítica relação com o Império Romano e, mais adiante, já no medievo, ele diz que o "ascetismo cristão não era cristão, era somente uma modificação de uma intenção geral",[24] que identificava o mal com a matéria, o que foi muito prejudicial para o cristianismo como um todo e para a compreensão da sua mensagem social em particular, engendrando a doutrina do celibato, atropelando a teologia judaica do casamento, que segundo ele "é fundamental para a relação social. A família é a célula social, é a sociedade em miniatura".[25] Essa tendência ascética, somada com o movimento milenarista, com a poderosa instituição monástica e, ainda mais, com o sacramentalismo, o dogmatismo, a subserviência ao Estado, produziram um distanciamento imenso em relação às questões sociais, inclusive quanto ao tema político central para sociedade, como é o da democracia.

Rauschenbusch, nesta obra, foi construindo uma base de argumentação a partir dos dados bíblicos e da tradição antiga da Igreja, em confronto

---

[21] Ibid.
[22] Ibid., p. 58.
[23] Ibid., p. 59.
[24] Ibid., pp. 138-139.
[25] Ibid., p. 140.

com a crise social antiga e moderna, para desafiar ao empreendimento de retomada da mensagem social do Evangelho. Para isso, há que se preparar teologicamente a fim de proporcionar *Uma teologia para o evangelho social*. Que teologia poderia acolher o evangelho social?

Antes disso, percebeu que deveria fundamentar ainda mais a realidade do evangelho social e, por isso, escreveu em 1912 a sua obra mais complexa, densa e acadêmica, *Christianizing the social order*.[26] Na Introdução ele explica que o livro começou a ser escrito em 1910 e 1911, por conta de duas *Lectures* apresentadas no *Pacific Theological Seminary* e na Ohio Wesleyan University, respectivamente. Sua preocupação nesta obra é eminentemente prática, pois reconhece que um despertamento social já está acontecendo, mas vê poucos cristãos envolvidos. E pergunta como os cristãos "poderiam parar de produzir o mal apesar de suas boas intenções?". Aqui ele expõe de maneira completa e amadurecida toda a sua experiência como pastor na "Cozinha do Inferno", com a fundamentação bíblica e histórica da tradição cristã, e ainda as principais influências recebidas no processo mais remoto e atual; por exemplo, no capítulo II da parte I – "The Response of the Churches" ("A resposta das Igrejas", pp. 7-29), faz uma descrição do despertamento social presente, elencando líderes, igrejas e organizações cristãs.[27] Ressalta a tradição metodista que, efetivamente, como já vimos (2.4.2), desde o princípio mostrou-se na vanguarda nessa questão. Entre as muitas menções aos metodistas, ele afirma:

> Os metodistas são uma parte muito importante no despertamento social das Igrejas americanas. Eles combinam o espírito democrático do grupo congregacional com um formalismo e um maior centralismo organizacional.[28]

---

[26] Utilizo aqui a edição de 1926, conforme acima, na nota 4 deste capítulo.

[27] Ibid., pp. 8-27, inclusive a Igreja Católica Romana. Faz um tributo a três personalidades que lutaram pelo evangelho social antes dele: Washington Gladden, Josiah Strong e Richard T. Eli (p. 9). Reproduz tanto "The Bill of Rights", de 1908, da Igreja Metodista, quanto "The Social Creed of the Churches", das igrejas protestantes, pp. 14-15.

[28] Ibid., p. 23.

No capítulo I da parte II – "Wanted: a Faith for a Task" ("Procura-se: uma fé para uma tarefa", pp. 40-47), ele identifica que

> uma grande tarefa demanda uma grande fé. Para viver uma grande vida um homem necessita uma grande causa à qual ele possa render-se, algo divinamente grande e cativante à qual ele possa viver e, se necessário, morrer.[29]

A ilustração bíblica que ele utiliza para exemplificar uma grande fé é a do Apóstolo Paulo e a experiência religiosa revolucionária que fez uma mudança radical, inaugurando um novo modelo de fé. E aqui Rauschenbusch levanta a questão central: "Qual é a base religiosa para a tarefa de cristianizar e regenerar a ordem social?".[30] A resposta dele foi aquela convicção de que o cristianismo, na perspectiva do evangelho social, era a única alternativa para o mundo moderno, inclusive para não permitir mais que se perdessem os cristãos para as fileiras do socialismo materialista. Com base no conceito de Reino de Deus, de uma visão mais ampla da salvação, Rauschenbusch foi bastante favorável às iniciativas cooperativistas que se desenvolviam na Inglaterra e com as quais teve contato. Sua palavra para a Igreja de seu tempo era a de que a Igreja primitiva conseguiu influenciar a sociedade como um fermento na massa e agora ela deveria fazer o mesmo. Para ele, "A ordem econômica cristã deve organizar todos os trabalhadores em cooperação sistemática e amigável e assim criar a base material para a fraternidade cristã".[31] Ele cria que o melhor método era por meio das cooperativas de trabalhadores fazendeiros etc., uma vez que, além de dividirem o trabalho e o lucro, eles colocavam os interesses comunitários acima dos individuais. "A cooperativa possui um remoto e forte senso de humanidade, ela prospera melhor onde o senso de solidariedade é mais resistente".[32] São ideias bem similares ao comunitarismo vivenciado

---

[29] Ibid., p. 40.
[30] Ibid., p. 46.
[31] Ibid., p. 373.
[32] Ibid., p. 387.

nas primeiras comunidades cristãs e no monasticismo cenobítico da época patrística e medieval.

Dessa forma, Rauschenbusch entendia que a Igreja deveria participar nesses empreendimentos cooperativos e de sindicatos, pois eles, ainda que não soubessem, ou estivessem conscientes, estavam vivenciando categorias cristãs há muito esquecidas, e por isso trazendo para a prática cotidiana princípios religiosos, ainda que secularizados, da tradição bíblica, o que concordava com seu conceito de Reino de Deus, como um reinado bem mais abrangente que a Igreja. Com isso, ele buscará responder a tal desafio com a sua obra mais conhecida. Quer dizer, após ter descrito nas demais obras o fundamento bíblico e histórico do evangelho social, Rauschenbusch percebeu a necessidade de um sistema teológico que amparasse e acolhesse todo esse patrimônio. Com tal intuito, em 1918, publicou sua obra mais conhecida, *A theology for the social gospel*. Na primeira frase do livro, ele assinala seu objetivo: "Nós temos um evangelho social. Nós precisamos uma teologia sistemática ampla o bastante para encarar isso e viva o bastante para conseguir isso. Esta é a principal proposição deste livro".[33]

Os três primeiros capítulos: "The Challenge of the Social Gospel to Theology" ("O desafio do evangelho social para a teologia", pp. 1-9); "The Difficulties of Theological Readjustment" ("As dificuldades do reajuste teológico", pp. 10-22); "Neither Alien nor Novel" ("Nem estranho nem novo", pp. 23-30), são seções curtas e bem objetivas, dedicadas a conseguir realizar o reajustamento e a expansão da teologia, fornecendo uma adequada base intelectual para o evangelho social. Para Rauschenbusch, em seu esquema programático, essa era uma tarefa "necessária, possível, desejável e legítima".[34] Em todo o restante do livro, 249 páginas distribuídas nos capítulos IV a XIX, irão interpretar grandes temas da teologia sob o prisma do evangelho social. Temas como teodiceia, salvação pessoal, Igreja, Reino

---

[33] W. Rauschenbusch. *A theology for the social gospel*. New York. The Macmillan Company, 1918, p. 1.

[34] Ibid.

de Deus, concepção de Deus, Espírito Santo, revelação, inspiração, profecia, batismo, escatologia e expiação, são relidos em reserva de sentido social. Rauschenbusch justifica tal leitura como condição para que a teologia não morra: "Se a teologia parar de crescer ou indispor-se ao ajuste nesse ambiente moderno e não perceber sua atual tarefa, ela morrerá".[35] Precisamente aqui reside o radicalismo da proposta de Rauschenbusch, tanto o oferecimento de uma nova leitura hermenêutica como o anúncio profético condicionante da possível morte da teologia. Na verdade, assevera ele, "O evangelho social precisa da teologia para tornar-se efetivo; mas a teologia necessita do evangelho social para ser vitalizada".[36] Uma pertença mútua sob o imperativo do Reino de Deus.

O *Social Gospel* surge num contexto imediatamente após a Primeira Guerra Mundial, no qual o movimento social é a atitude ética mais importante a ser tomada para a reconstrução da Europa e das relações entre os povos. E, nesse sentido, o evangelho social tornou-se a resposta dos cristãos conscientes na participação dessa retomada da civilização em parceria com as demais forças sociais nessa reconstrução. Rauschenbusch entendia que o evangelho social continuava sendo "a velha mensagem de salvação, só que ampliada e intensificada",[37] e que de fato, segundo ele, muitas organizações cristãs já estavam tendo essa consciência e efetivamente trabalhado nessa imbricação entre vida social e religião. Ele cita vários nomes de líderes como exemplo dessa atividade.

O reajuste da teologia diz respeito à recuperação da mensagem do Reino de Deus nos sinóticos como o centro do ministério de Jesus. Uma teologia para o evangelho social significa o fornecimento de um *corpus* doutrinal como uma espécie de abrigo e casa para o evangelho social, em que a doutrina do Reino de Deus ocupe o lugar central e também, como diz Rauschenbusch, revise "todas as outras doutrinas para que elas se articulem

---

[35] Ibid.
[36] Ibid.
[37] Ibid., p. 5.

organicamente com ela".[38] E na compreensível lógica de Rauschenbusch, muito embora Jesus tivesse sempre falado sobre Reino de Deus, e quase nunca da Igreja, na sequência da história, após os fatos fundantes, a Igreja surge altiva e "dona da situação", repartindo a graça de Deus, transmitindo o Evangelho de Jesus, mas "O querido ideal de Jesus tornou-se uma frase vaga intrometidamente conservada no Novo Testamento".[39] A ideia do Reino de Deus foi mantida apenas como uma parte da escatologia nos séculos que se seguiram. Não está presente no credo, dito apostólico, nem também no Credo Niceno-Constantinopolitano. Mesmo "a Reforma não trouxe o renascimento da doutrina do Reino de Deus".[40] Aliás, apenas para ilustrar, mencionamos o fato de que nos temas doutrinários da Confissão de Fé de Westminster,[41] igualmente não aparece a doutrina do Reino de Deus. Por suas observações na história da Igreja, ele considerou que uma atrofia daquilo que era a ideia central da mente de Jesus "afetou a concepção de cristianismo, a vida da Igreja, o progresso da humanidade e a estrutura da teologia".[42] As consequências dessa atrofia são enumeradas por ele:

a) A teologia perdeu seu contato com o pensamento de Jesus nos sinóticos... Perdeu seu ponto de vista e tornou-se incapaz de entendê-lo...
b) Perdeu-se o horizonte dos princípios éticos de Jesus...
c) A Igreja é primariamente uma comunidade para adoração; o Reino é uma comunidade de justiça. Quando esta posteriormente foi negligenciada na teologia, a força ética do cristianismo foi enfraquecida...
d) Quando o Reino de Deus cessou de conduzir a realidade religiosa, a Igreja ocupou seu lugar... A supremacia da Igreja como ideal medieval ficou estabelecida...

---

[38] Ibid., p. 131. Início do cap. XIII – "The Kingdom of God".
[39] Ibid., p. 132.
[40] Ibid.
[41] Tampouco aparece nas perguntas do Catecismo Maior de Westminster. No Breve Catecismo de Westminster aparece a expressão "reino" algumas vezes, mas apenas fazendo referência à Oração dominical.
[42] Ibid., p. 133.

e) Quando o ideal do Reino desapareceu, a consciência da Igreja foi abafada...
f) O ideal do Reino contém a força revolucionária do cristianismo. Quando esse ideal enfraqueceu e ficou fora do pensamento sistemático da Igreja, este se tornou uma influência conservadora...
g) O Reino de Deus como comunidade de justiça poderia ter avançado na abolição da escravidão industrial e na extinção dos cortiços...
h) Quando comparada com a Igreja, a vida secular é menosprezada. Serviços realizados para a Igreja possuem um valor maior que os serviços prestados na comunidade. Mas o pensamento do Reino de Deus entende que qualquer avanço na justiça social faz parte da redenção...
i) Quando a doutrina do Reino de Deus ficou deficiente na teologia, a salvação individual ficou sendo vista só para a Igreja e para a vida futura, e não para as tarefas da ordem social...
j) Finalmente, a teologia está desprovida de inspiração das grandes ideias contidas no conceito de Reino de Deus. O Reino de Deus ressalta os profetas, a Igreja, os sacerdotes e teólogos...[43]

Após descrever as consequências da atrofia da visão cristã em relação ao Reino de Deus, Rauschenbusch aponta algumas sugestões para a formulação teológica do Reino – uma teologia para o evangelho social.

1) O Reino de Deus é divino em sua origem, progresso e consumação... O Reino de Deus é uma contínua revelação do poder, justiça e amor de Deus. O Reino de Deus não é uma mera ética, ele possui um correto lugar na teologia... É absolutamente necessário para estabelecer a orgânica união entre religião e moralidade, entre teologia e ética... Por isso, a primeira ação deve ser a restauração da doutrina do Reino de Deus.
2) O Reino de Deus contém a teologia da religião cristã e transforma a teologia de estática para dinâmica... Sendo o Reino de Deus a suprema proposta de Deus, devemos entender o Reino como nós entendemos

---

[43] Ibid., pp. 133-139.

a Deus e a Deus como nós entendemos o Reino, em constante batalha contra o mal... Ele é realizado não apenas para redenção, mas também para educação da humanidade à revelação da sua vida com ele.

3) O Reino está sempre vindo e nós caminhamos pela fé... Toda vida humana está posta para que partilhe com Deus na criação do Reino, ou pode resistir e retardar seu progresso... O Reino é para todos nós a suprema tarefa e o supremo dom de Deus...

4) Mesmo antes de Cristo, homens de Deus viram o Reino de Deus como o grande final para o qual todos foram divinamente indicados... Jesus emancipou a ideia de Reino de Deus de prévias noções nacionalistas e de tendências religiosas. Ele fez a proposta de salvação essencial nele. Ele impôs sua própria mente, sua personalidade, seu amor e sua vontade sagrada na ideia de Reino. Ele não apenas falou, mas iniciou o Reino em sua vida e trabalho...

5) O Reino de Deus é a humanidade organizada de acordo com a vontade de Deus. Interpretando isso à luz da consciência de Jesus, nós podemos afirmar algumas convicções... A partir de Cristo revelou-se o valor divino da vida e a partir de sua salvação procura a restauração e a plenitude e persegue o Reino de Deus em cada estágio do desenvolvimento humano, rumo à ordem social. Desde o amor como suprema lei de Cristo, o Reino de Deus implica um progressivo reinado de amor nas relações humanas. A maior expressão de amor é a livre entrega verdadeira de nossa própria vida, propriedade e direitos. O reinado de amor tende para a progressiva unidade da humanidade com a manutenção das liberdades individuais e oportunidade das nações ao trabalho, com suas peculiaridades e ideais...

6) Uma vez que o Reino é a suprema conclusão de Deus, isso deve ser a proposta para a qual a Igreja exista... A Igreja só pode participar da salvação se o Reino estiver nela...

7) Uma vez que o Reino é o supremo destino, todos os problemas da salvação pessoal devem ser reconsiderados sob o ponto de vista do Reino... O trabalho redentor inteiro de Cristo deve ser reconsiderado.

Se o Reino de Deus era a ideia guia e principal da vida de Jesus, nós podemos estar certos de que toda a sua vida, incluindo sua morte, estava dentro desses objetivos e realizações...
8) Quer dizer que o Reino de Deus não está confinado aos limites da Igreja e suas atividades. O Reino envolve toda a vida humana. A Igreja é uma instituição social ao lado da família, da organização industrial e do Estado. O Reino de Deus está em tudo isso e realiza-se por meio de tudo isso. A Igreja é indispensável para a educação religiosa da humanidade e para sua conservação... [44]

Talvez o que mais tenha causado espanto e reações negativas diante da teologia para o evangelho social tenha sido o seu otimismo em relação ao ser humano quanto ao seu rearmamento moral, com certeza herdado da teologia liberal alemã. Lembrando que a obra foi escrita em 1917 e publicada no ano seguinte, sob a estupefação da entrada dos EUA na guerra. Somado a isso, Rauschenbusch é um sobrenome alemão e de fato algum tempo antes havia visitado a Alemanha.[45] Por isso, também, não deixa de ser notável a sua persistência e coerência com o que lia na Bíblia sobre o Reino de Deus. Essa dimensão convenientemente esquecida do cristianismo e trocada pelo fenômeno eclesiástico poderoso, primeiramente da cristandade católica e, em seguida, pelo denominacionalismo protestante, no qual o modelo sacerdotal distante e intocável suplantou não só a dimensão profética, mas também o ministério pastoral expresso nas obras de misericórdia e ação diaconal.[46] E, de fato, chama a atenção a ausência da mensagem do Reino e em seu lugar uma forte presença da Igreja institucional, em geral, ausente das novas questões sociais surgidas com a industrialização e o capitalismo crescente.

---

[44] Ibid., pp. 139-145.
[45] Sobre isso e demais detalhes, ver: Martin E. Marty. *Pilgrims in their own lands*: 500 years of religion in America. New York: Penguin Books, 1985, pp. 347-355.
[46] Acerca dos aspectos sociais e a centralidade do Reino de Deus no pensamento de Rauschenbusch, recomendo: Gary Dorrien. *The making of American liberal theology*: idealism, realism & modernity – 1900-1950. Louisville/London: Westminster John Knox Press, 2003, pp. 73-150.

Rauschenbusch, com coragem e desprendimento, enfrentou esse desafio, despertando as consciências com denúncia e anúncio.

3.2 Ensaio 2 – Protestantismo e o caráter dialético-político da teologia

Se, *teologicamente*, os séculos XVIII e XIX, por um lado, foram expostos ao criticismo iluminista, permeados das certezas racionalistas e científicas, que afirmavam, numa mão, a superação ou "morte" da metafísica (Kant)[47] e de Deus (Nietzsche),[48] e toda a existência como um processo evolutivo natural (Darwin)[49] e, na outra mão, a religião como projeção humana (Feuerbach),[50] como ópio (Marx)[51] e como ilusão neurótica obsessiva (Freud),[52] por outro lado, *socialmente*, como já indicado, o percurso do progresso humano estampado nas grandes invenções e descobrimentos e, por fim, culminado pelo advento da Revolução Industrial, como emblema

---

[47] Como, por exemplo, I. Kant. *Prolegômenos a toda a metafísica futura que queira apresentar-se como ciência*. Lisboa: Edições 70, 1987. p. 50. O tema da morte da metafísica em Kant é recorrente e um lugar-comum, porém, há significativas controvérsias a respeito; por isso, coloco o termo morte entre aspas. Sobre isso, ver: Diego Kosbiau Trevisan. "Sentidos de metafísica na filosofia crítica de Kant". *Stud. Kantiana* 17 (dez. 2014): 104-125. Disponível em: file:///C:/Users/Ronaldo/AppData/Local/Temp/182-232-1-SM-1.pdf.

[48] F. Nietzsche. *A gaia ciência*. São Paulo: Companhia das Letras, 2001, pp. 64-65 (Aforismo 125). Segundo G. Vattimo, em *O fim da modernidade*: niilismo e hermenêutica na cultura pós-moderna. São Paulo: Martins Fontes, 1996, F. Nietzsche, em *Humano, demasiado humano*. São Paulo: Companhia das Letras, 2001, "efetua uma verdadeira dissolução da modernidade mediante a radicalização das próprias tendências que a constituem" (p. 171). E, por isso mesmo, "Pode-se sustentar legitimamente que a pós-modernidade filosófica nasce na obra de Nietzsche" (p. 170).

[49] C. Darwin. *A origem das espécies e a seleção natural*. São Paulo: Editora Hemus, 2013.

[50] F. Feuerbach. *A essência do cristianismo*. Campinas: Papirus, 1997, p. 56.

[51] K. Marx. *Para a crítica da filosofia do direito de Hegel*. Covilhã-PO: Universidade da Beira Interior, 2008, p. 6. Sobre esta conhecida e importante expressão de Marx acerca da religião, ver: Löwy, Michael. "Marxismo e religião: ópio do povo?". In: Atilio A. Boron; Javier Amadeo; Sabrina Gonzalez (org.). *A teoria marxista hoje*: problemas e perspectivas. Buenos Aires: CLACSO, 2007. Disponível em: biblioteca.clacso.edu.ar/ar/libros/campus/marxispt/cap.%2011.doc.

[52] S. Freud. *O futuro de uma ilusão*. Rio de Janeiro: Imago, 1997, p. 69. Ver também o seu *Totem e tabu*. Rio de Janeiro: Imago, 1999: "... Deus nada mais é que um pai glorificado" (p. 151).

maior do advento da modernidade, trazendo consigo euforia e otimismos sem precedentes, significou, de igual modo, o aparecimento de problemas urbanos, de certa forma, incontornáveis, como cidades superpovoadas, desemprego, desnutrição, fome, miséria, carência de moradia, de educação e segurança etc. Em contraposição, verificou-se o rápido desenvolvimento de uma crescente tecnologia bélica que foi experimentada já na Primeira Guerra Mundial (1914-1918), com um saldo catastrófico aproximado de 10 milhões de mortos, sendo 20% somente de civis, com um total de mais de 20 milhões de feridos, envolvendo 40 países e diversas colônias.

Antecipando-se a isso, o primeiro a delatar o ufanismo científico oriundo do Iluminismo, como em um vaticínio de forma veemente e profética, referindo-se à ciência e à razão, talvez tenha sido mesmo o próprio Nietzsche.[53] Ele estava convicto de que

> na ciência as convicções não têm direito de cidadania, é o que se diz com boas razões: apenas quando elas decidem rebaixar-se à modéstia de uma hipótese, de um ponto de vista experimental e provisório, de uma ficção reguladora, pode lhes ser concedida a entrada e até mesmo um certo valor no reino do conhecimento... que a nossa fé na ciência repousa ainda numa crença metafísica – que também nós, que hoje buscamos o conhecimento, nós, ateus e antimetafísicos, ainda tiramos nossa flama daquele fogo que uma fé milenar acendeu, aquela crença cristã, que era também de Platão, de que Deus é a verdade, de que a verdade é divina...[54]

---

[53] F. Nietzsche. *A gaia ciência*. São Paulo. Companhia das Letras, 2001, p. 234. A crítica é direcionada principalmente ao cristianismo, pois, para ele, a metafísica e moral cristãs estariam por trás da racionalidade iluminista e, por isso, em *Humano, demasiado humano*. São Paulo: Companhia das Letras, 2001 (Aforismo 114), ele denuncia: "Já o cristianismo esmagou e despedaçou o homem por completo e o mergulhou como num lodaçal profundo: então, nesse sentimento de total abjeção, de repente fez brilhar o esplendor de uma misericórdia divina, de modo que o homem surpreendido, aturdido pela graça, soltou um grito de êxtase e por um momento acreditou carregar o céu dentro de si" (p. 94). Ver também: Domenico Losurdo. *Nietzsche e a crítica da modernidade*. São Paulo: Ideias & Letras; Aparecida-SP: Santuário, 2016.

[54] *A gaia ciência*. São Paulo: Companhia das Letras, 2001, pp. 234-236. (Aforismo 344).

Uma vez que a ciência se ufana da dominação da verdade e a estabelece como um dogma, a lógica é exatamente a mesma da religião, na qual prevalece a "vontade da verdade". A crítica nietzschiana será, de certa forma, assumida também por Adorno e Horkheimer,[55] logo após a Segunda Grande Guerra (1939-1945), alertando sobre o perigo da absolutização e instrumentalização da técnica. Crítica presente, de modo particular, nas obras *Dialética do esclarecimento* e *Minima moralia*, nas quais se avalia o potencial destrutivo da razão humana. Esta última, agudiza a crítica ao capitalismo em seu estágio último: a indústria cultural, o consumo da mercadoria, a filosofia idealista hegeliana. Toda a exposição está concebida por meio de longos e duros aforismos, como já se disse, para evidenciar, também em seu formato, a consequência fragmentária da sociedade moderna-contemporânea.

Voltando à teologia, objeto desta seção, registra-se que a atuação dos "filósofos da suspeita" (Ricoeur) e demais críticos da festividade, pelas conquistas modernas e seus corolários, despertou nos ambientes teológicos protestantes europeus e norte-americanos reações díspares. Inicialmente, como já descrito, produziu-se uma importante conscientização histórica de engajamento social com experiências práticas bem significativas, como vimos, e, ao final do século XIX, surge uma tentativa de arcabouço teórico e crítico com a "teologia para o evangelho social" de W. Rauschenbusch, em sua denúncia de um evangelho mesquinhamente acomodado em certezas espirituais, ignorando a concepção teológica de Reino de Deus, extraída da mesma Bíblia que, em leitura redutora, imobilizava, produzindo um quietismo alienante diante dos males sociais.

No mesmo período, início do século XX, dois movimentos teológicos tentam responder ao denominado "liberalismo protestante" – firmado filosoficamente, por um lado, no criticismo de I. Kant, quanto ao fim da metafísica, e, por outro, na filosofia da história de G. F. Hegel e seu conceito

---

[55] T. W. Adorno; M. Horkheimer. *Dialética do esclarecimento*: fragmentos filosóficos. Rio de Janeiro: Jorge Zahar Ed., 1985; *Minima moralia*. Rio de Janeiro: Azougue Editorial, 2008.

de um Deus imanente –, assumindo-se no pensamento liberal protestante as conquistas intelectuais do Iluminismo, levando para a teologia as implicações desse compromisso e efetuando uma redução do cristianismo aos seus aspectos ético-morais apenas, com a eliminação dos elementos doutrinários de origem sobrenatural e a própria crença nos milagres. Para tanto, uma nova leitura das Escrituras deveria ser empreendida com um novo instrumento analítico, o método histórico-crítico ou alta-crítica, investigando o conteúdo dos vários livros componentes da Bíblia. O resultado mais amplo foi uma tentativa de adaptação das crenças protestantes ao novo ambiente cultural – *Kulturprotestantismus*, o que Niebuhr chamou de "O Cristo da cultura".[56] Portanto, um movimento teológico oriundo do ambiente iluminista, que floresceu na Alemanha, a partir de "pistas" oferecidas pelo movimento deísta inicial, radicalizando-se em Hume, e que, finalmente, foi essencial para a elaboração da filosofia crítica kantiana.

Primeiramente, é nos Estados Unidos da América onde aparece uma reação religiosa de matiz fundamentalista[57] – refiro-me aqui a uma mobilização interna do evangelicalismo norte-americano, presente em várias denominações, na segunda metade do século XIX, especialmente após a "hecatombe" causada pela *Origem das espécies* de Darwin (1859). Tal posicionamento decidiu fazer frente ao "liberalismo" de influência iluminista presente em seminários e universidades da Europa e principalmente dos

---

[56] H. R. Niebuhr. *Cristo e cultura*. Rio de Janeiro: Paz e Terra, 1967, pp. 109-142. Autores como F. Schleiermacher, A. Ritschl, W. Hermann, A. Harnack tornaram-se corifeus das novas ideias. Ver a respeito: Paul Tillich. *Perspectivas da teologia protestante nos séculos XIX e XX*. São Paulo: ASTE, 2004; Etienne A. Higuet (org.). *Teologia e modernidade*. São Paulo: Fonte Editorial, 2005; Alister E. McGrath. *Teologia, sistemática, histórica e filosófica*: uma introdução à teologia cristã. São Paulo: Shedd Publicações, 2005, pp. 123-141.

[57] Sobre o fundamentalismo, ver: Martin N. Dreher. *Para entender o fundamentalismo*. São Leopoldo: Unisinos, 2002; Ivo Pedro Oro. *O outro é o demônio*: uma análise sociológica do fundamentalismo. São Paulo: Paulus, 1996, subtítulo do cap. 2: "O neofundamentalismo nos EUA", pp. 87-94; Jürgen Moltmann. "Fundamentalismo e modernidade", em H. Küng e J. Moltmann. Fundamentalismo: um desafio ecumênico. *Concilium/241*. Petrópolis: Vozes, 1992; Breno Martins Campos. "The fundamentals: ontem, hoje e sempre". *Protestantismo em Revista*, v. 30, 2013. Disponível em: <http://periodicos.est.edu.br/index.php/nepp/article/view/668/853>.

EUA. Na sequência, registra-se a publicação da série *The Fundamentals* (1910-1915), em 12 volumes, reafirmando como inegociáveis algumas doutrinas centrais do cristianismo, o que ocasionou, ao final, a saída de alguns professores do Princeton Theological Seminary, por não aceitarem mais o liberalismo da instituição, com a consequente criação do Seminário de Westminster na Pensilvânia, em 1929. Objetivava-se com isso, pois, responder de forma negativa aos avanços científicos da teologia elaborada nos séculos XVIII e XIX, quanto à inspiração do texto sagrado da Bíblia como absoluta Palavra de Deus e a consequente afirmação unilateral das doutrinas emanadas dessas escrituras e também dos diversos escritos confessionais, não inspirados, mas indispensáveis para a fé, produzidos na antiguidade cristã, como alguns *credos* e os documentos definitivos da tradição reformada de fundo calvinista do século XVII.[58] Faço estas referências sem maiores reflexões, por duas razões:

a) Trata-se de um movimento eminentemente confessional, sem ancoragem acadêmica e intelectual que justificasse inseri-lo na agenda teológica propriamente dita, e sem a legitimação intelectual que a tradição teológica exige como disciplina.

b) Decorrente disso, ao renunciar intencionalmente aos fatos relativos ao processo natural de formação e recepção dos textos, posteriormente canonizados por autoridades eclesiásticas, fatos sucedidos historicamente e recuperados pela alta crítica por meio de investigação histórico-redacional e outras, assumiu um fideísmo que não valoriza a verdade que tanto preconiza em seu discurso.

De fato, as descobertas investigativas questionaram as datações e a autoria dos livros, como também a composição dos próprios textos. Tudo isso contando com o auxílio das demais ciências correlatas, como antropologia, filologia, sociologia etc., compondo um aparato crítico de abordagem

---

[58] Da antiguidade cristã, os credos: Apostólico e Niceno-Constantinopolitano. Do século XVII: os Cânones de Dortdrecht (1618-1619) e a Confissão e Catecismos de Westminster (1647-1648).

literária que conseguia "abrir" os textos, trazendo à tona seus segredos: o percurso das tradições orais e a transformação em texto, os protagonistas, as influências políticas, culturais, econômicas, a existência das comunidades como verdadeiras autoras dos escritos, o processo heurístico-hagiográfico de compilação; enfim, aquelas características naturais de qualquer literatura religiosa, com características épico-sacrais. Tudo isso condicionaria a própria definição de inspiração do texto bíblico, causando um desconforto, fazendo eclodir a reação fundamentalista.

Em segundo lugar, de volta à Europa, e conscientes dos caminhos tomados pela teologia protestante liberal e o estágio em que ela estava, é que poderemos dimensionar a importância da resposta a esse *status quo* teológico dado pelo teólogo reformado suíço Karl Barth (1886-1968),[59] ao publicar seu comentário à *Carta aos Romanos* do Apóstolo Paulo – *Der Römerbrief*, em 1919.[60] Aqui nos detemos somente a tentar deslindar o significado do movimento da teologia dialética e sua relação com a política, o que já é muito!

Entretanto, é preciso saber precisamente sobre contra o que Barth reagiu, além daquilo que dissemos acima tangencialmente. A teologia protestante liberal, não obstante seus méritos na persecução criteriosa da verdade das origens cristãs (incluindo, não apenas a literatura do Novo

---

[59] Para maiores detalhes sobre a vida, formação e pensamento de Barth, indico: Eberhard Busch. *Karl Barth*: His life from letters and autobiographical texts. London: Hymns Ancient & Modern Ltd, 2012 (original em alemão); Eberhard Busch. *The great passion*: an introduction to Karl Barth's theology. Grand Rapids-Michigan-USA: Wm. B. Eerdmans Publishing Co., 2004 (original em alemão); Rosino Gibellini. *A teologia do século XX*. São Paulo: Loyola, 2002, pp. 13-31; Hans Küng. *La justificación según Karl Barth*. Barcelona: Stela, 1967; Isidro Garcia Tato. "Barth, Karl". In: Xavier Pikaza; Nereo Silanes (dir.) *Dicionário Teológico: o Deus Cristão*. São Paulo: Paulus, 1998; Geoffrey W. Bromiley. *Karl Barth y la Neo ortodoxia*. Miami: Editorial Vida, 1998; Manoel Bernardino de Santana Filho. *Karl Barth e sua influência na teologia latino-americana*: palavra, evento e práxis de libertação. São Paulo: ASTE, 2014.

[60] Dispomos agora em português de uma edição crítica: Karl Barth. *A carta aos Romanos*. São Leopoldo/EST, 2016, 576 páginas. Várias outras obras estão disponíveis em português, como: Karl Barth. *Introdução à teologia evangélica*. São Leopoldo: Sinodal/EST, 1996; Karl Barth. *Dádiva e louvor*: artigos selecionados. São Leopoldo: Sinodal/EST, 1986; Karl Barth. *Fé em busca de compreensão*. São Paulo: Fonte Editorial, 2010; Karl Barth. *Esboço de uma dogmática*. São Paulo: Fonte Editorial, 2006.

Testamento, mas também todo o imenso patrimônio cultural-literário do Antigo Testamento), legou ao século XX, de um lado, um mar de verdades desconfortáveis, e, de outro, incertezas mil. Em um contexto assim, dificilmente se poderia encontrar um suporte para qualquer doutrina ou dogma, indicando em seu lugar um sistema aberto sem verdades definitivas e adaptado ao *zeitgeist* moderno. De dogma, apenas a história, diria Harnack; de Jesus, apenas aquele criado pela Igreja primitiva, não encarnado, o Cristo idealizado da fé!

A fusão entre cultura e religião, que a princípio exala coerência e ubiquação do Evangelho no mundo, gestou, na verdade, uma espécie de sincretismo, no qual, realidades como filosofia e revelação, graça e ética estariam tão imiscuídas, a ponto de cada uma dessas realidades ficarem comprometidas em sua identidade. De certa forma, a síntese de todo esse liberalismo teológico protestante, construído em duzentos anos de pesquisa (descontando os primeiros trabalhos críticos ainda no século XVII), foi magistralmente exposta nas conferências sobre a *Essência do Cristianismo*,[61] proferidas por A. von Harnack,[62] que naquele momento era o principal pensador da teologia liberal. Não só os teólogos, mas os intelectuais em geral, tinham essa confiança na capacidade humana para a concórdia e a paz. Harnack fazia parte dessa *Kultur* elevada; ele "estava imbuído por uma fé otimista no progresso histórico, acreditava poder unir em harmonia quase indestrutível a religião e a cultura, a justiça divina e a ordem terrena, o trono e o altar".[63] Nessa época, Barth era apenas um

---

[61] As conferências foram realizadas na Universidade de Berlim, no inverno de 1889-1900, em encontros semanais, com a assistência de centenas de ouvintes, e tiveram uma grande repercussão no mundo teológico e intelectual da Alemanha e da Europa. Foram publicadas imediatamente sob o título *Das Wesen des Christentums*. Leipzig, 1900. Em português, Adolf von Harnack. *O que é cristianismo?* São Paulo: Editora Reflexão, 2009 (tradução do inglês: *What is Christianity?*).

[62] Sua principal obra: *Lehrbuch Der Dogmengeschichte*. 3 vols. Freiburg: J. C. B. Mohr, 1886-1890. Obra inigualável em erudição a respeito das origens do cristianismo, bem como do papel importantíssimo do Helenismo na formação da literatura, da doutrina e de ética cristãs.

[63] Isidro Garcia Tato. Verbete: "Barth, Karl". In: Xavier Pikaza; Nereo Silanes (dir.) *Dicionário Teológico: o Deus Cristão*. São Paulo: Paulus, 1998.

adolescente. Sua formação teológica deu-se em Berna, Berlim, Tübingen e Marburg, durante os anos de 1901 a 1908; neste ano, recebeu a sua ordenação pastoral em Berna. Certamente, como estudante, teve contato com esse meio das polêmicas teológicas, inclusive também porque estudou Antigo Testamento com Herman Gunkel (1862-1938) e História do Cristianismo com Adolf Harnack, ambos em Berlim. Teve ainda como mestres Adolf Schlatter (1852-1938), em Tübingen, e Wilhelm Hermann (1846-1922), em Marburg. Praticamente todos esses autores tinham uma dívida remota com I. Kant e uma dívida imediata com F. Schleiermacher e A. Ritschl. A cristologia de Schleiermacher sempre impressionou muito a Barth, e a deferência para com esse autor foi uma constante. Suas primeiras experiências pastorais[64] deram-se na Suíça entre 1909 e 1911 (Genebra) e 1911 e 1921 (Safenwil).

Praticamente, Barth teve treze anos de contato com a realidade concreta das pessoas de fé, num ambiente simples e crédulo que o fez reagir de forma singular em relação a toda a formação que tivera, pois a mesma não lhe servia para o ministério pastoral. Esse período pastoral foi também importante em seu viés político, por se tornar membro do Partido Social democrata da Suíça (1915), desenvolvendo uma significativa atividade junto aos membros de sua paróquia, muitos deles funcionários de fábricas, ajudando-os a se organizarem em sindicato, para melhor reivindicar seus direitos sociais.

Como é sabido, o otimismo liberal no progresso humano, também presente na teologia, recebeu um duríssimo golpe com o início da Primeira

---

[64] Barth, apesar de não assumir mais um pastorado local, após essa época, nunca se afastou totalmente das atividades pastorais da igreja por conta de suas obrigações acadêmicas. Durante todo seu magistério teológico foi um pensador da Igreja e para a Igreja. Para ele, o centro da teologia era a pregação. Prova disso foi o fato de iniciar o projeto de uma Dogmática Cristã – *Die Christliche Dogmatik* e em seguida mudar para Dogmática Eclesiástica – *Die Kirchliche Dogmatik* (1932–1968). Registre-se ainda que durante anos desenvolveu um ministério junto aos presidiários de Basel, desde 1955 até 1964. Desse período temos uma série de 28 sermões que ele pregou naquele presídio, recolhidos em Karl Barth. *Al servicio de la Palabra*. Salamanca: Ediciones Sígueme, 1985 (original em alemão).

Guerra Mundial, em 1914, no dia 28 de julho. Menos de uma semana depois, produziu-se um *Manifesto*[65] de apoio à política do II Reich, sob o governo do Kaiser Guilherme II. Barth se pronuncia:

> Pessoalmente não posso ignorar aquela funesta jornada de primeiro de agosto de 1914, em que 93 intelectuais alemães manifestaram publicamente seu acordo com a política de guerra do imperador Guilherme II e de seus conselheiros; com profundo estupor, constatei que entre eles figuraram os nomes de todos os professores de teologia a quem até então eu havia respeitado e escutado confiadamente. E como estavam tão gravemente equivocados em seu *éthos*, uma conclusão se me impunha: já não podia seguir-lhes, nem em sua ética nem em sua dogmática, nem em sua exegese da Bíblia nem em seu modo de ensinar a história; em suma, a partir daquele momento, a teologia do século XIX, ao menos para mim, já não tinha futuro.[66]

O posicionamento contrário de Barth ao manifesto dos intelectuais ganharia forma concreta, durante os anos seguintes, até ao término da guerra, na formação de um grupo de amigos teólogos que se reunia para discutir os caminhos da teologia na Alemanha. Aí estaria o embrião da

---

[65] *Manifesto dos 93* – "Auruf an Die Kultur Welt" ("Apelo ao Mundo da Cultura"). Documento assinado por 93 pensadores, cientistas, homens de letras, teólogos, inclusive alguns ganhadores do Prêmios Nobel, que, assombrados diante da reação negativa das outras nações pelo início da guerra, decidiram usar de sua enorme influência para justificar tal política belicosa. Sobre o Manifesto, ver: Voltaire Schilling. "Cérebros: e canhões: intelectuais alemães ao lado do II Reich". Ao final, Schilling cita a lista dos 93 signatários que subscreveram o documento. Disponível em: <https://noticias.terra.com.br/educacao/historia/cerebros-canhoes-intelectuais-alemaes-ao-lado-do-ii-reich,30082b2f792ea310VgnCLD200000bbcceb0aRCRD.html>.

[66] Karl Barth. *Evangelische Theologie im 19 – Jahrhundert* (Evangelische Verlag, Zollikon – Zürich, 1957). Utilizo a versão inglesa: *The Humanity of God*. Louisville-Kentucky-USA: John Knox Press, 1964. p. 14. Constam desta obra três *Ensaios* escritos na década de 1950 e traduzidos para o inglês (conforme acima). No primeiro deles: *Evangelical Theology in the 19Th Century*, Barth relembra a sua ruptura com a teologia liberal em 1914, precipitada pelos professores de teologia que foram signatários do *Manifesto dos 93* intelectuais. Rosino Gibellini, em *A teologia do século XX* (São Paulo, 2002, p. 17), menciona ainda a transferência de Troeltsch da Teologia Sistemática de Heidelberg para a Filosofia de Berlim; fato destacado, segundo ele, por Barth.

Teologia Dialética.[67] Eduard Thurneysen (1888-1974) e Friedrich Gogarten (1887-1967), Emil Brunner (1889-1966), Rudolf Bultmann (1884-1976), juntamente com Barth, produziram importantes escritos contrários ao modelo da teologia liberal.

A segunda edição da *Römerbrief* (1921) é o símbolo maior desse momento, sendo que, no final de 1922, fundaram a revista (periódico) de teologia *Zwischen den Zeiten*[68] ("Entre os tempos"), em Munique, sob a direção de Georg Merz (1892-1959), com a sigla (ZdZ), a fim de veicular suas ideias. Esse grupo de jovens teólogos (Barth tinha 36 anos e desde 1921 era professor em Göttingen) buscava outro fundamento para a teologia, algo que lhe conferisse um novo sentido diante das necessidades pastorais e da crise gerada pela guerra, com a clara tentativa de recuperar o objeto perdido da teologia. A revista funcionou até 1933,[69] ano da ascensão nazista ao poder na Alemanha, com a nomeação de Hitler como seu chanceler.

Marramao comenta sobre o surgimento da *Dialektische theologie*, dizendo que foi o "atestado de óbito da teologia liberal".[70] Ao passo que

---

[67] Precisamente sobre os possíveis significados da Teologia Dialética, ver: Bruce L. McCormack. *Karl Barth's critically realistic dialectical theology*. Oxford: Oxford Press, 1997; Henri Bouillard. "Dialéctica" – trata-se de parte de sua tese doutoral sobre o pensamento de Barth, defendida na Sorbonne em 1956 e publicada em 1957, um total de 1.200 páginas divididas em três volumes (original francês. Disponível em: <http://www.mercaba.org/Mundi/2/dialectica2.htm>.

[68] Era uma revista bimestral, e o primeiro volume saiu em janeiro de 1923. Rosino Gibellini, op. cit., p. 23, registra que o nome adveio de um artigo publicado por F. Gogarten em 1920, na revista *Christlich Welt*, que dizia: "O destino de nossa geração é o de encontrar-se entre os tempos. Jamais chegamos a pertencer ao tempo que hoje chega ao fim. Será que algum dia pertenceremos ao tempo que virá? [...] Encontramo-nos no meio. Num espaço vazio. [...] O espaço tornou-se livre para a pergunta a respeito de Deus. Finalmente. Os tempos separaram-se um do outro, e agora o tempo está em silêncio".

[69] Havia claras diferenças entre os membros de formação luterana e os reformados quanto a temas como, por exemplo, o conceito de Reino de Deus, e em 1933, com a adesão de Gogarten ao movimento *Deutsche Christen*, de apoio ao regime nazista, e a consequente saída de Barth, consumou-se o fim do periódico.

[70] Giacomo Marramao. *Céu e terra*: genealogia da secularização. São Paulo: Editora Unesp, 1997, p. 69.

a teologia liberal buscava a integração e a massificação da religião na cultura, para a construção de uma sociedade cristã nos moldes iluministas da moral elevada, sem qualquer tipo de sobrenaturalismo, a teologia dialética era exatamente o oposto. Segundo Herman Lübbe, a postura de Barth nessa época "não contém nenhum programa voltado a salvar ou promover uma civilização cristã, mas, ao invés, procuram desmascarar as 'ilusões', isto é, a ideia de que a família, o Estado ou a sociedade possam ser 'cristianizados'".[71]

Na segunda edição da *Römerbrief* e na publicação da revista *Zwischen den Zeiten*, manifestaram-se significativas influências, entre elas destaco as filosóficas de S. Kierkegaard (1813-1855) e F. Dostoiévski (1821-1881), e as do movimento operário e socialismo cristão do pastor e teólogo prático suíço Leonhard Ragaz (1868-1945), bem como, e especialmente, o pensamento teológico de Franz Overbeck (1837-1905).[72] Na sua *Carta aos Romanos*, Barth cita tais autores diversas vezes, mas afirma: "Nós podemos, no entanto, julgar a implacabilidade de Calvino, a audácia dialética de Kierkegaard, o senso de temor de Overbeck e o otimismo de Blumhardt, como bem arriscado e perigoso para nós.[73]

"Foi um período de intensa produção[74] e absorção de ideias, teológicas, filosóficas, sociais e políticas, e principalmente de denúncia da

---

[71] Herman Lübbe. *La secolarizzazione*. Bolonha: 1970, apud G. Marramao, op. cit., p. 70.

[72] Fora da Alemanha, Overbeck ficou mais conhecido como o grande amigo de Nietzsche. Ele foi um dos primeiros a empreender uma crítica consistente à teologia liberal. Foi por alguns anos professor em Basel. Sua obra mais conhecida é: Franz Overbeck. *On the Christianity of theology*. San Jose-CA-USA: Pickwick Publications, 2002 (original em alemão, 1903 [1873]). Com tradução e uma excelente introdução de John Elbert Wilson (pp. 1-52), aponta, entre outras, a influência sobre a teologia dialética de Barth (pp. 31-33).

[73] *The Epistle to the Romans*. Oxford/London: Oxford University Press, 1933, p. 252.

[74] Dessa época também é a sua preocupação com a ética. Proferiu uma conferência em Wiesbaden, publicada em seguida: *Das Problem der Ethik in der Gegenwart*, 1922 (O problema da ética na atualidade). Posteriormente (1928/1929), publicou seu tratado de *Ethik*. Recomendo, a respeito da ética em Barth, a pesquisa de Jefferson Zeferino. "A fundamentação da ética na teologia de Karl Barth: impulsos para a práxis cristã hoje". Dissertação de Mestrado sob a orientação de Clodovis Boff (PUC-PR, 2015, 135 páginas).

suposta harmonia entre Deus e o homem presente na teologia liberal; por isso, acentuaram tanto a transcendência absoluta de Deus e a impossibilidade de envolvê-Lo na política, na cultura e na ética, no sentido de uma manipulação; como também a urgência de um retorno à autoridade das Escrituras. Uma volta por meio dos reformadores. O *simul iustus et peccator* de Lutero tornou-se atual – mesmo o crente continua pecador, abrigando simultaneamente a justiça e o pecado. A ideia de contraposição entre justiça e pecado define o sentido da teologia como dialética, como uma constante tensão interna, uma crise, pois o ser humano, *coram Deo*, permanecia de "mãos vazias". Segundo Bouillard, em Jesus Cristo, "o ser humano está negado", mas dialeticamente lhe é oferecida a graça de Deus, ou seja, "no não da sua cólera, ouvimos o sim de sua misericórdia". Tal crítica negativa à condição humana lembra bem a advertência do profeta Jeremias: "Eles tratam da ferida do meu povo como se ela não fosse grave. 'Paz, paz', dizem, quando não há paz alguma" (Jr 8,11). Ou a do profeta Isaías: "Porque os meus pensamentos não são os vossos pensamentos, nem os vossos caminhos os meus caminhos, diz o Senhor" (Is 55,8).

Tais ideias básicas corroboraram para uma afirmação central nessa fase dialética de Barth: Deus é o "Totalmente outro" (*Das Ganz-andere*),[75] pois, ainda que o ser humano estivesse em uma *unio mystica* com Deus, ele continuaria "pó e cinza". Como novamente pontua Bouillard, "o encontro só tem lugar no milagre e no paradoxo da fé". Barth ressaltou com vigor contra a teologia liberal, no sentido imperioso de se afirmar "a distância entre o Deus da religião e o Deus da fé".[76] Para Barth,[77] o Deus da fé é o

---

[75] "O Totalmente outro" em Otto vincula-se ao aspecto do *mysterium*, "o estranho e o que causa estranheza, que foge do usual, entendido, familiar, contrasta com ele, *por isso* causando pasmo estarrecido". Em *O sagrado: os aspectos irracionais na noção do divino e sua relação com o racional*. São Leopoldo: Sinodal/EST; Petrópolis: Vozes, 2007, p. 58.

[76] Claude Geffré. *Como fazer teologia hoje*: hermenêutica teológica. São Paulo: Paulinas, 1989, p. 149.

[77] Em Barth, o "Totalmente outro" (*totaliter aliter*) possui o sentido radical da transcendência, tendo como pano de fundo a filosofia de S. Kierkegaard em sua pugna contra o sistema hegeliano, ou seja, contra a diminuição da transcendência na teologia décimo-nona.

"Deus dos Pais" – Abraão, Isaac e Jacó; esse Deus é o "Totalmente outro", emprestado de Rudolf Otto, que está plenamente identificado com o *Deus absconditus* de Lutero, de Paulo, e sob a influência poderosa e sempre instigante de Kierkegaard, em sua "infinita diferença qualitativa", segundo salientou Gibellini.[78] Barth propôs então uma descontinuidade entre Deus e o mundo, conforme anunciada no prefácio na 2ª edição de sua *Der Römerbrief*. Paul Tillich definiu bem o significado da *Carta aos Romanos* de Barth, que segundo ele foi recebida na Alemanha e na Europa:

> [...] como uma obra profética e não como uma exegese segundo as pautas estritas [...]. Foi uma tentativa de reafirmar o caráter paradoxal da transcendência absoluta de Deus que nunca podemos alcançar em nossa situação, que jamais podemos fazer descer à terra mediante nossos esforços ou nossos conhecimentos...[79]

Talvez a figura que melhor expresse o caráter dialético da teologia seja a figura paulina de Adão e Cristo, com um tipo de dualismo não metafísico mas dialético, que enfatiza tanto a negação de Deus ao homem e ao mundo quanto o sim de Deus, nas figuras da morte e ressurreição de Cristo. A dialética se revela acima e antes de tudo no Verbo que se fez Carne: "E o Verbo se fez carne, e habitou entre nós, e vimos a sua glória, como a glória do unigênito do Pai, cheio de graça e de verdade" (João 1,14). Texto que motivou a pergunta de Anselmo de Cantuária, *Cur Deus homo?*[80] ("Por que Deus se fez Homem?"), e à qual Barth responde com a

---

[78] Em *The Epistle to the Romans*. Oxford/London: Oxford University Press, 1933, p. 99. Em português: Karl Barth. *A carta aos Romanos*. São Leopoldo: Sinodal/EST, 2016, p. 83. Ver: Rosino Gibellini, op. cit., p. 22, que nos oferece uma brilhante exposição de toda a teologia contemporânea, iniciando pela teologia dialética; talvez seja a melhor síntese dos movimentos teológicos no século XX. Também dele: Rosino Gibellini. *Breve história da teologia do século XX*. Aparecida-SP: Santuário, 2010.

[79] Paul Tillich. *Pensamiento cristiano y cultura en Occidente. De la ilustración a nuestros días*. Buenos Aires: Editorial La Aurora, 1977, p. 560, apud Gonzalo Chamorro. *Karl Barth: vida y pensamiento*. Disponível em: <https://ibesomotillo.files.wordpress.com/2013/03/karl-barth-vida-y-pensamiento.pdf>.

[80] Santo Anselmo. *Por que Deus se fez homem?* São Paulo: Novo Século, 2003.

sua doutrina da "reconciliação em Cristo";[81] no meu entendimento, com nítida influência anselminiana.

O caráter dialético da teologia significou não apenas uma reviravolta nos fundamentos e na agenda da teologia, mas também uma importante mudança cultural. Thurneysen, participante de primeira hora da teologia dialética, produziu um significativo livro[82] sobre Fyodor Dostoiévski em 1921, trazendo para a teologia essa possibilidade de um cristianismo contraditório e paradoxal. Indicativo disso foi a reação de M. Heidegger ao ouvir a conferência de Thurneysen em 20 fevereiro de 1924, acerca da teologia dialética: "a verdadeira tarefa da teologia, à qual ela deve ser reconduzida, é encontrar a 'palavra' capaz de chamar para a fé e conservar na fé".[83] Procurar a Palavra escondida nas palavras da Escritura foi um projeto que desde 1922 Bultmann participou com intensidade. Um esforço dialético que também envolvia F. Gogarten, uma vez que contemplava o "enfrentamento entre cristianismo e cultura", e, como bom luterano, a situação precária do ser humano em estado de pecado. Quer dizer, cobrar do homem uma "decisão", a partir do discipulado de Jesus, envolvia seguramente o "não" e o "sim", a negação e a aceitação, por parte de Deus. Por isso, para o grupo, nesse instante inicial, até pelo menos 1925, a única maneira de falar de Deus seria pela dialética, pelo paradoxo, por isso a ideia de crise. Se, para Gogarten, qualquer fala sobre Deus é antes de tudo uma fala sobre o homem em seus limites, para Bultmann, a dialética se revela na própria

---

[81] Karl Barth. Church Dogmatics IV/1. Peabody-MA-USA: Hendrickson Publishers, 2010, pp. 485ss. Ademais, como se sabe, Barth escreveu uma pequena e densa obra comentando o axioma *Fides quaerens intelectum* de Anselmo: Karl Barth. *Fé em busca de compreensão*. São Paulo: Fonte Editorial, 2003.

[82] Eduard Thurneysen. *Dostoiewski*. Munich: Chr. Verlag, 1921.

[83] Recolhido por Gadamer em "Martin Heidegger e la teologia di Marburg", apud Gibellini, op. cit., p. 63. A conferência aconteceu em Marburg, e as impressões de Thurneysen do encontro e da intervenção de Heidegger, e ainda a avaliação de Gadamer, que era aluno de Heidegger e estava presente, podem ser vistas em Kenneth Oakes. *Karl Barth on theology & Philosophy*. Oxford: Oxford University Press, 2012, p. 86. Também em Hans-Georg Gadamer. *Philosophical hermeneutics*. Berkeley-CA-USA: University of California Press, 2008, p. 198 e Judith Wolfe. *Heidegger's eschatology*: theological horizons in Martin Heidegger's early work. Oxford: Oxford University Press, 2013, p. 102.

historicidade e contingência humanas, ao receber a graça de Deus. A chegada de E. Brunner ao grupo solidifica ainda mais os posicionamentos tomados. Para Brunner, o homem apresenta-se em permanente contradição em si mesmo, possui o *status* de ser semelhante ao Criador, mas é essencialmente pecador; uma situação de paradoxo e até de aporia. O caráter dialético da teologia reflete precisamente a contradição da existência humana. Posteriormente, como é sabido, a *imago Dei* em Brunner, base de sua teologia natural, será o pomo da discórdia com Barth em 1934, e Barth lhe dirá um eloquente *Nein!* Não há *analogia entis*, como crê a doutrina católica, apenas subsiste a *analogia fidei*. A propósito das concordâncias iniciais desses teólogos e de suas discrepâncias, e finalmente da dissolução da teologia dialética, ver H. Bouillard[84] a respeito.

A volta da "palavra", como identificou Heidegger em 1924, nunca foi tão presente como na teologia dialética de Barth. Mas ela foi muito mais do que uma simples convocação doméstica para fé daqueles que nela creem. Ela foi uma denúncia contra o conformismo e a submissão da teologia à política cultural que se implantava em todo o século XIX. E aquilo que antes fora apenas um protesto contra a intelectualidade alemã no início da Primeira Grande Guerra, se tornaria um drama de proporções nacionais e internacionais vinte anos depois, quando da ascensão nazista. A *Declaração de Barmen* foi a palavra profética contra o horror mundial que se aproximava e contra a legitimação religiosa da iniquidade mais vil: a política do III Reich.

Barth, durante as aulas de Dogmática e Exegese do Novo Testamento em Münster (1925-1930), dedicou-se também a produzir a obra *Die Christliche Dogmatik im Entwurf* ("Esboço de dogmática cristã"), publicada em 1927. Mesmo quando via a teologia com uma função dogmática, ele entendia que a mesma devia ter caráter dialético, quer dizer, qualquer afirmação teológica necessita de réplica. Teologia é um diálogo. Não obstante nessa obra fica claro que o aspecto dialético negativo está ausente e a revelação

---

[84] Henri Bouillard, op. cit., disponível em: <http://www.mercaba.org/Mundi/2/dialectica2.htm>.

de Deus dá-se na história, onde se verifica a fidelidade de Deus; e se está na história, Deus deixa de ser o "Totalmente outro". É um tempo realmente interessante, pois nota-se um início de mudança de fase. Se a fase dialética, como retorno a Lutero e à Palavra, significava, por um lado, uma antítese ao protestantismo liberal (que aboliu o dogma por ser uma herança grega), e, por outro, uma réplica ao dogmatismo católico, na *Dogmática cristã*, Barth inicia sua volta ao dogma, porém, sem que ele tenha um caráter absoluto e definitivo. Braaten esclarece: "Os dogmas concretos da Igreja, embora relativizados pela Palavra revelada, Jesus Cristo, não perdem seu valor como guias para nosso próprio trabalho dogmático".[85] Posteriormente Barth desenvolveu seu conceito de dogma na *Dogmática Eclesiástica I*, quando fala sobre a "Doutrina da Palavra de Deus".

Após esse período, Barth aceitou o convite da Universidade de Bonn para ser professor de Teologia Sistemática, permanecendo ali de 1930 a 1935. Foi um período de intensa produção teológica, pois, em 1932, foi publicado o primeiro volume de sua *opus magna: Kirchliche Dogmatik*,[86] que resultaria em 14 volumes, num total de quase 9.500 páginas, sendo produzida até 1967, ficando inacabada. Um pouco depois disso, em 1933, lança uma obra emblemática, por conta do momento político que vivia na Alemanha: *Theologische Existenz heute!*,[87] dando início a uma fase de nítida resistência ao regime nazista. A obra foi publicada em junho, após vários acontecimentos que indicavam claramente o acelerado domínio de Hitler na Alemanha, como, por exemplo, o incêndio do Reichstag em 27 de fevereiro. Este fato foi usado pelo partido nazista contra o comunismo,

---

[85] Carl E. Braaten. "Prolegômenos à dogmática cristã", em Carl E. Braaten e Robert W. Jenson (ed.). *Dogmática cristã*. São Leopoldo: Sinodal/EST, 1987, vol. 1, p. 66. Também fruto de suas conferências para estudantes na cidade de Bonn, em 1946: Karl Barth. *Dogmatik im Grundriss*. Zürich: Theologischer Verlag, 1987 [1947]. Em português: Karl Barth. *Esboço de uma dogmática*. São Paulo: Fonte Editorial, 2006 (tradução do Francês).

[86] Tradução em Inglês: Karl Barth. *Church dogmatics*. Peabody-MA-USA: Hendrickson Publishers, 2010.

[87] Utilizo a tradução em inglês: Karl Barth. *Theological Existence Today!* A plea for theological freedom. London: Hodder and Stoughton, 1933.

para justificar medidas de segurança para o povo alemão, bem como as primeiras intervenções religiosas, demitindo funcionários ou mudando suas funções, inclusive o setor de imprensa da Igreja alemã foi transferido para o movimento dos "Cristãos Alemães". Estava claro que o movimento dos *Deutsche Christen* seria o braço de Hitler para conduzir os caminhos da Igreja da Alemanha.

Nessa pequena obra, escrita em poucos dias, Barth inicialmente se dirige aos pastores, pregadores e professores de teologia:

> A única coisa que não deve acontecer conosco, professores de teologia, é abandonarmos o nosso trabalho, tornando-nos zelosos por alguma causa que pensamos ser boa. Nossa existência como teólogos é a nossa vida dentro da Igreja e, naturalmente, como pregadores e professores designados dentro da Igreja.[88]

Para Barth, a tarefa da teologia à qual seu apelo é dirigido é a Palavra de Deus, tendo como seu centro, a cristologia:

> Que a Palavra seja pregada e ouvida. A qualquer custo, esta exigência tem de ser cumprida pelo mundo e pela própria Igreja, custando o que for. Outra coisa sobre a qual concordamos é que a Palavra de Deus limpa do caminho tudo o que possa opor-se, para que triunfe sobre nós e todos os outros oponentes, por isso que triunfou já, de uma vez por todas, sobre nós e sobre todos os outros adversários. Pela Palavra, "foi crucificado, morto, sepultado, ressuscitado ao terceiro dia, assentado à direita do Pai".[89]

Barth faz menção aos últimos acontecimentos, conclamando de novo aos mestres, pastores e professores a terem o cuidado da Palavra de Deus:

> Muito entusiasmo e seriedade tem sido colocado neste negócio durante os últimos meses: mas as Sagradas Escrituras não têm sido au-

---

[88] Ibid., p. 11.
[89] Ibid., pp. 11-12.

torizadas a ser o Mestre nesta obra, e, portanto, a Palavra de Deus também não tem. No entanto, a Igreja Evangélica ainda possui a Bíblia, e com ela a promessa de reforma, não por arbitrariedade humana, política e político-eclesiástica, mas por meio da Palavra de Deus...[90]

Barth confronta o programa de adequação dos "Cristãos Alemães" ao regime nazista, denunciando os equívocos e anunciando as alternativas corretas. Entre várias coisas, ele diz:

> A Igreja não "tem que fazer tudo" para que o povo alemão "possa encontrar novamente o caminho para a Igreja", mas para que *dentro* da Igreja as pessoas possam encontrar o Mandamento e promessa da Palavra livre e pura de Deus. A função da Igreja não é ajudar o povo alemão a reconhecer e realizar qualquer "vocação" diferente da "vocação" de e para Cristo. O povo alemão recebe a sua vocação de Cristo à Cristo através da Palavra de Deus para ser pregado de acordo com as Escrituras... A Igreja crê na instituição divina do Estado como guardião e administrador da ordem pública. Mas ela não acredita em nenhum Estado, portanto nem mesmo no alemão e, portanto, nem mesmo sob a forma do Estado Nacional Socialista... Se a Confissão de Fé da Igreja deve ser expandida, ela deve estar de acordo com o padrão da Sagrada Escritura... Portanto, não deve alargar o Credo para incluir a visão de mundo dos nacional-socialistas... A comunhão dos que pertencem à Igreja não é determinada pelo sangue, portanto, não pela raça, mas pelo Espírito Santo e Batismo. Se a Igreja Evangélica Alemã exclui judeu-cristãos, ou os trata como de um grau inferior, ela deixa de ser uma Igreja Cristã.[91]

Na sequência dos meses, foi escrita uma nova constituição para a Igreja alemã – *Deutsche Evangelische Kirche* – DEK, com a justificativa de que a coordenação entre Igreja e Estado seria mais fácil de se conseguir. Para tanto, após manobras políticas, Hitler impôs o nome de Ludwig Müller como bispo – *Reichsbischof* da DEK. Finalmente, começou-se a praticar

---

[90] Ibid., p. 30.
[91] Ibid., pp. 51-52.

o conteúdo do "parágrafo ariano", que impedia os judeus de utilizar o sistema de saúde pública, perdendo seus cargos públicos e honorários, e também foram expulsos de escritórios editoriais (Lei de edição), teatros e excluídos da agricultura; uma progressão que culminou com as "Leis de Nuremberg", com vistas à separação final dos judeus do povo alemão, que também atingia os "judeus mistos". Em geral, o parágrafo ariano foi aceito sem resistência, com exceção da Igreja Evangélica, que provocou a criação da "Igreja Confessante" – *Bekennende Kirche*. Um ano após ter escrito *Existência Teológica hoje!*, Barth participa de um Comitê que elaborou a Declaração de Barmen,[92] sendo seu principal autor, tendo a importante participação do pastor luterano Martin Niemöller (1892-1984). Este, por sua resistência ao nazismo, permaneceu preso de 1937 a 1945, primeiramente em Sachsenhausen e depois em Dachau. No final da guerra, ajudou a elaborar a "Declaração de Culpa de Stuttgart", de 19 de outubro, em nome da *Evangelischen Kirche im Deutschland* – EKD.

A Declaração de Barmen reafirmou que a Igreja alemã não era um departamento do Estado e que o Estado não poderia ter o controle sobre a Igreja, e que a autoridade do Estado estava limitada pelos mandamentos de Deus. Toda a estratégia da Igreja Confessante, em especial com a Declaração de Barmen, objetivava a resistência à política eclesiástica do regime nazista apenas; por isso, ela não menciona a perseguição aos judeus nem objetivava a queda do regime, não obstante internamente todos desejassem isso. A respeito da situação atual da Igreja Evangélica alemã, a Declaração afirma:

> A Escritura nos diz que o Estado tem o dever, conforme ordem divina, de zelar pela justiça e pela paz no mundo, ainda que não redimido, no qual também vive a Igreja, segundo o padrão de julgamento e capacidade humana com emprego da intimidação e exercício da força. A Igreja reconhece o benefício dessa ordem divina com gratidão e reverência

---

[92] *Die Thesen der Barmer Erklärung* (Declaração Teológica de Barmen) – Um apelo às congregações evangélicas e aos cristãos na Alemanha, em 31 de maio de 1934.

a Deus. Lembra a existência do Reino de Deus, dos mandamentos e da justiça divina, chamando, dessa forma, a atenção para a responsabilidade de governantes e governados. Ela confia no poder da Palavra e lhe presta obediência, mediante a qual Deus sustenta todas as coisas.

E enumera:

* Rejeitamos a falsa doutrina de que o Estado poderia ultrapassar a sua missão específica, tornando-se uma diretriz única e totalitária da existência humana, podendo também cumprir, desse modo, a missão confiada à Igreja.

* Rejeitamos a falsa doutrina de que a Igreja poderia e deveria, ultrapassando a sua missão específica, apropriar-se das características, dos deveres e das dignidades estatais, tornando-se assim, ela mesma, um órgão do Estado.

* Rejeitamos a falsa doutrina de que a Igreja, possuída de arrogância humana, poderia colocar a Palavra e a obra do Senhor a serviço de quaisquer desejos, propósitos e planos escolhidos arbitrariamente.

Portanto,

O Sínodo Confessional da Igreja Evangélica Alemã declara ver no reconhecimento destas verdades e na rejeição desses erros, a base teológica indispensável da Igreja Evangélica Alemã na sua qualidade de federação de igrejas Confessionais. Ele convida a todos os que estiverem aptos a aceitar esta declaração a terem sempre em mente estes princípios teológicos em suas decisões na política eclesiástica. Ele concita a não pouparem esforços para o retorno à unidade da fé, do amor e da esperança.[93]

---

[93] Disponível em: <http://www.luteranos.com.br/textos/a-declaracao-teologica-de-barmen>. Ver ainda: Helmut Renders. "Compromisso pastoral, clareza teológica e cidadania: a Declaração Teológica de Barmen como resultado de uma interação entre Igreja e academia teológica". *Revista Caminhando*, São Bernardo: Umesp, v. 14, n. 2, p. 109-128, jul./dez. 2009.

A declaração de Barmen não deixa dúvidas de que a participação do cristão na política não acontece de forma direta. É preciso ter uma Igreja livre para que possa atuar, não como um partido, mas como promotora da liberdade em Cristo, ou da manifestação dos sinais do Reino de Deus – justiça social, humanismo, liberdade de expressão, Estado de direito, democracia etc., que são espécies de metáforas do Reino de Deus. Joanildo Buriti[94] lembra, com acerto, o importante escrito político de Barth sobre a *Comunidade cristã e a Comunidade civil*,[95] produzido após o término da Segunda Guerra Mundial, fruto das conferências que pronunciou em Berlim, Göttingen, Papenburg, Godesberg e Stuttgart. São reflexões muito apropriadas sobre essas duas comunidades. Ele diz que,

> justamente ao cumprir sua *própria* tarefa, a comunidade cristã *participa* também da tarefa da comunidade civil [...]. No âmbito da comunidade civil a comunidade cristã é solidária com o mundo e deve colocar resolutamente esta solidariedade. A comunidade cristã ora pela comunidade civil como tal. Ela o faz com tanto maior vigor, visto que a comunidade civil como tal não costuma orar. E, ao orar por ela, ela se faz responsável por ela perante Deus, e não o faria com seriedade caso se limitasse simplesmente a orar, caso não se pudesse a trabalhar ativamente em prol da mesma, justamente ao orar por ela.[96]

Continua existindo um tipo de teologia dialética em Barth, dado o enfrentamento das condições divina e humana em Cristo, porém sem aquele aspecto negativo dos seus inícios nos anos 1920. Os dois colapsos bélicos mundiais revelaram uma face sofredora de Deus, de uma "humanidade de Deus", de um "Deus encarnado", "Deus crucificado"; como diria o barthiano J. Moltmann, um Deus cristologicamente comprometido com sua criação, e Barth foi um de seus maiores representantes.

---

[94] Joanildo Buriti. *Fé na revolução*: protestantismo e o discurso revolucionário brasileiro (1961-1964). Rio de Janeiro: Novos Diálogos, 2011, p. 130.

[95] Trata-se de Karl Barth. "Comunidade Cristã e Comunidade Civil" (1946), em *Dádiva e Louvor*: ensaios teológicos de Karl Barth. São Leopoldo: Sinodal/EST, 2006, pp. 289-315.

[96] Ibid., p. 295 (itálicos do autor).

O compromisso de Barth com o ecumenismo já aparece no final dos anos 1940, época desse escrito, e posteriormente dá-se um contato mais imediato e direto com o catolicismo, em 1956, com sua presença na Sorbonne para a defesa da tese doutoral do jesuíta Henri Bouillard sobre seu pensamento. Barth foi levado por seu amigo, o teólogo suíço Hans Urs von Balthasar, e participou na assistência como ouvinte, apenas.

Não por acaso, nessa mesma década, produz os três tomos do volume IV de sua *Die Kirchliche Dogmatik* ("A Doutrina da Reconciliação"). Percebeu que o mandamento que resume toda a lei, "Amar a Deus e amar o próximo", significa amar a Deus amando o próximo, como Deus amou o mundo. Nos anos seguintes a 1957, travou amizade profunda com Hans Küng, por conta da tese doutoral deste sobre "A justificação pela fé em Barth".[97] Küng destaca a coincidência de Barth e o tridentino na questão do *Simul iustus et peccator*, na fórmula *Sola fide* e ainda na relação entre justificação e santificação.

Por fim, registre-se sua presença nos EUA e seu encontro com Martin Luther King Jr., seguido de uma visita ao Vaticano, quando foi recebido por Paulo VI, logo após o Concílio Vaticano II. Sem esquecer que durante vários anos encarregou-se da pregação aos detentos num presídio de Basileia. Nos últimos anos recebeu vários prêmios e condecorações, padecendo de um longo período de enfermidade e internações. Sua morte aos 86 anos, em 10 de dezembro de 1968, encerra um dos períodos mais ricos da história da teologia cristã no Ocidente e abre um tempo de reflexão, estudos e pesquisas sobre o pensamento de Karl Barth, que parece longe de se esgotar!

---

[97] As conclusões de Küng foram surpreendentes, pois declarou não haver diferenças substanciais entre Barth e a VI sessão do Concílio de Trento sobre a doutrina da justificação. Na segunda edição desta tese, Barth escreveu uma introdução dizendo que, se o que Küng desenvolveu era de fato doutrina católica (Rahner declarou que sim), então ele admitia que aquela doutrina da justificação concordava com a sua. Mas perguntava, com a sua perspicácia habitual, se a doutrina exposta como católica de Küng era antes ou depois de ler sua dogmática. Ver: Hans Küng. *La justificación según Karl Barth*. Barcelona: Stela, 1967.

3.3 *Ensaio 3* – Protestantismo e o caráter fragmentário e alternativo da teologia

O aspecto dialético da teologia cristã, muito embora historicamente tenha perdido sua força inicial pela mudança do próprio pensamento de Barth, e das diferenças internas do grupo, fez surgir, mesmo em ambientes dogmáticos, o imperativo do encontro da *revelação divina*, conforme o conteúdo das narrativas das Escrituras, com a *condição humana*, presente na história que a recebe e dinamiza. O teólogo católico B. Forte, bom conhecedor da teologia protestante desse período, entende a teologia como o "pensamento do encontro entre a condição humana exodal e o advento do Deus vivo em sua revelação histórica".[98] A teologia constrói-se pelo diálogo de vozes emissoras que esperam ser ouvidas. Com isso, revelação, fé, Escritura, história e recepção interpretativa da mesma se apresentam como os "ingredientes" necessários para a criação teológica. Se a teologia tem, por um lado, como "objeto", Deus e sua ação, por outro, o fazer teológico, ainda que se refira a Deus e às coisas divinas, é eminentemente humano.

Como se poderia dar, *ipso facto*, um encontro de tal magnitude, já que se aceita, como enquadramento de delimitação, o pressuposto existente de uma diferença ontológica entre as partes envolvidas, inviabilizando tal encontro? A resposta, a nós oferecida nas páginas sagradas, é que somente na vinda de Deus em sua encarnação, conforme se depreende, entre outros, de Jo 1,14 e Fl 2,7-8, se poderia lograr e tornar exequível tal possibilidade. A encarnação do Verbo de Deus na história, assumindo plena e *kenoticamente* a condição humana, inaugurou tanto uma *novíssima* rota epistemológica nunca anteriormente experimentada como delimitou suas potencialidades. A teologia conviverá com essa dimensão dialético-paradoxal intransponível do *vero Deus, vero homem* de Jesus de Nazaré; essa aporia indecifrável, realidade transmitida à Igreja numa

---

[98] Bruno Forte. *Teologia em diálogo*. São Paulo: Loyola, 2002, p. 37.

forma quase genética, numa espécie de *comunicatio mystica*. Por ser Igreja, paulatinamente definida como "corpo de Cristo", e empreender a *reflexão da fé – intellectus fidei –*, ela herda esse *principium* (*arkhe*) normativo e matricial do seu logos em suas duas naturezas, estabelecendo o surpreendente e até então impossível encontro do transcendente com o imanente.

Entretanto, como se diz, "do lado de cá", em nossa pálida condição humana, tal realidade desencadeia, há que se registrar, uma ambivalência não apenas pelo fato de se ter uma teologia inicial por demais tensa entre a fé judaica e a expressão cultural hegemônica do helenismo, mas também pelo caráter efêmero daquilo que produzimos teologicamente na justaposição de divino e humano, infinito e finito, absoluto e história; ou, como disse Barth,[99] relembrando-nos esse mesmo caráter ambivalente da teologia:

> Entre todas as ciências a teologia é a mais bela, a que mais profundamente mexe no coração e na cabeça, a que mais se aproxima da realidade humana e que proporciona a mais clara visão da verdade procurada por todas as ciências [...]. Pobres teólogos e pobres épocas da teologia que porventura ainda não o perceberam! – Mas entre todas as ciências a teologia também é a mais difícil e perigosa, aquela que mais facilmente leva ao desespero ou, o que é quase pior, à petulância; aquela que dentre todas as ciências, esvoaçante ou senão esclerosada, pode acabar virando a pior caricatura de si mesma.

A teologia não está nem pode estar voltada sobre si mesma de maneira absoluta. A verdadeira teologia, Juan Luis Segundo denominou-a de "teologia aberta". Nessa concepção, a teologia não trata apenas de Deus e da esfera transcendente. A interpretação teológica estende-se a toda a realidade, a tudo quanto existe.[100] A teologia está impedida por questões voca-

---

[99] "Revelação, Igreja, Teologia". In: *Dádiva e louvor*: artigos selecionados. São Leopoldo: Sinodal/EST, 1986, p. 193.
[100] Roger Haight. *Dinâmica da teologia*. São Paulo: Paulinas, 2004, p. 238.

cionais de tratar apenas de temas da realidade transcendente ou presa a espaços supra-históricos, onde seriam construídas as inúmeras doutrinas cristãs. Ela está confrontada com o desafio de construir a interlocução dessas realidades com a totalidade da vida, entre o mundo da fé e o mundo da razão, não como síntese, mas como colóquio entre a revelação e a história, e perceber a silhueta misteriosa do Eterno no elemento transitório da história humana, transfigurando-a; ou, mesmo, entre a crença, transformada em rito, e sua interpretação em cada geração, atualizando o fenômeno histórico da fé. Todo conhecimento revelado é *natural*, no sentido de acessível à razão humana *concreta*, quer dizer, à "razão ampliada" tal como existe desde a profundidade de sua radicação em Deus.[101] Todo acesso à revelação de Deus é histórico, condicionado de várias e incontáveis maneiras e, por isso mesmo, naturalmente humano. A insistência na teologia seria apenas uma sublimação na busca de sua origem em Deus. Atitude que reconhece na macro-história e em cada história particular a ação salvadora de Deus, um *telos*, um sentido, uma finalidade.

A realidade é que, com a dissolução do grupo original da teologia dialética ("neo-ortodoxia", "teologia da crise" e "teologia da Palavra"), que sob vários aspectos, durante quase um decênio, havia conseguido imprimir uma competente e criativa articulação à teologia protestante acadêmica, em resposta ao pensamento liberal teológico e à ideologia política que se instalava, ou seja, a noção de um *corpo com voz* – a *vox evangelica* –, essa dimensão utópica de unidade confessante, comandada por Barth e que se estendeu até Bonhoeffer e a "Igreja confessante", em meio à desintegração social da civilização ocidental, oriunda dos dois conflitos mundiais, dizíamos, foi perdida, desintegrou-se! Em seu lugar germinou, no solo do protestantismo eclesial alemão, um conformismo e a adesão à nova ideologia

---

[101] Andrés T. Queiruga, "La teologia desde la modernidade". Conferência pronunciada no Simpósio Internacional *O Lugar da Teologia na Universidade do Século XXI*. São Leopoldo: Unisinos, 2004 (*Apostila*, p. 21). Desenvolverá temática semelhante em A. T. Queiruga. *Fim do cristianismo pré-moderno*. São Paulo: Paulus, 2000, pp. 25-45.

– *nationalsozialismus* do partido nazista e depois do Estado nazista e dos cristãos alemães, como já indicado.

Entrementes, no plano acadêmico dos estudos formais, novas "espécies teológicas" surgiriam, refletindo bem os gênios individuais da teologia protestante nos séculos XX e XXI. Relaciono abaixo, como evidência da pluralidade teológica protestante, os 100 nomes que considero os mais significativos por sua contribuição ao desenvolvimento do *proprium* da teologia e do livre pensar, e por expressar no campo religioso, ético-social e político aquele sentido do "princípio protestante" que continuamente renova a Igreja imersa na modernidade e na cultura *pós* (moderna/colonial/secular...); e com isso vai iluminando a fé e atualizando sua relevância em cada geração e reformulando seu papel no mundo:

> Além de **1.** W. Rauschenbusch (1861-1918) e de **2.** K. Barth (1886-1968), analisados antes (3.1, 3.2), destaco, a meu juízo, os seguintes teólogos: **3.** R. Bultmann (1884-1976), **4.** F. Gogarten (1887-1967), **5.** E. Thurneysen (1888-1974), **6.** E. Brunner (1889-1966), **7.** P. Tillich (1886-1965), grupo original do movimento da teologia dialética, com Barth à frente. E mais: **8.** A. Schlatter (1852-1938), **9.** E. Troeltsch (1865-1923), **10.** R. Otto (1869-1937), **11.** J. Moffatt (1870-1944), **12.** E. Underhill (1875-1941), **13.** A. Schweitzer (1875-1965), **14.** H. E. Fosdick (1878-1969), **15.** G. Aulén (1879-1977), **16.** W. Temple (1881-1944), **17.** M. Dibelius (1883-1947), **18.** A. Alt (1883-1956), **19.** C. H. Dodd (1884-1973), **20.** J. A. Mackay (1889-1983), **21.** J. Hromádka (1889-1969), **22.** W. Eichrodt (1890-1978), **23.** A. Nygren (1890-1978), **24.** M. Niemöller (1892-1984), **25.** R. Neibuhr (1892-1971), **26.** R. Bainton (1894-1984), **27.** H. R. Niebuhr (1894-1962), **28.** C. S. Lewis (1898-1963), **29.** V. Hooft (1900-1985), **30.** J. Jeremias (1900-1979), **31.** G. von Rad (1901-1971), **32.** O. Cullmann (1902-1999), **33.** M. Noth (1902-1968), **34.** C. G. Berkouwer (1903-1996), **35.** E. Fuchs (1903-1984), **36.** W. G. Kümmel (1905-1995), **37.** G. Bornkamm (1905-1990), **38.** E. Käsemann (1906-1998), **39.** D. Bonhoeffer (1906-1945), **40.** P. Lehmann (1906-1994), **41.** W. Barclay (1907-1978), **42.** H. Thielicke (1908-1986), **43.** J. N. D. Kelly (1909-1997), **44.** L. Newbigin (1909-1998), **45.** C. Westermann (1909-2000), **46.** F. F. Bruce (1910-

1990), **47.** L. Goppelt (1911-1973), **48.** H. W. Wolff (1911-1993), **49.** G. Ebeling (1912-2001), **50.** J. Ellul (1912-1994), **51.** T. F. Torrance (1913-2007), **52.** E. Schweizer (1913-2006), **53.** H. Berkhof (1914-1995), **54.** B. M. Metzger (1914-2007), **55.** H. Conzelmann (1915-1989), **56.** K. Kitamori (1916-1998), **57.** C. K. Barrett (1917-2011), **58.** H.-J. Kraus (1918-2000), **59.** J. A. T. Robinson (1919-1983), **60.** R. Shaull (1919-2002), **61.** J. Macquarrie (1919-2007), **62.** R. M. Brown (1920-2001), **63.** J. Stott (1921-2011), **64.** J. Houston (1922), **65.** H. Frei (1922-1988), **66.** J. Hick (1922-2012), **67.** J. Pelikan (1923-2006). **68.** B. S. Childs (1923-2007), **69.** J. M. Bonino (1924-2012), **70.** J. Barr (1924-2006), **71.** R. Rendtorff (1925-2014), **72.** J. I. Packer (1926), **73.** M. Hengel (1926-2009), **74.** J. Moltmann (1926), **75.** John H. Yoder (1927-1997), **76.** W. Pannenberg (1928-2014), **77.** U. Wilckens (1928), **78.** B. Lohse (1928-1997), **79.** H. Cox (1929), **80.** D. Sölle (1929-2003) **81.** D. Tutu (1931), **82.** P. Stuhlmacher (1932), **83.** W. Bruggemann (1933), **84.** R. Alves (1933-2104), **85.** E. Jüngel (1934), **86.** U. Duchrow (1935), **87.** Justo González (1937), **88.** E. P. Sanders (1937), **89.** R. Sider (1939), **90.** J. Dunn (1939), **91.** S. Hauerwas (1940), **92.** K. Berger (1940), **93.** M. Borg (1942-2015), **94.** G. Theissen (1943), **95.** N. T. Wright (1948), **96.** R. Williams (1950), **97.** E. Tamez (1950), **98.** M. M. Althaus-Reid (1952-2009), **99.** G. Dorrien (1952), **100.** A. McGrath (1953).[102]

Dessa ampla relação, incluindo praticamente todas as áreas da ciência teológica, resenhamos a seguir aqueles movimentos e personalidades que se tornaram os mais emblemáticos pela inovação e descoberta que trouxeram ao campo de pesquisa da teologia protestante em sentido mais amplo.

---

[102] Rol de teólogos e escritores protestantes bem pessoal, mas com relevância e reconhecimento internacionais, dentro e fora do protestantismo, pela qualidade de suas produções científicas, eclesiásticas e culturais. Esse elenco quer exemplificar o caráter fragmentário e controverso do protestantismo, embora simultaneamente revele a riqueza do seu pluralismo teológico, por sua capilaridade. Nesse sentido, semelhante ao uso da expressão "variedades", utilizada por R. M. Brown, ou ainda num sentido mais grave, como na ideia de "dissolução" em Löwith, ao se referir à crítica de P. Lagarde e F. Overbeck ao cristianismo. Diz ele: "Protestantismo não significa a consumação do Cristianismo, mas o início de sua dissolução". Karl Löwith. *From Hegel to Nietzsche*: the revolution on nineteenth-century thought. New York: Anchor Books, 1967, p. 376.

a) *Religião, mito e existência em Bultmann*[103] – A teologia de Bultmann simboliza bem essa dissolução protestante ao investigar criticamente o *kerigma* do cristianismo primitivo. Ele se inscreve nessa tradição intelectual iluminista da "busca pelo Jesus histórico", que se inicia nos últimos vinte anos do século XVIII e se encerraria, precisamente, com o seu discípulo mais qualificado, Ernst Käsemann e sua célebre conferência de 1953 – *Das Problem des historischen Jesus*, no encontro anual de ex-alunos (publicada em 1954).[104] Em 1956, a publicação *Jesus von Nazaret* de Günther Bornkamm confirmaria essa reação a Bultmann. Com essas duas publicações, temos um novo início da pesquisa sobre o "Jesus histórico" (como a *New Quest*, ou "segunda busca"), pois, muito embora ambos reconheçam ser os Evangelhos documentos teológicos, eles guardam uma memória histórica que nos informa sobre a pessoa terrena de Jesus. Claro que, antes disso, Bultmann já havia deixado clara a impossibilidade de se acessar o Jesus Histórico. A partir da aceitação da concepção do universo do Novo Testamento como sendo mítico, é que Bultmann faz sua interpretação da *ordo salutis* (o "acontecimento salvífico") como de uma linguagem plenamente mitológica, e seu veredito é claro: "Em se tratando de linguagem mitológica, ela é inverossímil para o ser humano de hoje, pois para esta a concepção mítica do universo é algo passado".[105] E para ele, "Uma aceitação cega da mitologia neotestamentária seria arbitrariedade".[106]

---

[103] Para um conhecimento equilibrado e seguro sobre o pensamento de Bultmann, indico: Xabier Pikaza. *Dios y la existência*: el pensamiento de Rudolf K. Bultmann. Barcelona: Editorial CLIE, 2014; Rosino Gibellini. *A teologia do século XX*. São Paulo: Loyola, 1998, pp. 33-45; Ulrich H. J. Körtner. "Dogmática como exegese consequente? Sobre a relevância da exegese para a teologia sistemática em conexão com Rudolf Bultmann". *Estudos Teológicos*, São Leopoldo: Sinodal/EST, vol. 49 n. 1, 2009; Walter Schmithals. *An Introduction to Theology of Rudolf Bultmann*. Minneapolis: Augsburg Publishing House, 1968; Frederico P. Pires. "Bultmann, leitor de Heidegger". *Correlatio*, São Bernardo-SP, vol. 2, n. 4, 2003. Disponível em: <http://dx.doi.org/10.15603/1677-2644/correlatio.v2n4p23-53>.

[104] Conforme indicado abaixo, na seção (c), *Teologia e a nova hermenêutica dos discípulos de Rudolf Bultmann*.

[105] Rudolf Bultmann. *Crer e compreender*: artigos selecionados. São Leopoldo: Sinodal/EST, 1986, p. 14.

[106] Ibid., p. 15.

Segundo ele, desde suas origens e veiculação, o texto bíblico do Novo Testamento está envolto em um ambiente mitológico pré-científico, de tal maneira que o que temos como produto final nos relatos dos Evangelhos, produzidos dezenas de anos após os fatos transcorridos, não é a descrição histórica e fidedigna de Jesus, e sim a interpretação sobre ele que lhe deu a Igreja cristã do primeiro século com outros propósitos. Em outras palavras, o que temos no Novo Testamento não é o retrato histórico de Jesus, mas uma visão "teológica"; na verdade, uma literatura religioso-confessional sobre Jesus, o Cristo. A constatação de Bultmann é que, lendo o Novo Testamento, não é possível conhecer o "Jesus histórico". O indivíduo Jesus, o homem de Nazaré, é uma personalidade perdida no passado, mas, ao contrário, pode-se saber muito sobre a imagem do "Cristo da fé" que foi divulgada nos Evangelhos. E isso para ele é o bastante: o Cristo da fé é o que importa. Por conseguinte, há que se renunciar ao Jesus histórico.

Aqui temos uma questão verdadeiramente radical do programa de demitização de Bultmann: a ruptura entre a *notitia* do Evangelho e a história. Ou, como dirá J. Ratzinger sobre o método de M. Dibelius e R. Bultmann: "a ideia da descontinuidade".[107] O Evangelho (conjunto das afirmações diretas ou indiretas sobre Jesus nas Escrituras) trata-se de um conjunto de "documentos" teológicos nos quais abundam as categorias mitológicas da época em que foram produzidos (escritos e compilados), com objetivos não historiográficos, mas apologéticos, pastorais e missionais. Nesse sentido, o Novo Testamento seria a confissão de fé da Igreja primitiva. Essa foi, em termos gerais, a conclusão de Bultmann. Uma implicação direta disso, nas palavras do próprio Bultmann, é:

> [...] a concepção mitológica do mundo, as representações da escatologia, do redentor e da redenção, estão já superadas e carecem de valor. Cabe esperar, pois, que realizemos um sacrifício do entendimento,

---

[107] Joseph card. Ratzinger. "La interpretación Bíblica em Conflicto – Problemas del fundamento y orientación em la exégesis contemporánea", p. 7. Disponível em: <file:///C:/Users/Ronaldo/AppData/Local/Temp/Interpretacion%20biblica%20en%20conflicto-1.pdf>.

um *sacrifficium intellectus*, para aceitar aquilo que sinceramente não consideramos verídico – só porque tais concepções nos são sugeridas pela Bíblia?[108]

Isto posto, a tarefa fundamental do teólogo seria a de tornar compreensível a linguagem da Escritura para o homem moderno; por isso, faz-se imprescindível uma leitura desmitologizante dos textos, para, então, conseguir chegar à mensagem central de Jesus. Fica evidente que, para empreender tal tarefa, é preciso dispor do instrumental metodológico histórico-crítico, pois ele possibilita as melhores condições de uma revisão minuciosa e precisa dos diversos estratos das tradições orais e textuais[109] que participaram na composição final dos textos, tais como estão hoje. O resultado dessa investigação concluía que havia pouquíssima informação "confiável" sobre a pessoa histórica de Jesus no primeiro estrato (época do ministério de Jesus), quer dizer, o Jesus apresentado era somente o pós-pascoal, fruto de uma comunidade crente. E diante desse quadro, Bultmann asseverou a existência de mitos judaicos na cosmovisão dos escritores do Novo Testamento, mitos que deveriam ser expurgados para se ouvir novamente a *ipsissima vox iesu*.

A ideia da ressurreição, de um salvador messiânico que vem do céu, é uma roupagem acrescentada à figura histórica de Jesus. Para Bultmann, a "figura mítica indefinida do Messias torna-se perfeitamente definida e concreta; o mito foi transferido para um ser humano histórico concreto e a consequência seria o crescimento imensurável da força da esperança".[110] Ao esvaziar por completo o sentido histórico do Evangelho, atribuindo-lhe

---

[108] Conferências de Bultmann na Universidade de Yale em 1951, recolhidas em *Jesus Cristo e mitologia*. São Paulo: Novo Século, 2000, p. 15.

[109] O Novo Testamento basicamente compila documentos de quatro estratos (camadas) de distintos períodos: a) As palavras e atos de Jesus em seu ministério; b) tradições orais e escritas da Igreja na Palestina, depois da morte de Jesus; c) período paulino com a evangelização dos gentios, com uma razoável influência de ideias helênicas; d) finalmente, a época da produção literária dos evangelistas nos últimos trinta anos do primeiro século.

[110] Rudolf Bultmann. *Teologia do Novo Testamento*. São Paulo: Teológica, 2004, p. 75.

apenas uma dimensão de fé, ignorando, pois, as mediações naturais da encarnação, Bultmann busca no referencial existencial do filósofo M. Heidegger, seu colega de magistério em Marburg, um sentido transcendente para o cristianismo, no qual sua esperança escatológica é apenas uma realidade subjetiva, concebida dentro de um estreito reducionismo da vocação cristã na privatização da fé, sem implicações sociopolíticas. Nesse mister, o que existe é apenas a decisão do indivíduo em sua fé subjetiva. Quer dizer, o Novo Testamento possui uma força de interpelação ao ser humano moderno, mas que está obliterada pela linguagem mitológica da época em que o texto fora produzido. E o mito que envolve e encobre a mensagem soteriológica do texto é precisamente a representação da existência humana. Por isso mesmo, requer-se uma decodificação do mito em categorias existenciais e, com isso, poder libertar a mensagem criptografada para que a mesma consiga alcançar e impelir o ser humano a sua decisão existencial, confrontá-lo com o "acontecimento da salvação" – *Heilsgeschehen*.

Em Bultmann, cabe ao ser humano a resposta à mensagem do Evangelho, uma resposta que o faz partícipe da salvação oferecida por Deus, por meio do Cristo da fé. Quer dizer, a radicalidade existencial com que ele interpreta o Novo Testamento em seu carisma, é a mesma aplicada à recepção da mensagem pelo homem. Segundo ele,

> ... para Jesus, o valor do ser humano não é determinado por alguma qualidade humana dada ou pelo conteúdo de sua vida psíquica, mas unicamente pela maneira como o ser humano se decide em sua existência aqui e agora.[111]

Ainda que seja futuro, o Reino de Deus afeta o presente. "Ele determina o presente por obrigar o ser humano a tomar uma decisão."[112]

---

[111] Rudolf Bultmann. *Jesus*. São Paulo: Teológica, 2005, p. 69.
[112] Ibid., p. 65.

b) *História da Salvação e Revelação em Cullmann*[113] *e Pannenberg*[114] – As reações aos proponentes da teologia dialética não tardaram em aparecer. Cullmann e Pannenberg estão no lado oposto e respondem especialmente a Bultmann e a Barth, afirmando a centralidade da história no processo redentivo do ser humano. Oscar Cullmann, teólogo alsaciano de Strasbourg, posteriormente professor em Basel juntamente com Barth, foi quem teve o mérito teológico de nos legar precisamente o sentido salvífico da história. Popularizou o termo *Heilsgeschichte*[115] ("História da Salvação"), explorando o conceito de forma exaustiva. Antes dele, Adolf Schlatter, o erudito e controvertido teólogo, eminente professor em Tübingen, pode ser considerado um de seus principais influenciadores, pelo fato de, como os demais citados na nota anterior, ter tido a coragem de, em meio ao domínio

---

[113] Sobre o pensamento de Cullmann, recomendo: Xabier Pikaza. *Dios y el tempo*: el pensamiento de Oscar Cullmann. Barcelona: Editorial CLIE, 2014; Rosino Gibellini. *A teologia do século XX*. São Paulo: Loyola, 1998, pp. 255-261; T. M. Dorman. *The Hermeneutics of Oscar Cullmann*. San Francisco: Mellen Research University Press, 1991; D. K. Wallace. "Oscar Cullmann". In: P. E. Hughes (ed.). *Creative minds in contemporary theology*. Grand Rapids: Eerdmans, 1969; S. C. Guthrie Jr. "Oscar Cullmann". In: M. Marty e D. Peerman (ed.). *A handbook of Christians theologians*. Cleveland, 1965; D. M. Stanley. "Cullmann's New Testament Christology: an appraisal". Disponível em: <http://cdn.theologicalstudies.net/20/20.3/20.3.3.pdf>.

[114] Para adentrar na teologia de Pannenberg, indico W. Pannenberg; R. Rendtorff; R. U. Wilckens; T. Rendforff. *La Revelación como historia*. Salamanca: Ediciones Sígueme, 1977; M. Fraijó. *El sentido de la historia*. Introducción al pensamiento de W. Pannenberg. Madrid: Ediciones Cristiandad, 1986; Rosino Gibellini. *A teologia do século XX*. São Paulo: Loyola, 1998, pp. 270-278; M. Zeuch. "A teologia na universidade do século XXI, segundo Wolfhart Pannenberg". *Cadernos de Teologia Pública*, Instituto Humanitas Unisinos. Disponível em: <http://www.catedraldafamilia.com.br/ibcaf/arquivos/AULA01TEOLOGIANAUNIVERSIDADEMODERNA.pdf>; C. A. Blanco. "El tránsito de la filosofía a la teología en la reflexión sobre la historia en Wolfhart Pannenberg". *Revista Pensamiento*, vol. 67 (2011), n. 254, pp. 869-885. Disponível em: <file:///C:/Users/Ronaldo/AppData/Local/Temp/1572-4592-1-SM-1.pdf>.

[115] O termo, ou a ideia, fora utilizado nos séculos XVIII e XIX, na teologia protestante alemã, por teólogos como J. A Bengel (1687-1752), J. T. Beck (1804-1878), J. C. K. Hofmann (1810-1877). Todos luteranos de linha mais conservadora e bem erudita, que de uma fórma ou outra reagiram contra a teologia liberal mais antiga ou posterior. Hofmann, principal nome da Escola de Teologia de Erlangen, utilizou claramente o termo e também a ideia da encarnação como processo kenótico, e Cristo como o "centro da história" na sua obra: *Die Heilige Schrift des neuen Testaments zusanimenhangend untersucht* (1862-1875).

liberal na teologia, ter reconhecido e confirmado a fidedignidade histórica das narrativas escriturísticas. Afirmou também que, nessa história, como centro, há um núcleo mais central ainda; trata-se da história de Jesus Cristo como centro da história e do tempo, e, por isso mesmo, transformando essas categorias da realidade em cenário da salvação de Deus.

Para tanto, Cullmann recupera as ideias filosófico-teológicas de τελος (*Télos*) e εσςήατόν (*Eschatón*) e oferece como alternativa de interpretação uma escatologia cristológica, retomando a discussão do "já" e "ainda não". Com isso, dialoga e tenta superar a escatologia consequente de J. Weiss[116] e A. Schweitzer,[117] que, superestimando o aspecto escatológico do "ainda não", esvaziaram de sentido o aspecto histórico do passado de Jesus e a sua dimensão salvífica presente na Igreja, colocando a esperança no futuro, tendo em vista o adiamento da parúsia, forjando um tempo de escatologia ética consequente de arrependimento e alta moralidade, dignas do reino que virá. Por outro lado, Cullmann respondia tanto ao enfoque da escatologia dialética de Barth quanto à escatologia realizada de C. H. Dood,[118] como representantes de um dualismo platônico convergentes em Cristo, ora histórico, ora supra-histórico. Por fim, respondia também à escatologia existencial de corte heideggeriano de Bultmann, que, como afirma X. Pikaza, "diluía a novidade da história cristã na historicidade da decisão interior dos crentes".[119] Em Cullmann, o futuro deve ser compreendido como parte de um processo plenamente radicado em Cristo, iniciado com a eleição e história de Israel, tendo a continuação na Igreja e seu desfecho

---

[116] Em *Jesus' proclamation of kingdom of God*. Chico-CA-USA: Scholars Press, 1995. (Original alemão em 1892).

[117] Especialmente nas obras: *The mystery of the Kingdom of God. The secret of Jesus' Messiahship, and passion*. London: Adam & Charles Black, 1950, e *A busca do Jesus histórico*. São Paulo: Fonte Editorial, 2003 [obras escritas originalmente em alemão, em 1901 e 1906, respectivamente).

[118] Especialmente em *The parables of the kingdom*. Glasgow: Collins, 1978, propõe o Reino como algo já realizado pela presença de Jesus, quer dizer, o Reino de Deus já está presente no ministério de Jesus.

[119] Xabier Pikaza. "Presentación". In: Oscar Cullmann. *Cristología del Nuevo Testamento*. Salamanca: Ediciones Sígueme, 1998, p. 19.

na volta de Cristo à terra. Trata-se de um esquema linear ascendente de atuação de Deus, distinto da concepção grega de tempo cíclico, na ideia do "eterno retorno". Em sua obra *Cristo e o tempo*,[120] Cullmann explicita essa diferença da dimensão grega com o judaísmo e o cristianismo. Uma linearidade descontínua de fatos e acontecimentos redentivos dependentes da vontade soberana de Deus, que em seu conjunto compõem o que ele chamou de *história da salvação*. Esta temática ocupa praticamente a totalidade do livro, tendo como centro a aparição de Cristo no tempo:

> Ao ato único e decisivo de Cristo sucedem ainda outros atos únicos e decisivos, mas este caráter decisivo não lhes pertence senão na medida em que eles são fundamentados sobre o ato único de Cristo [...] a aparição de Cristo com o seu caráter temporalmente único proclamado com vigor pelo cristianismo primitivo.[121]

O fundamento e a condução dessa história salvífica estão descritos em sua principal obra, *Cristologia do Novo Testamento*,[122] de 1957, com forte ênfase histórica a partir da encarnação. Diz ele:

> Do ponto de vista histórico, temos de reconhecer por certo que, num dado momento, a Igreja encontrou-se frente à imperiosa necessidade de abordar os problemas específicos que resultavam da helenização da fé, da aparição e difusão de doutrinas gnósticas [...] se este prólogo fala do ser do Logos é somente para poder dizer, ao longo dos vinte e um capítulos do Evangelho, o que ele fez como Verbo encarnado.[123]

De forma absoluta, dependente do Novo Testamento com uma engenhosa estruturação interna entre os tempos de salvação da história cristã, com os títulos teológicos dados a Jesus pelos escritos neotestamentários.

---

[120] Oscar Cullmann. *Cristo e o tempo*. São Paulo: Editora Custom, 2003, pp. 89-98 (original francês).
[121] Ibid., p. 164.
[122] Utilizo a edição brasileira: Oscar Cullmann. *Cristologia do Novo Testamento*. São Paulo: Editora Custom, 2002 (original francês).
[123] Ibid., p. 20.

Assim: a) O *Jesus terreno* é Profeta, Servo e Sumo Sacerdote; b) O *Jesus futuro* é Cristo-Messias e Filho do homem; c) O *Jesus presente* é Senhor e Salvador; d) O *Jesus preexistente* é Logos, Filho de Deus, Deus. Nessa estrutura, Jesus Cristo é apresentado como revelação plena de Deus na história.

Wolfhart Pannenberg, teólogo alemão, nascido entre as duas Grandes Guerras do século XX, no início foi muito influenciado por Barth, sendo seu aluno em Basileia e posteriormente estudou em Göttingen e Heildelberg. Após sua formação, ensinou nessa cidade, também em Wüppertal e finalmente em Munique. É celebrado por muitos como o grande teólogo dogmático após a "era Barth". De fato, sua erudição teológica e genialidade em deslindar os temas mais intrincados, impressionam. Transita com facilidade e segurança por diversas áreas da teologia e no campo da filosofia, ciência, antropologia, entre outros. Faz parte da terceira geração de teólogos, juntamente com Rendtorff, Hegel, Moltmann, Wilkens, Küng, Cox, porém, como empalma com Cullmann na recuperação e valorização da dimensão histórica da teologia protestante, se coloca aqui tematicamente na senda aberta por Cullmann, com mais profundidade filosófica, penso eu.

Em Pannenberg, podemos falar de uma filosofia da história, enlaçando-o com Hegel, de quem, em certa medida, era devedor. Talvez esteja aí a raiz de seu distanciamento de Barth, pelo menos do Barth dialético, kierkegaardiano e anterior à *Dogmaitik*. De fato, tinha sérios problemas com a ideia barthiana de uma revelação autoritativa independente da percepção racional. Os aspectos racionais de seu pensamento teológico são gritantes, eliminando qualquer proximidade com o fideísmo. Em sua *Teologia sistemática*,[124] aprofundará o tema do caráter histórico da revelação em polêmica com a teologia de Richard Rothe (1799-1867),[125] também mencionado em

---

[124] W. Pannenberg. *Teologia sistemática*. São Paulo: Editora Academia Cristã, 2009, pp. 263-353. vol. 1.

[125] Teólogo luterano alemão, aluno de Hegel e Schleiermacher e seguidor das ideias românticas do poeta Novalis, assumindo um pietismo e pensamento teosófico e posteriormente criando um interessante sistema ético-religioso com base teológico-especulativa.

sua obra programática, *Revelação como história*.[126] Na verdade, sua polêmica continuava sendo com a "teologia da palavra" de origem barthiana, como "milagre" que rompe as leis psicológicas; para ele, nem uma imposição autoritária, que viole a justa autonomia da consciência, nem sua defesa podem converter-se em um refúgio fideísta ou um *assylum ignorantiae*.[127]

Para Pannenberg, não há dúvida: esta é uma herança da tradição supranaturalista que atingiu em cheio a Kierkegaard e boa parte da teologia décimo nona e posterior. A. T. Queiruga, inclusive, cita Pannenberg: "a revelação na história está patente para todo aquele que tem olhos para ver".[128] Em Pannenberg, no acontecer da história, realiza-se a revelação divina, convertendo-a em história da salvação.

Está em jogo aqui primeiramente o sentido e o valor da história como palco da revelação de Deus, como nos ensinaram Oscar Cullmann, e sua *Heilsgeschichte*, e o próprio Pannenberg,[129] havendo diferenças substanciais entre eles; ou seja, que "o mundo se define, sobretudo, como história",[130] formalizando uma importante reação ao absolutismo mitológico bultmaniano e transcendentalismo barthiano, como também ao *Deus da metafísica* que, como *primeiro motor* (Aristóteles, Tomás de Aquino) fabrica um *cosmos*, pondo-o em marcha; porém, cerceia sua criatividade por meio de um determinismo imutável, ademais de ser a base material de toda uma teologia sistemática absolutamente distante da fé. Isso significa

---

[126] W. Pannenberg (et al.). *Revelación como historia*. Salamanca: Ediciones Sígueme, 1977, pp. 26-27.

[127] A. T. Queiruga. *Apostila*. Congresso Internacional (SOTER/2010), p. 16. Também em A. T. Queiruga. "La teoria de la revelación em Wolfhart Pannenberg". *Estudios Eclesiásticos*, 59, p. 142ss. Disponível em: <http://www.maxwell.vrac.puc-rio.br/10686/10686_3.PDF>.

[128] Ibid., *Apostila*, p. 21. Refere-se à 3ª tese de Pannenberg, pp. 127-132, em *Revelación como historia*. Também, algo das propostas de Pannenberg acerca da revelação na história pode ser vista em português, no volume *Fé e realidade*. São Paulo: Fonte Editorial, 2004.

[129] Em *Revelación como historia*, pp. 11-27 e nota 16, a propósito dos conceitos de Barth acerca da revelação.

[130] Claude Geffré. *Como fazer teologia hoje*: hermenêutica teológica. São Paulo: Paulinas, 1989, p. 148.

que a revelação de Deus se dá na dinâmica da história, não de forma direta em teofanias, mas de forma indireta, por sua ação na história. A palavra da revelação é aquela que não apenas é proclamada na história, mas também pressupõe a história e que revela uma racionalidade na história, de tal maneira que fica patente a todos que a observarem. A possibilidade de desvelamento do mistério só é possível na consumação final. Porém, em Cristo, tem-se uma visão antecipada, uma porta entreaberta antes do tempo demarcado. Cristo, como fato histórico em sua vida, morte e ressurreição, é um acontecimento proléptico, antecipatório. Cristo, em sua primeira vinda, antecipa a parúsia; precisamente por isso, o Reino de Deus chegou! Portanto, há que se analisar a história empírica, tendo como critério Cristo, em sua morte e ressurreição, e a autotranscendência do ser humano,[131] para compreender o sentido da existência.

As implicações da historicidade para a teologia, segundo Cullmann e Pannenberg, são imensas. Seu *leitmotiv* é a experiência como um todo, pois exatamente aí está seu campo de estudo na relação com as demais disciplinas do conhecimento humano, iluminando e recebendo luz. Certamente que a inspiração maior e mais relevante para o desafio da interlocução religiosa é a própria Escritura, que apresenta de uma forma explícita a urgência e a necessidade do diálogo. Desde as primitivas teofanias veterotestamentárias até o fenômeno incômodo, para o mundo judaico, do aparecimento de uma nova "seita" do judaísmo que desafiava não apenas o *status quo* religioso de sua matriz, mas também o *establishment* político do império invasor, percebe-se uma calorosa presença que não se furta ao diálogo nem tampouco se pode evadir em afirmar-se como força social cada vez mais significativa, muito embora tivesse transparecido em muitos momentos, por conta de suas convicções, algo de intolerância e irredutibilidade em temas específicos de seu discurso e de sua práxis. Há que se recordar que nem mesmo as Escrituras foram concebidas à parte deste mundo e desta história; algo impensável para a teologia, seria, sem dúvida alguma, sua

---

[131] Em J. L. Illanes e J. I. Saranyana. *Historia de la teología*. Madrid: BAC, 1995, p. 385.

morte intelectual e espiritual, a alienação total, a perda de sua identidade e a negação de seu "objeto" – uma blasfêmia!

c) *Teologia e Nova Hermenêutica nos discípulos de Bultmann* – A teologia do século XX testemunhou uma vigorosa transformação em relação tanto ao seu "objeto" quanto aos seus *métodos*. Refiro-me ao movimento desencadeado pelo teólogo alemão R. Bultmann, que trouxe para o campo teológico os pressupostos hermenêutico-filosóficos de F. Schleiermacher, W. Dilthey e M. Heidegger, inaugurando, em seu momento, uma hermenêutica existencial. Após esse primeiro e fecundo instante, alguns discípulos de Bultmann, entre eles E. Käsemann, dedicado ao tema do Jesus histórico,[132] E. Fuchs e G. Ebeling,[133] buscaram entender o problema da comunicabilidade da revelação ao homem de hoje. Então, sob a influência de M. Heidegger[134] e, posteriormente, de seu discípulo H. G. Gadamer,[135] deram início ao que veio a ser chamada de "a nova hermenêutica".[136] Uma

---

[132] Em 1953, pronunciou em Marburg a conferência *O problema do Jesus Histórico*, inaugurando a "nova pesquisa sobre o Jesus histórico". Basicamente, ele diz que a busca histórico-crítica de Jesus, oriunda da teologia liberal e tão presente em seu mestre Bultmann, não obstante seu valor científico, não consegue chegar ao Jesus histórico, mas somente ao *kerigma* da Igreja primitiva acerca de Jesus.

[133] Fuchs e Ebeling trataram especificamente da hermenêutica. O primeiro centrando-se na questão da linguagem teológica da fé, vinculada diretamente ao Jesus histórico. O segundo parte da ideia da compreensão como ato nuclear da hermenêutica, porém, presente na palavra como tal.

[134] Na verdade, falamos do 2º Heidegger, quer dizer, não apenas o do *Sein und Zeit* (ed. em português: *O ser e o tempo*. Campinas: Editora Unicamp; Petrópolis: Vozes, 2012, parágrafos 31-34, pp. 407-471), mas o que se concentrou na natureza da linguagem em *Unterwegs zur Sprache* (A caminho da linguagem).

[135] Sobretudo em sua obra seminal *Verdade e método* de 1960, com base na "afinidade psicológica entre autor e leitor" de Schleiermacher e Dilthey, e superando-os. Gadamer conceberá a "fusão de horizontes", quer dizer, na compreensão da história, passado e atualidade estão amalgamados, por isso mesmo em constante diálogo.

[136] Movimento desencadeado pela obra *Hermenêutica* de E. Fuchs de 1954, que efetivamente antecipou a efervescente discussão dos anos 1960. Pertinentes comentários sobre esse trabalho e outros subsequentes de Fuchs, acerca do mesmo tema, podem ser vistos em Gibellini, op. cit., pp. 64-71.

nova postura, plenamente situada na "palavra" e na linguagem que "oxigenou" a teologia, evitando por um lado o "radicalismo" barthiano que, em detrimento do conceito de Palavra de Deus, minimizava a questão hermenêutica e, por outro, a absolutização bultmaniana da categoria existencial que esvaziava o próprio discurso sobre Deus.

Com isso, gradativamente se elabora a mudança de um núcleo dogmático da teologia (Barth) e da interpretação existencial, cativa do intérprete (Bultmann), passando pelo enfoque histórico (Cullmann e Pannenberg) e, agora, com um direcionamento à nova ciência da interpretação (Escola pós-bultmaniana); por isso mesmo, na filosofia da linguagem e na linguagem da teologia, voltando-se ao texto. Tal mudança de paradigma decorre da transformação do próprio conceito de ciência, uma vez que a ciência axiomática de Aristóteles, com seus *princípios necessários*, cedeu lugar ao elemento empírico verificável dentro da história. Como, por definição, Deus escapa aos limites da razão, o próprio objeto da teologia vai transformar-se.[137] Nesse novo momento, a teologia não pode se dedicar mais às verdades metafísicas, àqueles *primeiros princípios* – os artigos de fé. Terá que reelaborar seu *sermo de Deo*. O fará no contexto de uma teologia hermenêutica com outros "ingredientes" e com distintos resultados.

C. Geffré,[138] apontando para as consequências de um modelo hermenêutico em teologia, dá um importante destaque ao modelo de *hermenêutica textual* do filósofo protestante da linguagem P. Ricoeur.[139] De fato, este autor tornou-se referência no assunto. Aliás, com ele somos remetidos a toda uma análise estrutural e semiótica, fundamental para este momento da virada hermenêutica da teologia. Segundo ele, um texto não é, com

---

[137] Claude Geffré. *Crer e interpretar*: a virada hermenêutica da teologia. Petrópolis: Vozes, 2004, p. 32.

[138] *Em crer e interpretar*, pp. 44-49.

[139] Em português dispomos de vários de seus textos. Para o nosso interesse convém mencionar: *Ensaios sobre a interpretação bíblica*. São Paulo: Novo Século, 2004; *Novas fronteiras da filosofia* – Cap. 3; *Ensaios de hermenêutica bíblica*. São Paulo: Loyola, 1996; *Interpretação e ideologias*. Rio de Janeiro: Francisco Alves, 1990.

efeito, uma simples sequência de frases, e o sentido do texto não é a soma do sentido de cada uma de suas partes. Um texto é um todo relacionado de forma específica com suas partes. Há que se elaborar a hierarquia de seus elementos: elementos principais e elementos subordinados; elemento essencial e elemento não essencial.[140] Como se sabe, no estruturalismo, a partir de F. de Saussure,[141] o sentido está no texto em si (*sincronia*), deslocando de seu horizonte o autor para um segundo plano e igualmente se desinteressando pela história genética do texto (*diacronia*). Nesse método, perdem seu valor as palavras isoladas em detrimento de sua função na estrutura lógica do texto. Ou como disse de forma lapidar Croatto: "Melhores perspectivas nos foram abertas pela semiótica e pelas ciências da linguagem, que tomam a Bíblia como é, ou seja, um texto".[142]

Isso significa que as referências ao mundo histórico e à intencionalidade do autor estão postas entre parênteses, pois se aceita e reconhece uma imanência no enunciado formal, por si só produtora de sentido. Talvez a grande contribuição (entre outras) do estruturalismo linguístico para a teologia seja o de devolver ao texto uma realidade horizontal, uma verdade sincrônica; graças a isso o sentido se converte em outra coisa e não simplesmente numa referência ao passado ou à pré-história do texto, e pode aportar uma solução ao subjetivismo metodológico da análise existencial. Novamente Croatto é revelador: "Uma vez que o acontecimento foi lido em um texto, seu sentido está nesse texto, não em sua reconstrução fática".[143] Por outro lado, sua maior vulnerabilidade (entre outras) é o de encerrar o

---

[140] *Exégesis y hermenéutica*, Madrid: Cristiandad, p. 46, em José M. Martínez. *Hermenéutica bíblica*. Barcelona: CLIE, 1984, p. 136.

[141] *Curso de linguística general*. Madrid: Alianza Editorial, 1983.

[142] J. S. Croatto. "Hermenêutica e linguística: a hermenêutica bíblica à luz da semiótica e frente aos métodos histórico-críticos". Disponível em: <http://periodicos.est.edu.br/index.php/estudos_teologicos/article/viewFile/1277/1231>. De Croatto, ver ainda: *História da Salvação*. São Paulo: Paulinas, 1966, e *Hermenêutica bíblica*: para uma teoria da leitura como produção de significado. São Paulo: Paulinas; Porto Alegre: Sinodal, 1986.

[143] Ibid.

texto em si mesmo, isolá-lo das referências externas, do autor e das contingências históricas em que foi produzido.

Com base nisso, é mais que recomendável uma leitura da Escritura em chave hermenêutica de narrativa – a Bíblia como literatura construída e inspirada por Deus por meio das comunidades de fé primitivas e interpretada com reserva de sentido ao longo da história, da qual nossa presença é apenas uma pequena parte. A verdade total é bem maior que a nossa tradição particular. Há que se considerar o espírito de vida comunitária subjacente às narrativas bíblicas,[144] que após anos ou séculos de tradição oral ou escrita circunstancial produziu finalmente o texto. Sobre isso, Magalhães destaca que

> a narrativa não é somente "objeto material" das hermenêuticas teológicas, ela se constitui como teologia, interpretação, reconstrução da fé nos diferentes caminhos trilhados pelos grupos e pelas comunidades. Mais do que um exotismo literário, a narrativa se constitui interpretação daquilo que, realmente, importa para as pessoas na permanente tarefa de viver a sua fé, como processo pedagógico constante de reelaborar conteúdos e presencializar saberes.[145]

Logo, a teologia teria como vocação emergente libertar uma "Palavra humilhada" (J. Ellul), restituindo-lhe seu *status* de profecia. Ou, como disse de forma genial Rahner: "que é o acontecimento da palavra que consagra o acontecimento histórico, como acontecimento revelador, pois é a palavra do profeta que esclarece o acontecimento e o propõe à fé como acontecimento de salvação, atestado por Deus".[146]

---

[144] Para o aprofundamento desta questão, recomendo John Milbank. *Teologia e teoria social*. São Paulo: Loyola, 1995, em especial a parte IV, "Teologia e diferença", e nela o cap. 12 – A outra cidade: a teologia como ciência social, onde ele diz: "... conclamar ao retorno à narrativa como a única coisa capaz de 'identificar' Deus para nós", p. 491.

[145] Antonio C. Magalhães. *Uma Igreja com teologia*. São Paulo: Fonte Editorial, 2006, p. 98.

[146] Recolhido em R. Latourelle. *Teologia da revelação*. São Paulo: Paulinas, 1985, p. 460.

d) *Teologia e secularização em Bonhoeffer* – Não é novidade que o protestantismo teve uma relação intrincada e ambígua com o processo de secularização ocidental, como já descrito em nossa pesquisa. A literatura acerca do fenômeno cultural da secularização é muito extensa. G. Marramao reconhece que "é inesgotável". Abordei esta temática em outro texto,[147] onde apenas menciono Bonhoeffer, sem desenvolver, como faço aqui. Antes, porém, é preciso apenas dizer introdutoriamente que o processo de secularização[148] foi parte integrante da religião cristã, na qual o segmento protestante teve uma parcela de responsabilidade razoável. O protestantismo, de fato, contribuiu para a secularização da religião ocidental ao "abolir a distinção entre o sagrado e o profano, o clérigo e o leigo, a Igreja e o mundo";[149] ou, como bem interpretou P. Berger, ao concluir que, no protestantismo, mistério, milagre e magia não tinham mais lugares, "como de uma imensa redução do âmbito do sagrado na realidade".[150] O cristianismo como uma redução e o protestantismo como uma redução

---

[147] R. Cavalcante. *A cidade e o gueto*. São Paulo: Fonte Editorial, 2010, pp. 31-32.

[148] Certamente está embutida nesse termo técnico aquela *marcha secularizante*, conforme já identificado no protestantismo por vários autores, como, por exemplo, M. Weber, E. Troeltsch, C. Schmitt, K. Löwith, F. Gogarten, H. Cox e, mais contemporaneamente, M. Gauchet, L. Ferry, A. Renaut, S. Martelli, P. Berger, D. Hervieu-Léger, A. F. Pierucci, entre outros. Algumas excelentes resenhas, difíceis de superar, sobre o assunto podem ser encontradas em Giacomo Marramao. *Céu e terra*: genealogia da secularização. São Paulo: Editora Unesp, 1997, com abundante bibliografia sobre o tema; Giacomo Marramao. *Poder e secularização*: as categorias do tempo. São Paulo: Editora Unesp, 1995; Gustavo Guizzardi; Renato Stella. "Teorias da secularização". In: F. Ferrarotti (et al.). *Sociologia da religião*. São Paulo: Paulinas, 1990, pp. 203-249; e José Mª Mardones. *Adónde va la religión?* Cristianismo y religiosidad em nuestro tiempo. Santander: Sal Terrae, 1996, pp. 171-199.

[149] Jean Baubérot; Jean-Paul Villaime. "Secularización". In: *El protestantismo de A a Z*. Barcelona: Gayata Ediciones, 1996, pp. 168-169.

[150] Peter Berger. *O dossel sagrado*. São Paulo: Paulinas, 1985, p. 124. Sobre a interpretação de Berger acerca de Weber, a respeito dos temas: desencantamento do mundo, desmagicização, dessecularização, secularização, ver: A. Pierucci. "Secularização em Max Weber: da contemporânea serventia de voltarmos a acessar aquele velho sentido". *Revista Brasileira de Ciências Sociais*, 13 (37), jun. 1998, e a resposta a esse artigo: Lísias N. Negrão. Nem Jardim encantado, nem "Clube dos intelectuais desencantados". *Revista Brasileira de Ciências Sociais*, 20 (59), out. 2005.

mais poderosa ainda, bem na linha do "declínio da magia", como pensava Keith Thomas[151] sobre a significação da Reforma.

A interpretação de Berger seria uma definição mínima de secularização como fenômeno ocidental ligado à religião, já que tal processo não deve ser confundido com o *Entzauberung der Welt* weberiano, como sugere sua abordagem. Obviamente, tanto o conceito como o processo de secularização em si são infinitamente mais complexos, conforme assinalou Marramao, em consequência de sua amplidão e metamorfose. Tendo sido praticamente guindado à categoria de filosofia da história, o vocábulo "tornou-se hoje um termo tanto difuso quanto indeterminado e controverso".[152]

Nesse novo *habitat*, o da modernidade, o protestantismo articularia, com base na *liberdade do indivíduo*, uma nova estética religiosa, oferecendo-a ao homem ocidental como alternativa para uma espécie de sentido religioso secularizado da existência humana. Nos anos 1960 e 1970, o debate acerca da secularização foi intenso, uma vez que havia forte pressão social a favor das tendências agnósticas e ateístas, ou mesmo de indiferença religiosa, pelo menos pelas formas tradicionais de cristianismo católico ou protestante no Ocidente. Entretanto, a discussão sobre secularismo e secularização já estava presente nos anos 1930, com as reflexões de F. Gogarten – *Destino e esperança da época atual. A secularização como problema teológico*.[153] Como disse, a discussão foi recebida mais tarde e aprofundada, como, por exemplo, em H. Cox e seu célebre *The secular city*,[154]

---

[151] Keith Thomas. *Religion and the decline of magic*. Middlesex-England: Penguin Books, 1973.

[152] G. Marramao. *Céu e terra...*, op. cit., p. 16.

[153] A obra que discute com propriedade a temática da secularização é, entretanto, posterior: *Verhängnis und hoffnung der neuzeit, Die säkularisierung als theologishes problem* (Sttutgart, 1953).

[154] Harvey Cox. *A cidade do Homem*. Rio de Janeiro: Editora Paz e Terra, 1971. Temos agora uma recente edição dessa obra em português, com nova introdução pelo autor, que esteve na Faculdade Unida de Vitória-ES, proferindo conferência de lançamento. Harvey Cox. *A cidade do Homem*: a secularização e a urbanização na perspectiva teológica. São Paulo: Academia Cristã, 2015.

no qual diferencia secularização de secularismo e advoga a existência daquele como uma categoria bíblica de sociedade. Vinte anos mais tarde, Cox revisou algumas de suas teses em *Religion in the secular city: Toward a postmodern theology* (1985).[155] Em uma longa introdução, Cox indica que o elemento novo a ser considerado é a "era pós-moderna". Ele diz: "mais que de uma era de secularização rompante e decadência religiosa, parece tratar-se de uma era de ressurgimento religioso e de retorno do sagrado", e avalia que, "se a secularização nem sempre é má, a religião nem sempre é boa".[156] Cox reedita a perspectiva de Gogarten, de que, segundo esclarece Marramao, "enquanto a secularização é a consequência necessária e legítima da fé cristã, o secularismo constitui, ao invés, uma sua expressão 'degenerada'... secularismo como falsa secularização";[157] uma adaptação de doutrinas religiosas em ambiente político e ideológico.

Nessa mesma introdução, Cox reconhece que o livro *A cidade do homem* foi "em grande parte influenciado pela teologia de Bonhoeffer".[158] Cox, de fato, empreendeu uma crítica da religião a partir da linhagem profética anticúltica do Antigo Testamento e da posição político-religiosa de Jesus ao *establishment* sacerdotal de seu tempo.[159] No entanto, a motivação maior parece ter sido mesmo os escritos de Bonhoeffer, em especial, suas *Cartas da prisão*,[160] publicadas sob iniciativa de seu amigo Eberhard Bethge, em 1951.

Antes, porém, não obstante sua pouca idade, produziu relevantes e profundas reflexões acerca da realidade eclesial. Inicialmente com sua tese

---

[155] Há uma tradução para o espanhol: Harvey Cox. *La religión en la ciudad secular.* Hacia una teología postmoderna. Santander: Editorial Sal Terrae, 1985.

[156] Ibid., p. 18.

[157] G. Marramao. *Céu e terra...*, op. cit., pp. 73-74.

[158] Harvey Cox. *A cidade do Homem*, op. cit., p. 17.

[159] Ibid.

[160] Dietrich Bonhoeffer. *Widerstand und Ergebung. Briefe und Aufzeichnungen aus der Haft* ("Resistência e Submissão"), 1951. Utilizo a excelente tradução brasileira de Nélio Schneider: *Resistência e submissão*: cartas e anotações escritas na prisão. São Leopoldo: Sinodal/EST, 2003.

doutoral, intitulada *Sanctorum Communio* (1927),[161] e logo depois com seu trabalho de licenciatura *Akt und Sein* ("Ato e Ser"), de 1930, em que se pode notar, primeiro, as presenças de Hegel, Troeltsch e Heidegger, e, em seguida, a força desconcertante da dogmática da palavra, tão marcante na teologia dialética; movimento este desencadeado por seu amigo suíço Karl Barth. Nesse momento, Bonhoeffer entende a Igreja como lócus privilegiado da ação e do conhecimento de Deus. Tal concepção realmente ocuparia suas atenções nessa fase, porém, mais do que fundador de uma igreja ou religião, o Jesus do jovem Bonhoeffer (aqui com menos de 25 anos) é o próprio *fundamento* da Igreja, trazendo em si a coletividade e a representatividade tão bem expostas em categorias sociológicas, e de algum modo avisando à tendência transcendental na dogmática teológica de Barth acerca do perigo de uma construção teórica isolada da realidade eclesial e comunitária. A dogmática, por seu turno, pode precaver a Igreja que sua existência se enlaça numa dimensão que transcende à simples explicação sociológica, quer dizer, o seu fundamento provém de uma realidade mais alta, embora possa e deva ser refletida horizontalmente.

Já bem entrado na década de 1930, e com a sombra da ascensão nazista, Bonhoeffer segue refletindo sobre a Igreja, só que agora apoiado em uma crítica vigorosa e consistente, a partir das premissas evangélicas. Nesse contexto, surgem seu fundamental *Nachfolge* ("Discipulado"), de 1937,[162] e ainda *Gemeinsames Leben* ("Vida em comunhão"), de 1939,[163] marcando sem dúvida uma guinada em seu pensamento, com a presença de um novo referencial teórico: a filosofia cristã existencialista de Soeren Kierkegaard, focada no chamado radical do discipulado de Jesus, por meio do arrependimento e da obediência como resposta ao chamado de Deus. Nesse sentido, denuncia a comodidade burguesa da religião cristã dos seus dias, identificando-a com a *billige gnade* ("graça barata"), que despreza o sacrifício

---

[161] Em Espanhol: *Sociología de la Iglesia (Sanctorum communio)*. Salamanca: Ediciones Sígueme, 1980.
[162] Em português: Dietrich Bonhoeffer. *Discipulado*. São Leopoldo: Sinodal/EST, 2008.
[163] Em português: Dietrich Bonhoeffer. *Vida em comunhão*. São Leopoldo: Sinodal/EST, 2009.

da cruz e o compromisso do *Nachfolge* ("seguimento-discipulado"). Tais marcas só poderão ser vistas *na teure gnade* ("graça cara"), que, na força do Espírito Santo, cria uma verdadeira comunhão de discípulos de Cristo.

Sua última fase, coincidente com o poder nazista, obriga-o ao engajamento na resistência ao Führer e seu programa. Desse momento crítico, temos postumamente a sua *Ethik* ("Ética"), de 1949,[164] produzida entre os anos 1940 e 1943, em que busca equilibrar a responsabilidade da natureza humana, que se ocupa das "coisas penúltimas", e a graça justificante de Deus, que se ocupa das "coisas últimas". A ética seria, pois, a responsabilidade para com as "coisas penúltimas", e aí já apontava para a existência de um mundo "sem Deus".[165] De forma dramática e com sentido profético e agônico, essa presença do secular na religião foi sinalizada por Dietrich Bonhoeffer, quando falou da necessidade de um *cristianismo sem religião*:[166]

> Deus nos faz saber que temos de viver como pessoas que dão conta da vida sem Deus. O Deus que está conosco é o Deus que nos abandona (Mc 15,34)! O Deus que faz com que vivamos no mundo sem a hipótese de trabalho. Deus é o Deus perante o qual nos encontramos continuamente. Perante e com Deus vivemos sem Deus. Deus deixa-se empurrar para fora do mundo até a cruz; Deus é impotente e fraco no mundo e exatamente assim, somente assim ele está conosco e nos ajuda... somente o Deus sofredor pode ajudar.

Diante desta constatação, "Bonhoeffer propõe a crítica à religião, reconhecendo que a forma como a fé cristã foi domesticada pela cultura burguesa é a religião que precisa ser criticada e superada",[167] uma vez

---

[164] Em português: Dietrich Bonhoeffer. *Ética*. São Leopoldo: Sinodal/EST, 2008.

[165] Em *Resistência e submissão*: cartas e anotações escritas na prisão. São Leopoldo: Sinodal/EST, 2003. Bonhoeffer afirma: "O mundo que chegou à maioridade é mais sem Deus e, por isso mesmo, talvez esteja mais próximo de Deus do que o mundo menor de idade", carta 177, de 16/07/1944, p. 491.

[166] Em *Resistência e submissão*..., carta 177, de 16/07/1944, pp. 487-488.

[167] Antonio C. Magalhães. *Uma Igreja com teologia*. São Paulo: Fonte Editorial, 2006, p. 45.

que se coloca em confronto com um mundo tornado adulto. Sobre isso, Bonhoeffer é cristalino:

> Considero o ataque da apologia cristã à maioridade do mundo primeiro como sem sentido, segundo como deselegante, terceiro como não cristão. Sem sentido, porque ele me parece como a tentativa de fazer retroceder para a puberdade uma pessoa que se tornou adulta, ou seja, torná-la dependente de coisas das quais ela, de fato, não mais depende, lançá-la em problemas que para ela, de fato, não são mais problemas...[168]

Nestas cartas, Bonhoeffer expõe com força e *páthos*, que deriva de sua condição existencial, uma convicção básica: o mundo contemporâneo é um mundo ateu, um mundo no qual se desvaneceu ou estão em processo de desvanecimento os signos da realidade e da presença de Deus; um mundo no qual o homem parece chamado a viver sem apoiar-se em Deus.

Bonhoeffer analisa esta nova forma que adota o ateísmo na modernidade. Há nele um deslocamento significativo: não se trata tanto da negação da existência de Deus como da afirmação de sua inutilidade. Quando o mundo era "menor de idade", a "hipótese Deus" ainda possuía sua utilidade. Porém, chegando à maioridade, o mundo passa facilmente de Deus. Diz ele: "O ser humano aprendeu a dar conta de si mesmo em todas as questões importantes, sem apelar para a 'hipótese de trabalho de Deus'".[169]

É o que Bonhoeffer constata no contexto a-religioso da prisão, sensível a este ateísmo prático. As pessoas religiosas falam de Deus quando os conhecimentos humanos (às vezes por preguiça) chocam-se com seus limites ou quando as forças humanas falham. No fundo se trata de um *deus ex machina*[170] que eles fazem aparecer na cena para resolver proble-

---

[168] Em *Resistência e submissão...*, carta 161, de 08/06/1944, p. 436.
[169] Ibid., p. 434.
[170] Ibid., carta 137, p. 373, nota 24, e carta 177, p. 488, nota 37.

mas aparentemente insolúveis ou para intervir em ajuda à impotência humana. Numa palavra: exploram sempre a debilidade e os limites dos seres humanos. Evidentemente, essa maneira de atuar só pode durar até o dia em que os seres humanos, com suas próprias forças, farão retroceder um pouco seus limites, quando o *deus ex machina* será supérfluo. "E não podemos ser honestos sem reconhecer que temos de viver no mundo – *etsi deus non daretur...* perante Deus! Deus mesmo nos obriga a esse reconhecimento".[171] Consequentemente, há que se renunciar a esse deus que surge da "engenhoca humana", a esse simulacro de Deus. Creio ser esse Deus o mesmo Deus morto de Nietzsche, o deus domesticado de Rubem Alves ou o deus tapa-buracos do próprio Bonhoeffer. A recepção dos últimos escritos de Bonhoeffer causou uma avalanche de reações e discussões no meio teológico, e muitas de suas ideias foram reproduzidas em contextos diferentes. Digna de nota foi a absorção do pensamento do último escrito de Bonhoeffer pelo bispo anglicano John A. T. Robinson, em seu pequeno e controverso livro *Honest to God*[172] ("Honesto para com Deus"). Trata-se de uma espécie de confissão de fé modernista, resenhando com liberdade e originalidade diversos pensadores como Nietzsche, Freud, Feuerbach e teólogos contemporâneos como Barth, Bultmann, Tillich e especialmente Bonhoeffer, a quem Robinson dedica inúmeras páginas, reproduzindo as ideias principais de suas *Cartas da prisão*. Destaca "o Deus da religião como um deus *ex maquina*"[173] e o *cristianismo sem religião*, ou *conhecimento não religioso de Deus*, segundo Bonhoeffer. Outro autor que reverberou as *Cartas da prisão* foi Harvey Cox, em seu *The secular city*, conforme exposto antes.

---

[171] Ibid., carta 177, p. 487. *Etsi deus non daretur* ("Como se deus não existisse" ou "Como se deus não fosse mais um pressuposto".

[172] John A. T. Robinson. *Honet to God*. Philadelphia: Westminster Press, 1963. Ver páginas 35-39; 82-86; 121-124; 135-138. Cf. a avaliação de A. McGrath. *A revolução protestante*. Brasília: Ed. Palavra, 2012, p. 393.

[173] Ibid., p. 37.

e) *Teologia, cultura e esperança em Tillich e Moltmann* – O "mundo adulto" de que falava Bonhoeffer esteve identificado com o projeto de modernidade que se desenvolveu desde o século XVII, atingindo seu ápice na segunda metade do século XIX. Daí para frente, surgiriam as incógnitas, as surpresas e o desmantelamento gradual das utopias religiosas, ideológicas e políticas, o desmanche das conquistas sociais e o difícil recomeço em meio aos escombros. Na primeira metade do século XX, o progresso tomou o caminho irreversível da destruição e do caos, não apenas social, mas igualmente em seu sentido filosófico. O vaticínio nietzschiano, como já referido, atualizado pela crítica frankfurtiana no pós-guerra, tornou-se realidade – a civilização foi engolida pela barbárie! Nesse cenário de decadência cultural, que mensagem poderia ser veiculada pela teologia cristã do protestantismo? Inquietações dessa magnitude povoaram a mente de vários teólogos. Paul Tillich[174] foi um desses. Alemão de nascimento, estudou teologia em Berlim, Halle e Tübingen. Foi pastor luterano em Moabit, subúrbio de Berlim, e, em seguida, na Primeira Guerra Mundial, capelão voluntário no setor francês; após a guerra, tornou-se professor de Filosofia da Religião e Teologia em Berlim, Marburgo, Dresden, Leipzig e Frankfurt, quando, em 1933, perdeu sua cátedra com a ascensão do Nazismo na Alemanha. Época de expurgos de professores das mais diversas áreas, contrários ao regime do Terceiro Reich.

---

[174] Para aprofundar sobre a teologia da cultura em Tillich, recomendo: Mark L. Taylor. *Paul Tillich: Theologian on the boundaries*. London/San Francisco: Collins, 1987; E. Higuet. "Atualidade da teologia da cultura de Paul Tillich". *Revista Eclesiástica Brasileira*, Petrópolis, vol. LIV, p. 50-61, 1994; D. Stephen Long. *Theology and culture*: a guide to discussion; C. Kegley e R. Bretall (ed.). *The theology of Paul Tillich*. New York: The Macmillian Company, 1952; Carlos A. M. Cunha. "O contributo do método da correlação de Paul Tillich à epistemologia da teologia pública no Brasil no contexto do pensamento complexo e transdisciplinar" (Tese de Doutorado), FAJE, Belo Horizonte, 2015. Disponível em: <http://www.capes.gov.br/images/stories/download/pct/2016/Mencoes-Honrosas/FilosofiaTeologia-Carlos-Alberto-Motta-Cunha.PDF>; Sumio Takatsu. "Paul Tillich, o teólogo da correlação". Disponível em: <http://periodicos.est.edu.br/index.php/estudos_teologicos/article/viewFile/1603/1544>.

A convite de Reinhold Niebuhr,[175] mudou-se para Nova Iorque, onde durante 32 anos (1928-1960) foi professor no *Union Theological Seminary*, de filosofia da religião e teologia prática, especialista em Ética. Cooperou também na Universidade de Columbia por um tempo. Publicou inúmeras obras[176] de grande importância, transitando bem entre teologia e filosofia. Em 1955 foi para a *Divinity School* da Universidade de Harvard e posteriormente para a Universidade de Chicago, de 1963 até sua morte em 1965. Sua obra é variadíssima, iniciando com teologia e filosofia, passando pela história do pensamento cristão, espiritualidade, mística, sociologia e política, até um interesse inesgotável pelas artes e seus significados. Já se disse

---

[175] Teólogo norte-americano que teve uma marcante experiência pastoral de 1915 a 1928 na cidade industrial de Detroit, a qual foi fundamental para o perfil de sua atuação acadêmica, sendo influenciado pelo movimento *Social Gospel* de Rauschenbusch, que denunciava diretamente a situação desmoralizante e empobrecida da classe trabalhista da indústria automobilística naquela cidade. Sua obra é imensa, da qual podemos destacar: *Moral Man and Immoral Society* (1932) e *The Nature and Destiny of Man* (1943); este último, em dois volumes, é tido como um dos maiores *best-sellers* da área de teologia norte-americana, aproximando o pensamento da Reforma com o patrimônio do Renascimento. Foi responsável também, juntamente com P. Lehmann, pelo convite a Bonhoeffer para emigrar para os Estados Unidos, já que tinha sido seu professor em 1930 no *Union*, quando Bonhoeffer esteve ali para seu pós-doutorado. Niebuhr foi influenciado pela teologia barthiana, porém se expressando com um realismo cristão bem atuante. Foi um intenso ativista político e fundador da ADA – *Americans for Democratic Action*, em 1947, uma organização política liberal independente. Para uma introdução sobre sua vida, pensamento e obra, indico o "verbete" da *Encyclopaedia Britannica*: Reinhold Niebuhr, American Theologian, assinado por John C. Bennet; Richard Wightman – Reinhold Niebuhr: a biography. Nova York: Pantheon Books, 1985; Gary Dorrien. *The making of American liberal theology*: idealism, realism & modernity 1900-1950. Louisville/London: Westminster John Knox Press, 2003, pp. 435-483; Robin Lovin. *Reinhold Niebuhr and Christian Realism*. Cambridge: Cambridge University Press, 1995; Vasco Rato. "Um mapa para os tempos: o realismo normativo de Reinhold Niebuhr". Disponível em: <http://www.ipri.pt/images/publicacoes/revista_ri/pdf/ri16/RI16_03VRato.pdf>.

[176] Destaco apenas as obras diretamente relacionadas com a temática aqui abordada: *Love, power, and justice*: ontological analysis and ethical applications. Oxford: Oxford Press, 1952; *Dinâmica da fé*. São Leopoldo: Sinodal/EST, 1996; *A era protestante*. São Bernardo do Campo (SP): Ciências da Religião, 1992; *A coragem de ser*. São Paulo: Paz e Terra, 1976; *The Socialist Decision*. New York: Harper & Row, 1977; *Teologia sistemática*. São Paulo: Paulinas; São Leopoldo: Sinodal/EST, 1987.

corretamente que Tillich foi um *pensador na fronteira*[177] entre diversos campos do conhecimento. Em *The protestant era*, de 1948, ele já equaciona o encontro da religião com a história e a filosofia da história, diferenciando *chronos* de *kairos* e aprofundando o caráter dialético da história, sob a sombra de Hegel, ainda que de forma crítica, na discussão sobre o incondicional. Diz ele:

> A relação entre o condicionado e o incondicional, tanto no indivíduo como na sociedade, representa ou a abertura do condicionado à presença divina do incondicionado, ou o encerramento do condicionado em si mesmo. A vida finita pode voltar-se para o infinito, mas pode, também, voltar-se para si mesma. Sempre que se aceita a manifestação do eterno em determinados momentos da história, que são momentos de *kairos*, a história se abre ao incondicional. Esta abertura expressa-se por meio de símbolos religiosos ou seculares...[178]

Crítica maior é direcionada a Kierkegaard e à teologia que daí se produziu, da qual fora ele mesmo participante nos distantes anos 1920. Segundo ele, "Essas correntes mais contribuem para a destruição das antigas visões de mundo do que para a construção de novas perspectivas".[179] Ademais, Tillich aprofunda os temas da teonomia, autonomia e heteronomia dentro da perspectiva dialética da filosofia da história e provoca o encontro da religião com a cultura e com a ética, tendo como desafio à fé um mundo em transformação, no qual o protestantismo está posto a partir do "princípio protestante", que, segundo ele, "Guarda-nos contra as tentativas do finito e do condicional de usurpar o lugar do incondicional no pensamento e na ação".[180] Quatro anos mais tarde, proferiu algumas conferências na Yale University, transformadas em livro: *The courage to be* ("A coragem

---

[177] O seu ensaio *On the Boundary*, de 1966, é revelador nesse aspecto. Ver a respeito: Carlos Cunha. "Teologia de fronteira: a contribuição de Paul Tillich". Disponível em: <https://teologiadefronteira.wordpress.com/2012/11/19/teologia-de-fronteira-a-contribuicao-de-paul-tillich/>.

[178] Paul Tillich. *A era protestante*, op. cit., p. 73.

[179] Ibid., p. 209.

[180] Ibid., p. 183.

de ser"), sua obra mais filosófica e que se encerra com o tema da religião. Kierkegaard está bem presente aí, o que confere uma densidade significativa na análise que efetua do protestantismo dentro da perspectiva da coragem da confiança, coragem da fé, que "não é, de forma alguma, baseada em nada finito de nosso lado, nem mesmo na Igreja. É baseado em Deus, e tão somente em Deus, que é experimentado num encontro único e pessoal".[181] Para ele, a coragem de ser é a coragem de aceitar-se como sendo aceito, a despeito de ser inaceitável".[182] Um completo paradoxo!

Durante toda sua carreira docente, Tillich se esforçou em construir um caminho que interligasse o cristianismo com o mundo moderno, a teologia com a cultura, mas sem deixar que a teologia se diluísse culturalmente, anulando-se. Obviamente não lhe faltaram críticas. Bonhoeffer, influenciado por Barth e pela teologia dialética no período precedente à ascensão nazista, fez uma avaliação no mínimo curiosa de Tillich, entendendo que sua interpretação do desenvolvimento do mundo em termos religiosos "Foi um ato de muita bravura, mas o mundo o derrubou da sela e seguiu em frente sozinho; também ele quis entender o mundo melhor do que o próprio mundo se compreendia; este, porém, sentiu-se totalmente mal-entendido e rejeitou essa impertinência".[183] Era certamente uma crítica ao socialismo cristão que Niebuhr e Tillich defenderiam nos EUA.

Em Tillich, a teologia deveria interpretar a existência humana à luz da fé cristã. Para tanto, necessitava conviver na cultura para ouvir suas perguntas e elaborar uma *answering theology*. A obra emblemática desse esforço é *Theology of Culture* (1959),[184] fruto de um pensamento já amadurecido. Pode-se dizer que esta obra é uma tentativa tardia de superação tanto da teologia liberal, na qual fora formado, como da teologia dialética, de que participara nos anos 1920. A *Correlatio* era a instrumentalização com a

---

[181] Paul Tillich. *A coragem de ser*, op. cit., p. 127.

[182] Ibid., p. 128.

[183] Em *Resistência e submissão*, carta 161, p. 437.

[184] Em português: Paul Tillich. *Teologia da cultura*. São Paulo: Fonte Editorial, 2009.

qual se poderia realizar essa imbricação de sociedade, cultura e teologia. Certamente a obra *Christ and Culture*,[185] de Richard Niebuhr (1951), foi relevante para Tillich. Igualmente, o trabalho de Lesslie Newbigin,[186] em 1952, abordando temática semelhante.

No final dos anos 1950, foi publicada sua obra *Theology of culture*.[187] No capítulo 4, Tillich enfrenta o tema da relação entre sagrado e profano. Segundo ele:

> Quando a Igreja não se sujeita ao julgamento que ela mesma pronuncia, torna-se idólatra, adorando-se a si mesma [...]. Assim julga o mundo pelo simples fato de existir. Mas ela é também o mundo e está sob o julgamento por meio do qual julga o mundo.[188]

Antes disso evoca a "dimensão religiosa na vida espiritual humana", tanto nos modos de aproximação de Deus quanto como parte da filosofia da religião, seja na superação da alienação, seja no acolhimento do outro alienado, nas tipologias ontológica ou cosmológica, explorando autores clássicos como Agostinho, com o conceito de *veritas* partilhado na filosofia e religião (p. 49), passando pelos franciscanos Alexandre de Hale, Boaventura e Mateus de Aquasparta (p. 50), até a tradição ontológica, também em Anselmo, em contraposição ao método de Tomás de Aquino e do tomismo posterior. Segundo Tillich,

> o caminho racional para Deus não é imediato, mas mediado [...] Precisa ser suplementado pela autoridade. Assim, a racionalidade imediata

---

[185] Em português: Richard Niebuhr. *Cristo e cultura*. Rio de Janeiro: Paz e Terra, 1967. Obra fundamental sobre a discussão da relação de Cristo com a cultura. Ver a respeito os esclarecimentos de Alister McGrath. *A revolução protestante*. Brasília: Editora Palavra, 2012, pp. 309-314.

[186] Lesslie Newbigin. *The household of God*: lectures on the nature of the church. London: SCM Press, 1953.

[187] A obra em inglês apareceu em 1959, sob a responsabilidade do seu assistente Robert Kimball, a partir de textos já publicados, mas alterados especialmente para esta edição.

[188] *Teologia da cultura*, op. cit., p. 82.

dos franciscanos foi substituída pela racionalidade argumentativa e, além disso, à autoridade não racional.[189]

Além dessas questões básicas, Tillich explora com argúcia temas concretos, como: a natureza da linguagem religiosa presente nos símbolos e suas funções; o caráter imanente ou transcendente dos símbolos; o significado da arte no protestantismo, sob o prisma do "princípio protestante"; o desenvolvimento da filosofia existencial na Alemanha e seu significado teológico; a psicanálise; a relação entre teologia e ciência, a propósito de uma conferência de Einstein criticando a ideia de um Deus pessoal; a ética teônoma diante do moralismo e da moralidade; e a teologia da educação. Na parte final da obra, dedica-se a fazer comparações culturais entre Europa e América, na questão do provincianismo; entre a religião na América e na Rússia; e entre pensamento protestante e judaico, tendo Martin Buber como elo e sua influência no protestantismo.

Essa "teologia engajada" no *saeculum*, histórica, social, politizada e cultural, no segmento protestante, todavia, carece de um sólido referente do universo teológico clássico, ainda que em nova abordagem. O teólogo que priorizou tal desafio foi o pastor e professor alemão Jürgen Moltmann.[190] Para tanto, utilizou-se do conceito cristão de *esperança* como categoria inerente da realidade mundana e presente na história e sociedade humanas,

---

[189] Ibid., p. 53.

[190] Sobre o pensamento de Moltmann, indico: Richard Bauckham. *The theology of Jürgen Moltmann*. Edinburg: T&T Clarck, 1995; Douglas M. Meeks. *Origins of the theology of hope*. Philadelphia: Fortress Press, 1974; Timothy Harvie. *Jürgen Moltmann's Ethics of Hope*: eschatological possibilities for moral action. Surrey-UK: Ashgate Publishing, Ltd., 2009; A. J. Conyers. *God, hope and history*: Jürgen Moltmann and the Christians concept of history. Macon-GA-USA, Mercer, 1988; Cezar A. Kuzma. "A esperança cristã na 'Teologia da Esperança': 45 anos da Teologia da Esperança de Jürgen Moltmann: sua história, seu caminho, sua esperança". *Rev. Pistis Praxis: Teologia Pastoral*, Curitiba, v. 1, n. 2, p. 443-467, jul./dez. 2009. Disponível em: file:///C:/Users/Ronaldo/AppData/Local/Temp/pistis-2723.pdf; Maria C. L. Bingemer. "O Deus desarmado: a Teologia da Cruz de J. Moltmann e seu impacto na Teologia Católica". *Estudos de Religião*, v. 23, n. 36, 230-248, jan./jun. 2009. Disponível em: <https://www.metodista.br/revistas/revistas-ims/index.php/ER/article/viewFile/884/939>.

e não apenas como uma dimensão transcendente ligada ao futuro. Como não poderia deixar de ser nesses "novos ventos" da teologia, o pensamento de Moltmann é fruto direto de sua experiência existencial. Soldado lutando pela Alemanha na Segunda Guerra Mundial; levado como prisioneiro de guerra entre (1945-1948), primeiramente na Bélgica, onde recebeu o Novo Testamento e os Salmos, e em seguida na Escócia e na Inglaterra. Nesse cenário, num campo guardado pelos soldados ingleses, mas operado pela ACM – *Associação Cristã de Moços*, em Norton Camp (1946), próximo a Nottingham, teve o desfecho de sua experiência religiosa de conversão e vocação. Em resumo: fundamental naquele momento foram as cerejeiras em flor na Bélgica, a amizade com trabalhadores escoceses e a leitura da Bíblia,[191] restituindo-lhe a esperança. Posteriormente, o livro de R. Niebuhr, *Nature and Destiny of Man*, e as conferências feitas no campo despertaram nele o interesse pela teologia.

De volta à Alemanha, estudou teologia regularmente em Göttingen, sendo exposto ao pensamento de Barth, porém, já com liberdade para uma forte crítica ao a-histórico e transcendente do mestre suíço. Foi influenciado pelo pensamento de Lutero, Hegel, E. Wolf, D. Bonhoeffer, H. J. Iwand, G. von Rad, E. Käsemann, e em especial por seu orientador de doutorado (1952), Otto Weber. Pastoreou em Bremen de 1953 a 1957. Já em Wuppertal, como professor, conheceu e travou amizade com W. Pannenberg. Após cinco anos, transferiu-se para a Faculdade de Teologia da Universidade de Bonn, onde ficou de 1963 a 1966, indo em seguida para Tübingen, como professor de Teologia Sistemática na Faculdade de Teologia Protestante daquela universidade, de 1967 a 1994. Durante anos teve como colega o teólogo católico suíço Hans Küng.

Como teólogo, sua obra é enorme e bastante significativa, pelo fato de buscar sempre o encontro de uma teologia rigorosa e bem construída com a realidade da existência humana. O ápice de sua carreira teológica são

---

[191] Em *Vida, esperança e justiça*: um testamento teológico para a América Latina. São Bernardo-SP: Editeo, 2008, pp. 10-11.

suas obras *Theologie der Hoffnung* (1964)[192] e *Der gekreuzigte Gott* (1974).[193] Em 1999, ele elabora uma síntese esclarecedora de sua rica trajetória teológica: *Enfahrungen theologischen Denkens – Wege und Formen christlicher Theologie*,[194] sublinhando os aspectos mais relevantes em cinquenta anos de reflexão teológica.

A temática da esperança era objeto de reflexões que se iniciaram com a obra em três volumes *Das Prinzip Hoffnung*, de Ernst Bloch (1959),[195] passando pela *Teologia da Esperança* de Jürgen Moltmann (1964), *The Revolution of Hope* de Erich Fromm (1968)[196] e *Sociologie de l'espérance* de Henri Desroche (1973).[197]

De fato, Moltmann empreendia uma réplica em forma de diálogo com o marxismo de Bloch, que em sua obra revestia a esperança com fortes imagens de utopia religiosa. Com isso Moltmann explicitamente "buscava repensar a mensagem cristã na perspectiva da esperança".[198] Isso significa que, se no *mysterium salutis* a fé (*initium fidei*) continuava tendo a prioridade, para ele o princípio esperança adquiria a primazia, levando-se em conta que na dinâmica histórica, sempre com o futuro adiante, a esperança é que dará vitalidade à fé para que não caia no conformismo social ou no quietismo teológico. Conformismo, quietismo e exclusivismo são sempre tentações contínuas e atrativas a serem superadas, para, com isso, evitar tanto a alienação como o imobilismo e o individualismo ensimesmado. Nesse processo de superação e compromisso com uma identidade cristã

---

[192] Em português: Jürgen Moltmann. *Teologia da esperança*: estudos sobre os fundamentos e as consequências de uma escatologia cristã. São Paulo: Teológica, 2003.

[193] Em português: Jürgen Moltmann. *O Deus crucificado*: a cruz de Cristo como base e crítica da teologia cristã. Santo André-SP: Academia Cristã, 2011.

[194] Em português: Jürgen Moltmann. *Experiências de reflexão teológica*: caminhos e formas da teologia cristã. São Leopoldo: Unisinos, 2004.

[195] Em português: Ernst Bloch. *Princípio esperança*. Rio de Janeiro: Eduerj/Contraponto, 2006.

[196] Em português: Erich Fromm. *A revolução da esperança*: por uma tecnologia humanizada. Rio de Janeiro: Zahar, 1969.

[197] Em português: Henri Desroche. *Sociologia da esperança*. São Paulo: Paulinas, 1995.

[198] J. L. Illanes; J. I. Saranyana. *Historia de la teología*. Madrid: BAC, 1995, p. 375.

dinâmica, faz-se necessário um correto entendimento da escatologia: de que ela não trata apenas do futuro, mas da presença histórica e redentora de Jesus Cristo inaugurada com sua encarnação, demarcando o início de uma nova realidade de reconciliação que se encaminha para uma salvação plena e definitiva. O sinal, como selo garantidor desta salvação total, foi a ressurreição de Cristo, como fato histórico narrado no Evangelho.

Para Moltmann, em meados da década de 1960, não havia outro caráter da teologia a ser ressaltado. O Deus que o encontrou vinte anos antes e o salvou da morte é essencialmente esperança, bem naquela descrição paulina: "E o Deus da esperança vos encha de todo o gozo e paz no vosso crer, para que sejais ricos de esperança no poder do Espírito Santo" (Rm 15,13). Ele declara que sua "intenção com a 'teologia da esperança' não foi outra senão devolver à Igreja, ou melhor, à cristandade, sua autêntica esperança para um novo mundo".[199] Posteriormente elucidou: "Eu não visava apenas a uma teologia *sobre* a esperança, mas a uma teologia *a partir* da esperança: teologia como escatologia, teologia do reino libertador de Deus no mundo".[200] A mensagem cristã da esperança se apresenta essencialmente como:

a) *promessa*, vinculando o futuro aos compromissos aliançados por Deus, que estão confirmados em toda a história do povo de Deus no Antigo Testamento e de maneira definitiva em Jesus de Nazaré;
b) a *ressurreição* do Cristo crucificado para o mundo;
c) a *história humana* como missão.

Em Moltmann, o futuro ganha uma dimensão teológica inigualável com a doutrina escatológica,[201] que diz respeito à totalidade da vida de fé, e não somente ao Dia do Juízo; a virtude teologal da esperança fortalece a vida de

---

[199] Jürgen Moltmann. *Vida, esperança e justiça*: um testamento teológico para a América Latina. São Bernardo-SP: Editeo, 2008, p. 29.
[200] Jürgen Moltmann. *Experiências de reflexão teológica*: caminhos e formas da teologia cristã. São Leopoldo: Unisinos, 2004, p. 84.
[201] Ver também: J. Moltmann. *A vinda de Deus*: escatologia cristã. São Leopoldo: Unisinos, 2003.

fé na história, tendo como fundamento a ressurreição de Cristo, como acontecimento singular que outorga à história novas condições de renovação e que permite superar o imobilismo quietista que frequentemente assombrava o cristianismo, ausentando-o do mundo e, em muitos casos, justificando a pecha de alienação a ele imputada. Isto está bem claro para Moltmann no início da obra: "a fé se apoia na esperança [...]. Crer significa de fato superar as barreiras, transcender, encontrar-se em êxodo".[202] Por isso, a incredulidade é, na verdade, falta de esperança.[203] Não ter uma fé esperançosa é um ato de arrogância, precisamente porque não confia e não se entrega àquilo que Deus deseja e promete ao ser humano. Assim, é preciso ver a realidade com os olhos da esperança, para "manter viva a fé e conduzir a obediência no amor ao caminho que leva à realidade terrena, corporal, social".[204] E diante da crítica a uma possível fé escapista, a uma fuga existencial, Moltmann contesta:

> A felicidade do homem no presente está arrebatada enganosamente nessa esperança? [...] A esperança posta no *creator ex nihilo* se converte na felicidade do presente, quando em amor se torna fiel a tudo e não abandona nada ao nada, senão que mostra aquela abertura para o possível, no qual esse tudo pode viver e viverá.[205]

Além dessas questões mencionadas, a *Teologia da Esperança* se articula em cada capítulo por realidades binomiais: escatologia e revelação; promessa e história; ressurreição e futuro de Jesus Cristo; escatologia e história; comunidade em êxodo, e finaliza com um surpreendente apêndice em diálogo com Ernst Bloch, fruto de um colóquio realizado na Universidade de Tübingen em 1963. Entre tantas afirmações, pontua:

> Assim, pois, aquele que quiser herdar a religião, e em especial o cristianismo, tem que herdá-lo em sua esperança escatológica. Para isso

---

[202] J. Moltmann. *Teología de la esperanza*. Salamanca: Sígueme, 1989, p. 24.

[203] Ibid., p. 28.

[204] Ibid., p. 32.

[205] Ibid., p. 40.

tem que reduzir a religião a seu fundamento ôntico, do qual surgiu. Para Bloch, o suspiro – formador da religião – da criatura oprimida, que anela alegria, felicidade e pátria, está na "escisão religiosa do homem entre sua manifestação presente e sua essência no presente".[206]

Oito anos após a "Teologia da Esperança", Moltmann revela aquilo que se pode chamar de a "face oculta da esperança": *O Deus crucificado*, obra emblemática que busca o momento fundante da experiência e da teologia cristãs. Nela, Moltmann expurga qualquer resquício de um otimismo ingênuo no núcleo do Evangelho, ou mesmo a crítica de escapismo alienante da dimensão escatológica, como que se ausentando da realidade em detrimento da possibilidade de um futuro aberto. A ressurreição no domingo não anula o crucificado da sexta-feira, simplesmente o exaltando; antes, o capacita como sacrifício *pro nobis*. "O significado de sua morte pode afetar o campo horizontal 'por todos' e 'por nós'".[207] Destarte, para ele, no Crucificado, Deus se compadece de forma absoluta, infinita e definitiva com o sofrimento humano, assume na dor a sua criação, geme e recolhe para si a soma de todas as aflições; enfraquecendo-se com a humanidade, traz-lhe esperança.

> O rei messiânico de Israel anda o caminho para a cruz romana sem resistência. O Filho de Deus renuncia a sua divindade sem resistência. O Filho de Deus renuncia a sua divindade e trilha o caminho de um pobre escravo até a morte na cruz... um caminho de esvaziamento. Com vistas à solidariedade com os fracos e pobres assim realizada, isso é o caminho do essencial amor divino.[208]

De certa forma, todo esse novo conteúdo que Moltmann traz para a teologia protestante contemporânea está amalgamado nesta obra de 1989 – *Der Weg Jesu Christi: Christologie in messianischen Dimensionen*, na qual

---

[206] Ibid., p. 438. Citação entre aspas do próprio Bloch.
[207] Jürgen Moltmann. *O Deus crucificado*. Santo André-SP: Academia Cristã, 2011, p. 227.
[208] Jürgen Moltmann. *O caminho de Jesus Cristo*: cristologia em dimensões messiânicas. Petrópolis: Vozes, 1993, p. 243.

enfoca a cristologia como uma dimensão dinâmica na história da humanidade. Ele destaca as relações sociais de Jesus: "Se Jesus é confessado como o Cristo de Deus, ele também é reconhecido em sua *pessoa social*. Ele é o irmão dos pobres, o companheiro do povo, o amigo dos abandonados, o co-sofredor dos doentes".[209] Para Moltmann, foi fundamental o contato direto com a teologia da libertação nos anos 1970, para o desenvolvimento dessa teologia mais horizontal e humana.

3.4 *Ensaio 4* – Protestantismo e o caráter ecumênico-social da teologia

A recuperação dessa dimensão no universo protestante, diante de seu caráter fragmentário que evoluíra aceleradamente para um divisionismo doutrinário denominacional incontornável e imprevisível, evidenciando um alheamento de questões fundamentais para a sobrevivência da vida humana no Ocidente na primeira metade do século XX, de fato, dava seguimento aos esforços ecumênicos que desde o século XIX eram objeto das preocupações protestantes, e se intensificaram na primeira metade do século XX.

A memória traumática dos conflitos bélicos e revoluções sangrentas desde o início da modernidade, do século XVI em diante, bem como a necessidade de se pensar uma ação preventiva diante dos sintomas preocupantes de desintegração social já presentes no contexto da Revolução Industrial na Europa, fizeram com que uma nova concepção do fenômeno protestante emergisse e fosse discutida. As preocupações se revelaram justificáveis e as duas Grandes Guerras deixaram isso bem claro! O objetivo não era outro senão o de refletir sobre de que forma os sentimentos e práticas religiosas, a fé e a crença, poderiam cooperar para a harmonia e amizade entre os povos e a coesão social. Nos espíritos mais devotos e sensibilizados na piedade protestante ecoavam forte, entre outras, as palavras de Jesus no Evangelho:

---

[209] Ibid., p. 206.

> E não rogo somente por estes, mas também por aqueles que pela tua palavra hão de crer em mim; para que todos sejam um, como tu, ó Pai, o és em mim, e eu em ti; que também eles sejam um em nós, para que o mundo creia que tu me enviaste. E eu dei-lhes a glória que a mim me deste, para que sejam um, como nós somos um (João 17,20-22).

Portanto, surge no protestantismo uma nova *pietas*, com significativa abertura teológica, a partir do próprio Evangelho de Jesus Cristo, e assim a laboriosa tarefa ecumênica foi se impondo na agenda protestante, não sem oposição eclesiástica e teológica nos diversos nichos do *éthos* evangélico mundial.

O termo "ecumênico",[210] de origem grega – οἰκουμένη –, tendo como raiz o vocábulo *Oìkos*, "casa", com o significado literal de "casa habitada", no vocabulário do cristianismo passou a ter o sentido de "terra habitada" (Mt 24,14). Um "lugar civilizado de morada", exatamente por ser presente do amor de Deus e, por isso mesmo, objeto a ser alcançado com a mensagem cristã. Daí haver uma identificação estreita entre ecumenismo e ação missionária. A unidade desejada pelo Senhor, conforme acima, foi objeto de preocupações na Igreja primitiva, as duas Cartas aos Coríntios de Paulo constituem-se num eloquente apelo à unidade cristã. Semelhantemente, na Igreja antiga do século II em diante, os diversos grupos que se formaram: maniqueus, arianos, donatistas, montanistas, marcionitas, nestorianos, entre outros, representaram o perigo da ruptura na unidade, sendo objeto das definições teológicas dos concílios ecumênicos desde Niceia, em 325, além dos inúmeros concílios locais e provinciais no Oriente e no Ocidente.

---

[210] Ver: Urs Baumann. "Ecumene". In: *Dicionário de conceitos fundamentais de teologia*. São Paulo: Paulus, 1993, pp. 211-220; S. Virgulin. "Ecumenismo". In: *Dicionário de espiritualidade II*. São Paulo: Paulinas/Loyola, 2012, pp. 836-840; Yves Congar. *Vocabulario ecuménico*. Barcelona: Herder, 1972; Nicholas Lossky (et al.) *Dicionário do movimento ecumênico*. Petrópolis: Vozes, 2005; Juan B. Navarro. *Dicionário de ecumenismo*. Aparecida-SP: Santuário, 2002; August B. Hasler. "Ecumenismo". In: *Sacramentum Mundi: Enciclopedia Teológica 2*. Barcelona: Herder, 1982, pp. 446-454; Adolfo G. Montes. "Ecumenismo". In: Xabier Pikaza; Nereo Silanes. *Dicionário Teológico: o Deus cristão*. São Paulo: Paulus, 1998, pp. 236-243.

Devido ao expansionismo colonial e mesmo antes dele, no caso católico, missionários foram se instalando em centenas de campos de missão, cidades, vilas, lugarejos, aldeias e países inteiros ainda não cristianizados. De certa forma, a atividade missionária ajudou na criação da ideia de ecumenicidade, uma vez que, diante das adversidades em lugares inóspitos ou hostis ao cristianismo, era preciso a cooperação e um mínimo de concórdia, apesar das diferenças doutrinais ou teológicas que se levavam junto à mensagem do Evangelho.

As ações missionárias eram também ações urbanas aos empobrecidos, mendigos, desempregados das grandes cidades, conforme narramos. Para essa cooperação, foi bem importante a noção de Reino de Deus como uma dimensão superior ao espectro denominacional; tarefa árdua, pois muitas denominações tornaram-se autossuficientes e a adesão a um conceito de Reino de Deus com prerrogativas, para muitas lideranças, era complexa, implicando "ceder espaço". Aliás, em um belo texto sobre o ecumenismo,[211] o professor Zwinglio M. Dias, incansável nas lides ecumênicas, inicia precisamente com um eloquente lamento pela divisão e quebra da unidade, evocando Lutero e Melanchthon, mencionados por L. Febvre, em seu clássico *Lutero, um destino*, e por Karl Barth, em sua monumental *Dogmática da Igreja*, recordada por Júlio de Santana.

Sinais de mudança surgiam pelo fato de metodistas, luteranos, anglicanos, congregacionalistas, valdenses, presbiterianos, batistas, etc., pela primeira vez, se unirem em torno de uma tarefa comum, precisamente por aceitarem que a expansão do Reino de Deus detinha a primazia. No final do século XVIII e durante todo o século XIX, a ideia ecumênica desenvolveu-se, tornando-se parte do vocabulário de diversas igrejas do protestantismo histórico, incluída na agenda pastoral e diaconal das várias igrejas, exigindo cada vez mais uma fundamentação teológica com elaboração adequada

---

[211] Zwinglio M. Dias. "O movimento ecumênico: história e significado", pp. 128-129. Disponível em: <https://numen.ufjf.emnuvens.com.br/numen/article/viewFile/899/781>.

– surgindo daí uma teologia ecumênica[212] que pudesse atender às várias demandas que iam surgindo na caminhada ecumênica e em seus desafios.

Dessa forma, há que se registrar que o movimento ecumênico moderno[213] teve o seu embrião e primeiros desenvolvimentos em solo protestante. Pequenas ideias que foram sendo gestadas ainda no século XVIII, como, por exemplo, com a teologia metodista, de corte mais popular, bem identificada com o cotidiano do povo, sentindo melhor suas necessidades. Os episcopais (comunhão anglicana) dos EUA, em sua convenção de 1888, produziram um importante documento que apontava as bases doutrinais comuns para as igrejas cristãs, contendo:

a) Bíblia;
b) Credo Niceno;
c) dois sacramentos: Batismo e Eucaristia; e
d) o Episcopado histórico.

---

[212] Acerca da teologia ecumênica, ver: Jos Vercruysse. *Introducción a la teologia ecuménica*. Estella-Espanha: Verbo Divino, 1993; Hans Küng. *Teologia a caminho*: fundamentação para o diálogo ecumênico. São Paulo: Paulinas, 1999; Walter Kasper. *Que todas sejam uma*: o chamado à unidade hoje. São Paulo: Loyola, 2008; Yves Congar. *Vocabulario ecuménico*. Barcelona: Herder, 1972; Johannes Brosseder. "Teología ecuménica". In: *Sacramentum Mundi: Enciclopedia Teológica 2*. Barcelona: Herder, 1982, pp. 454-464.

[213] Para introdução ao tema do ecumenismo, indico: W. A. Visser't Hooft. *The ten formative years*. Geneva: World Council of Churches, 1948; R. Rouse e S. Neil. *A history of ecumenical movement*: 1517-1948. London/Philadelphia: S.P.C.K./Westminster Press, 1954; Cláudio Ribeiro e Magali Cunha. *O rosto ecumênico de Deus*: reflexões sobre ecumenismo e paz. São Paulo: Fonte Editorial, 2013; Norman Goodall. *El movimiento ecuménico*: Qué es y para que trabaja? Buenos Aires: La Aurora, 1970; Alessandro Rocha (org.). *Ecumenismo para o século XXI*: subsídios teológicos para a vocação ecumênica de todo cristão. São Paulo: Fonte Editorial, 2011; Gottfried Brakemeier. *Preservando a unidade do Espírito no vínculo da paz*: um curdo de ecumenismo. São Paulo: Aste, 2004; Harold E. Fey. *A history of the ecumenical movement*. Volume 2, 1948-1968: ecumenical advance. Philadelphia: Westminster Press, 1970; W. M. Horton. *Christian theology*: an ecumenical approach. New York: Harper, 1955; E. Duff. *The social thought of the world council of churches*. New York: Association Press, 1956; August B. Hasler. "Ecumenismo". In: *Sacramentum Mundi: Enciclopedia Teológica 2*. Barcelona: Herder, 1982, pp. 446-454. Mais observações sobre suas origens e contradições, ver: <http://www.koinonia.org.br/tpdigital/detalhes.asp?cod_artigo=236&cod_boletim=13&tipo=Artigo>.

Antes da criação oficial do CMI, os esforços e desejos de unidade cristã foram traduzidos em congressos e conferências mundiais que conseguiram, a partir de 1910, reunir um número cada vez mais representativo de cristãos de todos os continentes, dos mais variados contextos e tradições, incluindo os irmãos ortodoxos e posteriormente, após o Concílio do Vaticano na década de 1960, também a presença dos irmãos católico-romanos. Além da unidade da Igreja, as temáticas diziam respeito à missão, ao evangelismo e à ordem social. A Conferência Missionária Mundial de Edimburgo (1910) e o Congresso do Panamá (1916) ficaram restritos ao tema missionário, sem conotações ecumênicas, mas foram importantes para se dimensionar o potencial de articulação do protestantismo ao redor do mundo, além de reforçar a importância da unidade na ação e manter uma secretaria permanente para esse tema. O Congresso do Panamá foi uma reação pelo fato de Edimburgo não ter tratado a América Latina como um campo missionário,[214] considerando-a já cristianizada pelo catolicismo. Essa iniciativa veio de lideranças missionárias norte-americanas instaladas em solo latino-americano, com a nomeação de um Conselho Missionário Internacional, responsável pelas futuras conferências sobre missão e unidade.

A Conferência Lambeth de 1920 adotou a base doutrinal episcopal[215] citada, com pequena modificação, e, entre vários documentos, emitiu o "Apelo a todos os cristãos", conclamando-os a caminharem em direção de uma união visível. Simultaneamente, tem-se o surgimento de organizações leigas cristãs, como sociedades missionárias, sociedades bíblicas, ACM, Federação de Estudantes Cristãos. No início do século XX, anglicanos também promoveram encontros específicos para oração pela unidade cristã. Igualmente, em 1920, na cidade de Genebra, 15 países se fizeram representar por meio de quase uma centena de delegados para

---

[214] Ver Zwinglio, op. cit., p. 135.
[215] Documento conhecido como *Quadrilátero de Lambeth-Chicago*, oriundo da Câmara dos Bispos da Igreja Episcopal Americana de 1886, em Chicago, adotado em 1888 e reafirmado em Lambeth, conforme acima.

uma conferência sobre "Cristianismo Prático", que em seu momento deu origem ao Movimento *Life and Work* ("Vida e Ação"), concretizado cinco anos mais tarde na Suécia. O movimento anglicano *Faith and Order* ("Fé e Ordem") se reuniu na Suíça pouco depois.

Foram esforços notáveis em prol de uma unidade perdida ou esquecida, buscando mitigar o escândalo da divisão cristã, especialmente marcante no protestantismo. Na sequência, foram realizadas as conferências em Estocolmo (1925), Lausanne (1927), Jerusalém (1928), Oxford e Edimburgo (1937), Madras e Utrecht (1938). Todas elas, de certa forma, preparatórias, nas quais despontaram fortes lideranças na condução do ideal ecumênico. A de Utrecht, sob a liderança de W. Temple, preparou as bases constitucionais para a formação do CMI.[216] A participação de nomes como Charles H. Brent (1862-1929), John R. Mott (1865-1955), Joseph H. Oldham (1874-1969), Nathan Söderblon (1866-1931), William Temple (1881-1944), Marc Boegner (1881-1970), John A. Mackay (1889-1993), Visser't Hooft (1900-1985), entre tantos outros, deixou claro, também, desde a reunião em Genebra, que era preciso uma sólida fundamentação teológica para dar suporte ao cristianismo prático que se almejava.

O *World Council of Churches – WCC* ("Concílio Mundial de Igrejas – CMI") catalisou essas aspirações de unidade e solidariedade, que Zwinglio resume:

> O CMI, principal instrumento de articulação dos desejos de unidade entre os cristãos, e que hoje reúne a maioria das Igrejas Protestantes e Ortodoxas, nasceu, dentre outros motivos, como fruto de um esforço de solidariedade entre os cristãos europeus, perplexos com a capacidade destrutiva da civilização moderna e belicosa que ajudaram a construir.[217]

---

[216] Ver Zwinglio, op. cit., p. 140.

[217] Ibid., p. 129. O artigo de Zwinglio é bem completo, elucidando cada passo do processo de amadurecimento da ideia ecumênica sendo disseminada no universo protestante e ortodoxo, por meio de nomes, datas, temas e fatos relativos ao ecumenismo. Seguimos de perto suas ponderações.

Como se sabe, a criação do CMI deu-se em 1948, amalgamando toda essa caminhada de esperança e expectativa pela unidade da Igreja. Ficou bem evidente na Assembleia de Amsterdã, de criação do CMI, com a presença de 147 igrejas e 351 delegados provenientes da Europa e da América do Norte, a preocupação com a ordem social, uma vez que, nos encontros preparatórios mencionados, essa questão foi exaustivamente debatida, como por exemplo em Oxford (1937), Londres (1946) e Bossey (1947), departamentos que discutiram as questões sociais à luz da Bíblia. Com isso, o surgimento do CMI significou que dezenas de igrejas entraram formalmente no diálogo ecumênico e, em decorrência, ficaram manifestas as divergências de opiniões, não apenas em temas doutrinários e dogmáticos, mas também ao redor da questão ética. Por isso, fez-se necessária a elaboração de uma filosofia social que pudesse enfrentar as questões práticas, partindo da ideia de uma lei natural dada por Deus para a conduta humana, bem como a razão como uma forma adequada de apreender a verdade moral.[218] Era uma situação bem complexa, levando-se em conta as concepções diferentes dos membros do CMI acerca da natureza humana, o que afetava diretamente o tipo de relação que a fé cristã poderia ou deveria estabelecer com a ordem social.

Após Amsterdã, o CMI realizou uma sequência de Assembleias[219] nos anos que se seguiram: Evanston (USA, 1954), Nova Délhi (Índia, 1961), Uppsala (Suécia, 1968), Nairóbi (Quênia, 1975), Vancouver (Canadá, 1983), Canberra (Austrália, 1991), Harare (Zimbabwe, 1998), Porto Alegre (Brasil, 2006), Busan (Coreia do Sul, 2013). O CMI, com sede em Genebra, na Suíça, conta hoje com 348 igrejas-membros, representando um total de mais de 500 milhões de cristãos de todas as regiões do mundo. Talvez a maior de todas as contribuições do CMI tenha sido a de abrir o caminho para o diálogo ecumênico.

---

[218] E. Duff. *The social thought of the World Council of Churches*. New York: Association Press, 1956, p. 96.

[219] Para detalhes das temáticas abordadas em cada Assembleia, estrutura organizacional, relação de igrejas-membros, regiões, arquivo, biblioteca etc., ver *site* do CMI: <https://www.oikoumene.org/es>.

Como um todo, os esforços ecumênicos, particularmente após o Vaticano II, nos anos 1960, produziram documentos teológicos[220] bilaterais e multilaterais que são verdadeiras "pérolas" do diálogo em prol da unidade cristã. "Naquela época, eles significaram o fim da polêmica intereclesiástica, o fim da teologia de controvérsia e da condenação...".[221] Abaixo, apenas à guisa de exemplo, menciono cinco desses diálogos ecumênicos teológicos[222] que julgamos mais relevantes da iniciativa protestante e católica.

Diálogo Concílio Mundial de Igrejas – Igreja Católica

Formou-se uma Comissão Mista[223] entre representantes do Conselho e do Secretariado para a Unidade dos cristãos desde 1965, publicando numerosos estudos e documentos: Bossey-Suíça e Ariccia-Itália, 1966 – *Natureza do ecumenismo, diálogo ecumênico, fé e constituição, missões, presença da Igreja no mundo, laicato, mulheres* etc.; Heraklion-Grécia, 1967 – *Fé e oração das Igrejas, unidade e missão, laicato e unidade, serviço à humanidade, tradução da Bíblia* etc.; Addis Abeba-Etiópia, 1971 – *Apêndices* aprofundando os estudos anteriores; Nairóbi-Quênia, 1975 – *O fundamento comum, colaboração* etc.

---

[220] Para uma documentação completa e exaustiva acerca desses documentos, ver Adolfo G. Montes. *Enchiridion oecumenicum 1 e 2*. Salamanca: Universidad Pontificia de Salamanca, 1986 e 1993. Para uma síntese do movimento ecumênico anterior ao Vaticano II e após o Decreto *Unitatis Redintegratio*, bem como da criação do Secretariado para a Unidade dos Cristãos, ver: Arquidiocese de São Paulo. *Caminhos para a unidade cristã*: pastoral do ecumenismo. São Paulo: Paulinas, 1987, pp. 51-93. Sobre a história contemporânea do ecumenismo, ver J. Briggs; M. A. Oduyoye; G. Tsetsis. *A History of the ecumenical movement: 1968-2000*. Geneva: WCC, 2004. Para uma avaliação do projeto ecumênico como um todo e a vocação ecumênica hoje, ver: Harding Meyer. *Diversidade reconciliada*: o projeto ecumênico. São Leopoldo: Sinodal/EST, 2003; Alessandro Rocha (org.). *Ecumenismo para o século XXI*: subsídios teológicos para a vocação ecumênica de todo cristão. São Paulo: Fonte Editorial, 2011.

[221] Harding Meyer. *Diversidade reconciliada*: o projeto ecumênico. São Leopoldo: Sinodal/EST, 2003, p. 46.

[222] O conteúdo completo dos textos, apêndices e anexos de 1965 a 1993, podem ser vistos em: Adolfo G. Montes. *Enchiridion Oecumenicum I e II*. Salamanca: Universidad Pontificia de Salamanca, 1986/1993.

[223] Síntese dos diálogos entre CMI e Igreja Católica em: Arquidiocese de São Paulo. *Caminhos para a unidade cristã*: pastoral do ecumenismo. São Paulo: Paulinas, 1987, pp. 77-82.

A segunda fase dos diálogos dá-se entre 1975 e 1983 e produz o importantíssimo Documento de Lima, *BEM – Batismo, Eucaristia e Ministério*, fruto de dezenas de anos de diálogo na Comissão Mista de Trabalho, que foi apresentado na Assembleia do CMI em Vancouver (1983). Posteriormente, vários outros documentos vieram à luz: *A Igreja como comunhão local e universal* (1990); *A noção de hierarquia de verdades: interpretação ecumênica* (1990); *A formação ecumênica* (1993); *O desafio do proselitismo e a chamada ao testemunho comum* (1995).

Diálogo Anglicano-Católico

A *primeira fase* dos diálogos anglicanos-católicos[224] tem início com a visita do Arcebispo de Canterbury, Michael Ramsey, ao Papa Paulo VI, em 24 de março de 1966. Produziu-se daí uma "Declaração comum" de intenção por iniciar os diálogos entre as duas confissões. Para tanto, foi criada uma Comissão Mista Internacional Anglicano-Católica (ARCIC – sigla em inglês), com 25 membros, para preparar os diálogos.

Após as três primeiras sessões – em Windsor, em janeiro de 1970; em Veneza, em setembro de 1970; e em Windsor, em setembro de 1971 –, foi aprovada e publicada a declaração conjunta sobre a doutrina acerca da Eucaristia – "Declaração de Windsor" (1971). Nas duas sessões seguintes, em Gazzada – Itália, em agosto/setembro de 1972, e em Canterbury, em agosto/setembro de 1973, produziu-se a declaração conjunta sobre "Ministério e Ordenação" – "Declaração de Canterbury" (1973). O tema da "Ordenação" exigiu muito tempo, tendo se desdobrado em subcomissões e inúmeros documentos. O resultado final foi a declaração conjunta sobre "A autoridade na Igreja I", conhecida como "Declaração de Veneza" (1976), e posteriormente a declaração conjunta "A autoridade da Igreja II", conhecida como "Declaração de Windsor" (1981).

Entrementes, e também como fruto dessa aproximação, produziu-se o documento "O casamento anglicano-católico", resultado da Comissão

---

[224] Ibid., pp. 72-74.

Internacional Anglicano-Católica para a Teologia do Matrimônio e sua aplicação aos Casamentos Mistos (1975). Outras duas declarações comuns foram escritas: entre o Papa Paulo VI e o Arcebispo de Canterbury, Donald Coggan (29 de abril de 1977); e entre o Papa João Paulo II e o Arcebispo de Canterbury, Robert Runcie (29 de maio de 1982). Encontro por demais significativo na própria catedral de Canterbury.

A *segunda fase* do Diálogo, com o estabelecimento da ARCIC II, teve sua primeira sessão em Veneza, em agosto/setembro de 1983. Acordou-se discutir os documentos oriundos da Austrália acerca da justificação pela fé e a teologia da Igreja, e também da Inglaterra sobre o reestabelecimento da comunhão entre as duas Igrejas. Seguiram-se outras sessões nos anos seguintes: Durham, agosto de 1984; Nova Iorque, agosto/setembro de 1985; Llandalf, agosto/setembro de 1986; Palazzola, setembro de 1987; Edimburgo, agosto/setembro de 1988; Veneza, agosto/setembro de 1989; e Dublin, agosto/setembro de 1990.

Em 1991, como parte da recepção do já produzido, surgiu uma resposta oficial por parte do catolicismo, com várias observações críticas e convidando para seguir com o diálogo. Após anos de trabalho, alguns relevantes documentos foram produzidos:
a) *A salvação e a Igreja* (1986);
b) *A Igreja como comunhão* (1990); *O dom da autoridade: a autoridade na Igreja III* (1999); *Maria: graça e esperança em Cristo* (Seattle, 2005).

Ainda está em aberto a discussão sobre a validade das ordenações anglicanas. No momento experimenta-se um esfriamento das ordenações anglicanas ao ministério presbiteral e episcopal.

Diálogo luterano-católico

O diálogo luterano-católico[225] foi iniciado em 1967, sob a responsabilidade da Federação Luterana Mundial. Um importante documento foi

---
[225] Ibid., pp. 69-71. Ver ainda Adolfo G. Montes. *Ante la unidad*: modelos, formas y etapas de comunión eclesial luterano-católica. Salamanca: Universidad Pontificia de Salamanca, 1988.

produzido em 1972, conhecido como Relação de Malta: *O Evangelho e a Igreja*. Em um segundo momento, produziram-se seis documentos: *A ceia do Senhor* (1978); *Caminhos para a comunhão* (1980); *Todos sob o mesmo Cristo* (1980); *O ministério espiritual na Igreja* (1981); *Martinho Lutero, testemunha de Jesus Cristo* (1983); *Diante da unidade: modelos, formas e etapas da comunhão eclesial luterano-católica* (1984). Em 1986 teve início uma nova fase, concentrada em aprofundar-se nos temas mais delicados: a doutrina da justificação e a eclesiologia. Com isso, produziu-se o documento de convergência eclesiológica: *Igreja e justificação: a compreensão da Igreja à luz da justificação* (1994), e ainda a *Declaração conjunta sobre a doutrina da justificação* (1999), que, extrapolando o âmbito da comissão mista, avançou para um acordo entre as Igrejas. Atualmente, eclesiologia e papado são temas prioritários no diálogo. Entretanto, de lado a lado surgem dificuldades. A Declaração católica da Congregação para Doutrina da Fé, *Dominus Iesus*, de 2000, que nega o caráter de eclesialidade às igrejas oriundas da Reforma, e o crescimento de um antiecumenismo nas fileiras do protestantismo certamente são fatos que representam os obstáculos ainda a serem superados.

Diálogo metodista-católico

O diálogo metodista-católico[226] foi iniciado em 1967 e desde o começo encarou temas essenciais, como a relação Igreja-mundo, a Bíblia como fonte de fé e de piedade, os sacramentos, a autoridade, a moral do cristão. Temas que foram abordados com pertinência em Denver (1971), Dublin (1976), Honolulu (1981). Em seguida, veio à luz a *Relação de Nairóbi* (1982-1986), que, além de tratar de temas como o ministério do bispo de Roma (Veneza, 1985), outras conclusões foram adensadas ao documento de Nairóbi. Em uma nova fase, a comissão decidiu estudar a tradição apostólica (1986-1991), que teve como resultado os documentos: *A tradição apostólica* (1992); *Declaração sobre a revelação e a fé* (1995); e *Dizer a verdade*

---

[226] Ibid., pp. 74-76.

em amor: a autoridade do ensino nos católicos e nos metodistas (última fase do diálogo, entre 1997 e 2001).

Diálogo Aliança Reformada Mundial – Igreja Católica

O diálogo Aliança Reformada Mundial – Igreja Católica[227] foi iniciado em 1970. Na primeira fase se ocupou das relações entre Cristo e a Igreja, a presença de Cristo no mundo, a autoridade doutrinal, a Eucaristia e o ministério, finalizando com o documento *A presença de Cristo na Igreja e no mundo* (1977). Numa segunda fase, desenvolvida entre 1984 e 1990, resultou no documento: *Para uma compreensão comum da Igreja*. Temática desmembrada em cinco encontros:

a) em Roma (1984), sobre temas eclesiológicos: a Igreja como "povo de Deus, corpo de Cristo e templo do Espírito Santo";
b) em Kappel am Albis – Suíça (1985), sobre visibilidade e invisibilidade da Igreja, Cristo como única fonte de salvação e função da Igreja na Salvação;
c) em Veneza (1986), sobre a natureza e exclusividade da mediação de Cristo na salvação e, a partir disso, o papel da Igreja;
d) em Cartigny-Suíça (1987), sobre autocompreensão eclesiológica católica de Trento a nossos dias, desenvolvimento da eclesiologia católica e o papado segundo a visão reformada;
e) em Ariccia (1988) houve a concordância de uma convergência notável e o reconhecimento de que partilhavam de uma mesma fé sobre o mistério da Igreja.

Além desses mencionados, em síntese, existem muitos outros diálogos ecumênicos internacionais, que há muitos anos vêm se desenvolvendo e produzindo documentação de qualidade indubitável, como, por exemplo: Luterano-Reformado-Católico; Pentecostalismo-Igreja Católica; Ortodoxo-Católico, Batista-Católico. Ademais, diversos diálogos ecumênicos nacionais

---

[227] Ibid., pp. 71-72.

ou locais continuam sendo realizados. Os diálogos são sinais concretos de uma concepção mais madura da fé, na qual se enxerga a comunhão universal das confissões como um desejo do próprio Cristo, por cima das diferenças doutrinárias que persistem na separação. Apenas a ecumenicidade da Igreja, com vistas ao Reino de Deus, é capaz de superar o escândalo do divisionismo cristão na história, conforme nos recorda o Apóstolo Paulo: "Há um só corpo e um só Espírito, da mesma forma que a esperança para a qual fostes chamados é uma só; há um só Senhor, uma só fé, um só batismo, um só Deus e Pai de todos, que é sobre todos, por meio de todos e em todos" (Ef 4,4-6).

3.5. Síntese

A identidade protestante é essencialmente plural, muito embora, desde seu início, tentasse pautar sua fé, sua doutrina e sua práxis em uma única fonte: a Bíblia. Quando comparada com o catolicismo, a *performance* protestante é de fato um curioso enigma. Se no catolicismo consegue-se extrair algo único, uno, decorrente da ação magisterial e dogmática, transmitindo aos fiéis uma verdade já pronta, completa, ainda que possa ser discutida, no protestantismo ocorre o oposto, pois a instância decisória e última está na consciência individual, em sua livre leitura e interpretação. Ambas as abordagens conservam seus ônus e bônus, como tudo na vida. Oriunda de seu pensamento, a ética protestante, que, como destacou Weber, teve afinidade com o capitalismo burguês nos séculos de sua solidificação e expansão, fez uma interessante tentativa de diálogo com o socialismo no final do século XIX, expresso na teologia do Evangelho Social.

Já no século XX, posicionou-se contra a hegemonia elitista do protestantismo liberal, por conta de sua diluição na cultura iluminista, e postulou a necessária distinção dialética entre Deus e o homem, transcendência e imanência. Entretanto, algo como uma capitulação sucedeu *a fortiori*, dadas as demandas sociais da importância da história como lócus de salvação, e de uma nova hermenêutica para o melhor desenvolvimento teológico diante do poderoso processo de secularização da sociedade ocidental.

Impõe-se afirmar com esperança a memória histórica de Deus e de seu amor sacrificial, em uma veiculação inteligível culturalmente. Para tanto, há que se arrumar a casa cristã, a nossa *oikoumene*, com diálogo, cooperação, espírito solidário e comunhão. O desafio ecumênico, a partir da leitura do Evangelho de Jesus Cristo e seu ministério "aberto", inclusivo, transpondo barreiras religiosas, raciais e de gênero, talvez seja a sua maior herança legada ao mundo – uma tradução corajosa da doutrina da encarnação de Deus neste mundo, traduzida em uma espiritualidade de inserção dialógica no mundo.

Considerações finais

Em meio às celebrações do aniversário de cinco séculos da Reforma Protestante, é inevitável que, como se diz, "olhemos pelo retrovisor". Afinal, são 500 anos de uma memória histórica relevante na vida privada e pública do Ocidente, forjando um *éthos* com forte presença cultural na religião, economia, política, no mundo do trabalho, nas artes em geral, educação, saúde etc.

Como é sabido, o fenômeno protestante teve início na inspiração isolada de um monge alemão agostiniano, a princípios do século XVI, a partir de seu claustro monástico e de aulas de teologia ministradas na universidade. Inspiração decorrente de suas dúvidas e insatisfações religiosas e teológicas com o modelo religioso vigente, quando comparado com suas leituras das Escrituras. A partilha de tais preocupações e interrogações com amigos, companheiros de hábito, alunos e colegas professores adquiriu proporções inusitadas e consequências importantes, tomando a forma de uma *conspiração*, ainda que *piedosa* (*pia conspiratio*). Seus primeiros movimentos estavam circunscritos ao "leque" de temas eclesiásticos e tradicionais da teologia, isto é, sem a conotação de uma revolução social em curso. Talvez aqui pudesse ser feita uma analogia da religião com a política, presente na denominada Revolução Gloriosa (1688-1689); gloriosa por não derramar sangue ou pela importância da ação social pacificadora metodista e da cruzada ética de Wilberforce, ajudando a tornar desnecessária mais uma revolução na Inglaterra.

A recepção do protestantismo no século XVII, após duas gerações de descobertas, definições, estudos, documentos confessionais, diatribes, e o envolvimento de acontecimentos políticos, mudanças econômicas, adesões, anátemas mútuos etc., implicaram uma mudança na própria ideia de "conspiração", uma vez que seu predicado "piedoso" passou a ter um sentido bem mais amplo e abrangente, ancorado nas máximas luteranas:

a) "Sacerdócio Universal" – em que o caminho de comunhão com Deus está aberto a todo cristão, sem a necessidade obrigatória de intercessores humanos, anulando-se a função medianeira da Igreja; e
b) "Beruf" – em que a "vocação" não é mais apenas clerical, mas se estende tanto ao indivíduo feito potencialmente sacerdote como às suas atividades profissionais "mundanas".

Essa insólita configuração estabeleceu os novos parâmetros de atuação e inserção social do cristianismo no mundo moderno. A tradição protestante, em seu conjunto, viu-se continuadora da tradição bíblica profética do Antigo Testamento, sintetizada em João Batista e que culminou no ministério de Jesus como profeta, sacerdote e rei, estendendo-se até o Apóstolo Paulo, rompendo a barreira racial com a abertura plena da mensagem salvífica aos gentios. E, inspirada em seus pais-fundadores, buscou (quase) sempre a autocrítica como forma de aferir sua atuação, por isso desenvolveu um forte componente de realismo cristão, muitas vezes extremado acerca da pecaminosidade humana. Aceitou com reservas a *Imago Dei*, concebendo-a como tendo sido maculada pelo pecado. O realismo antropológico cristão protestante ficou bem patente em teólogos modernos como K. Barth e R. Niebuhr. Por sua vez, a dimensão do protesto, como realidade "genética" do protestantismo, vinculada à própria tradição bíblica, está expressa no "princípio protestante" desenvolvido por P. Tillich contra qualquer forma de idolatria da condição humana; recurso, aliás, aplicado recorrentemente ao próprio protestantismo, no sentido de corrigir seus arroubos entusiastas, seus radicalismos interpretativos e doutrinários, seus compromissos ideológicos cegos, sua apatia diante da indigência humana, espiritual e material, seu sectarismo religioso e boicote social, seu afã de escrutínio e domínio da verdade. O protestantismo teve que "cortar na própria carne", "lapidar a pedra bruta", convivendo com "tentativas e erros". Bonhoeffer exemplificou a "resistência" a qualquer ideologia totalitária e a "submissão" somente a Deus.

Pari passu com a modernidade, a expressão protestante de fé foi percebendo que nesse novo momento, o rebanho de Deus era maior e estava espalhado em tradições diferentes e em muitos outros lugares, conforme o Evangelho informa: "Ainda tenho outras ovelhas que não são deste aprisco, as quais devo da mesma maneira trazer; elas ouvirão minha voz, e haverá um só rebanho e um só pastor" (Jo 10,16). A realidade plural, presente nos meios urbanos, no comércio, nas fábricas, nas grandes viagens, na nova cosmologia, refletiu-se no mundo religioso como um desafio à convivência com o diferente, "o si mesmo, como outro" (P. Ricoeur), na criação de condições mínimas de justiça social. O passo decisivo na abertura do protestantismo foi dado na "aventura" ecumênica, um caminho de cooperação e fraternidade *extramuros ecclesiae*, em diálogo com as aspirações de paz mundial dos países. As motivações dos concílios ecumênicos da antiguidade cristã estavam aqui revividas, só que com mais amplidão, com vistas à construção de uma cultura de paz, harmonia e respeito entre os povos e as nações.

Entrementes, é preciso ter a coragem de aceitar a espiritualidade cristã em sua versão protestante como uma *conspiração piedosa* – que, de fato, protesta, reivindica, denuncia e anuncia. Adversa a tudo o que depõe contra a vida humana dada por Deus, a tudo que segrega e barbariza, a tudo o que obscurece e embrutece, desde a intolerância religiosa, os fundamentalismos e proselitismos, até a exploração econômica, as imposições do mercado e a ditadura da estética, passando pela imunda ideologia político-partidária, pelas manipulações da mídia, do consumo desenfreado, da degradação ambiental, do sucateamento da educação, da corrupção generalizada, sindicalizada e legalizada, dos corporativismos de gravata, de farda e de toga, da violência doméstica contra mulheres e crianças, do maltrato aos animais, contra a indústria das armas e o tráfico de drogas e de influência. Enfim, contra todas a vilanias e perversidades que boicotam a vida, que afrontam os esforços humanizadores e impedem a uma existência que o Evangelho nos sinaliza e propõe.

Por tudo isso e muito mais, é preciso revisitar a história e acessar a memória dos atos de Deus que trazem esperança, pois isso nos revelará um destino aberto a ser trilhado no futuro.

A religião torna-nos herdeiros de uma nobre dignidade que sobrepassa nossa capacidade de percepção. Foi concebida *extra nos*, mas foi dada *pro nobis*; resta-nos, então, assumi-la, desfrutá-la e passá-la adiante. Não sabemos o destino dela; pela lógica Iluminista, ela deveria estar morta, mas continua bem viva por meio de novas formas e por caminhos distintos daqueles que sempre foram trilhados, discutindo outros assuntos, com uma agenda diferente da que tradicionalmente tinha. Se o futuro não será protestante, como já se disse, na verdade, não importa muito, pois trata-se apenas de uma versão moderna do relato "original". Além do mais, como o Reino de Deus é maior que a Igreja, igualmente, o *princípio protestante* é maior que o protestantismo e a *pietas evangelica* é anterior e maior que o próprio cristianismo, e são eles, junto com outros valores culturais, que podem ajudar a refazer o "processo civilizatório", auxiliando na preservação da οἶκος humana, vencendo e superando nossa propensão gravitacional para a clivagem e o autoextermínio.

Bibliografia

ABBAGNANO, N.; VISALBERGHI, A. *Historia de la pedagogía*. México: FCE, 1964.

ADORNO, T. W. *Minima moralia*. Rio de Janeiro: Azougue Editorial, 2008.

ADORNO, T. W.; HORKHEIMER, M. *Dialética do esclarecimento*: fragmentos filosóficos. Rio de Janeiro: Jorge Zahar Ed., 1985.

ALTHUSIUS, Johannes. *Política*. Rio de Janeiro: Topbooks, 2003.

ANDRADE, Afrânio. "Do jusnaturalismo e do direito internacional em Hugo Grotius". In: CAVALCANTE, R.; SANTANA, P. *Sociedade e direitos humanos*: a filosofia do direito aplicada I – os clássicos. São Paulo: Fonte Editorial, 2015.

ARQUIDIOCESE de São Paulo. *Caminhos para a unidade cristã*: pastoral do ecumenismo. São Paulo: Paulinas, 1987.

ARRUDA, José Jobson. *A revolução inglesa*. São Paulo: Brasiliense, 1999. (Coleção Tudo é História).

BACON, Francis. *Da proficiência e o avanço do conhecimento divino e humano*. São Paulo: Madras, 2006.

BACON, Francis. *Ensaios sobre moral e política*. Bauru: Edipro, 2001.

BACON, Francis. *New Atlantis and The great instauration*. Wheeling-IL-USA: Crofts Classics, 1989.

BACON, Francis. *Novum Organum*. Tradução e notas: José Aluysio Reis de Andrade. Versão eletrônica disponível em: <http://www.psb40.org.br/

bib/b12.pdf>. Créditos da digitalização: membros do grupo de discussão Acrópolis (Filosofia). Homepage do grupo: <http://br.egroups.com/group/acropolis/>.

BACON, Francis. *O progresso do conhecimento humano*. São Paulo: Editora Unesp, 2007.

BACON, Francis. *Vida e obra: Novum organum* ou verdadeiras indicações acerca da interpretação da natureza e Nova Atlântida. São Paulo: Nova Cultural, 1999. (Coleção Os Pensadores).

BARTH, Karl. *A carta aos Romanos*. São Leopoldo: Sinodal/EST, 2016.

BARTH, Karl. *Al servicio de la Palabra*. Salamanca: Ediciones Sígueme, 1985.

BARTH, Karl. *Church dogmatics*. Peabody-MA-USA: Hendrickson Publishers, 2010.

BARTH, Karl. *Dádiva e louvor*: artigos selecionados. São Leopoldo: Sinodal/EST, 1986.

BARTH, Karl. *Esboço de uma dogmática*. São Paulo: Fonte Editorial, 2006.

BARTH, Karl. *Fé em busca de compreensão*. São Paulo: Fonte Editorial, 2010.

BARTH, Karl. *Introdução à teologia evangélica*. São Leopoldo: Sinodal/ EST, 1996.

BARTH, Karl. *The epistle to the Romans*. Oxford/London: Oxford University Press, 1933.

BARTH, Karl. *The humanity of God*. Louisville-Kentucky-USA: John Knox Press, 1964.

BARTH, Karl. *Theological existence today!* A plea for theological freedom. London: Hodder and Stoughton, 1933.

BAUMAN, Zigmunt. *Em busca da política*. Rio de Janeiro: Zahar, 2000.

BAYER, Osvald. *A teologia de Martim Lutero*: uma atualização. São Leopoldo: Sinodal/EST, 2007.

BAYLE, Pierre. *Historical and critical dictionairy*: selections. Indianapolis-IN: Hacket Publishing Company, 1991.

BELLAH, Robert et al. *The good society*. New York: First Vintage Books, 1992.

BERGER, Peter. *O dossel sagrado*. São Paulo: Paulinas, 1985.

BERKLEY, David. *Thomas Clarkson: the British Anti-Slavery Campaigner and the Cambridge Connection*. Cambridge: Christian Heritage, 2007.

BIÈLER, André. *O pensamento econômico e social de Calvino*. São Paulo: Casa Editora Presbiteriana, 1990.

BOBBIO, Norberto. *Liberalismo e democracia*. São Paulo: Brasiliense, 2005.

BODIN, Jean. *Os seis livros da República*. São Paulo: Editora Ícone, 2011.

BONHOEFFER, Dietrich. *Discipulado*. São Leopoldo: Editora Sinodal/EST, 2008.

BONHOEFFER, Dietrich. *Ética*. São Leopoldo: Sinodal/EST, 2008.

BONHOEFFER, Dietrich. *Sociología de la Iglesia* (*Sanctorum communio*). Salamanca: Ediciones Sígueme, 1980.

BONHOEFFER, Dietrich. *Resistência e submissão*: cartas e anotações escritas na prisão. São Leopoldo: Sinodal/EST, 2003.

BONHOEFFER, Dietrich. *Vida em comunhão*. São Leopoldo: Sinodal/EST, 2009.

BONINO, José M. "Foi o metodismo um movimento libertador?". Disponível em: <http://www.metodistavilaisabel.org.br/artigosepublicacoes/descricaocolunas.asp?Numero=1167>.

BONINO, José M. et al. *Luta pela vida e evangelização*: tradição metodista na teologia latino-americana. São Paulo: Paulinas, 1985.

BOOTH, William. *Salvation Soldiery*: a series of addresses on the requirements of Jesus Christ's service. Charleston-SC-USA, 2014.

BOOTH, William. *Social Service in the Salvation Army*. Middletown-DE-USA: Leopold Classics Library, 2016.

BOUILLARD, Henri. "Dialéctica". Disponível em: <http://www.mercaba.org/Mundi/2/dialectica2.htm>.

BRAATEN, Carl. "Prolegômenos à dogmática cristã". In: BRAATEN, Carl E.; JENSON, Robert W. (ed.). *Dogmática cristã*. São Leopoldo: Sinodal/EST, 1987. vol. 1.

BRAGA, Marco (et al.). *Breve história da ciência moderna*. Rio de Janeiro: Jorge Zahar Ed., 2004.

BRENDLINGER, Irv. *A social justice through the eyes of Wesley*: John Wesley's theological challenge to slavery. Guelph, ON: Joshua Press, 2006.

BRITO, André Souza. "Relações de poder e religião: movimentos sociais e movimentos religiosos a partir de uma historiografia marxista", a propósito de três historiadores marxistas: E. Thompson, C. Hill e Emília Viotti da Costa. Disponível em: <http://www.editora.ufrrj.br/revistas/humanasesociais/rch/rch31_n2/chsr_v31_n2_11_Demanda_2_relacoes%20de%20poder.pdf>.

BROWN, Robert M. *The spirit of Protestantism*. Oxford: Oxford University Press, 1965.

BULTMANN, Rudolf. *Crer e entender*: artigos selecionados. São Leopoldo: Sinodal/EST, 1987.

BULTMANN, Rudolf. *Teologia do Novo Testamento*. São Paulo: Teológica, 2004.

BULTMANN, Rudolf. *Jesus*. São Paulo: Teológica, 2005.

BURITI, Joanildo. *Fé na revolução*: protestantismo e o discurso revolucionário brasileiro (1961-1964). Rio de Janeiro: Editora Novos Diálogos, 2011.

BURTT, Edwin. *The English philosophers from Bacon to Mill*. New York: The Modern Library, 1939.

CAMERON, Richard M. *Methodism and society in historical perspective*. Nashville: Abingdon Press, 1961.

CAMPOS, Breno M. "*The fundamentals*: ontem, hoje e sempre". *Protestantismo em Revista*, v. 30, 2013. Disponível em: <http://periodicos.est.edu.br/index.php/nepp/article/view/668/853>.

CASSIRER, E. *A filosofia do Iluminismo*. Campinas: Unicamp, 1997.

CAVALCANTE, Ronaldo. *A cidade e o gueto*. São Paulo: Fonte Editorial, 2010.

CAVALCANTE, Ronaldo. "Do horror da escravidão em W. Wilberforce e J. Nabuco". In: CAVALCANTE, Ronaldo; SANTANA, Priscilla. *Sociedade e Direitos Humanos*: a Filosofia do Direito Aplicada – Os Clássicos I. São Paulo: Fonte Editorial, 2015.

CAVALCANTE, Ronaldo; SINNER, Rudolf von (org.). *Teologia pública em debate*. São Leopoldo: Sinodal/EST, 2011.

CAVALCANTI, Patrícia Bioto. "As contribuições de Peter Ramus à escola moderna". Disponível em: <http://sbhe.org.br/novo/congressos/cbhe7/pdf/07>.

COBRA, Rubem Q. "Época, vida e obras de Pierre Ramée". Disponível em: <http://www.cobra.pages.nom.br/fmp-ramee.html>.

COLIE, Rosalie L. *Light and enlightenment*. Cambridge: Cambridge University Press, 1957.

COLLINSON, Patrick. *A Reforma*. Rio de Janeiro: Objetiva, 2006.

COMENIUS. *A escola da infância*. São Paulo: Unesp, 2011.

COMENIUS. *Didática magna*. São Paulo: Martins Fontes, 2011.

COX, Harvey. *A cidade do Homem*. Rio de Janeiro: Editora Paz e Terra, 1971.

COX, Harvey. *La religión en la ciudad secular. Hacia una teología postmoderna*. Santander: Editorial Sal Terrae, 1985.

CREDO Social da Igreja Metodista do Brasil (Aprovado pelo X Concílio Geral em 1971). Disponível em: <http://www.metodistadosul.edu.br/pastoral/reflexao.php?codigo=9872&secao=386&pai=70>.

CROATTO, José S. "Hermenêutica e linguística. A hermenêutica bíblica à luz da semiótica e frente aos métodos histórico-críticos". Disponível em: <http://periodicos.est.edu.br/index.php/estudos_teologicos/article/viewFile/1277/1231>.

CULLMANN, Oscar. *Cristo e o tempo*. São Paulo: Editora Custom, 2003.

CULLMANN, Oscar. *Cristologia do Novo Testamento*. São Paulo: Editora Custom, 2002.

CULLMANN, Oscar. *Cristología del Nuevo Testamento*. Salamanca: Ediciones Sígueme, 1998.

CUSA, Nicolau de. *A douta Ignorância*. Lisboa: Fundação Calouste Gulbenkian, 2003.

DARWIN, Charles. *A origem das espécies e a seleção natural*. São Paulo: Editora Hemus, 2013.

DECLARAÇÃO TEOLÓGICA de Barmen. Disponível em: <http://www.luteranos.com.br/textos/a-declaracao-teologica-de-barmen>.

DEISSMANN, Adolf. *Paul: a study in social and religious history*. New York: Harper & Brothers Publishers, 1957.

DELUMEAU, Jean. *Nascimento e afirmação da Reforma*. São Paulo: Pioneira, 1989.

DIAS, Zwinglio M. "O movimento ecumênico: história e significado". Disponível em: <https://numen.ufjf.emnuvens.com.br/numen/article/viewFile/899/781>.

DICKENS, Charles. *Oliver Twist*. Tradução de Machado de Assis e Ricardo Lísias. 1. ed. São Paulo: Hedra, 2002.

DILLENBERGER, John. *Protestant thought & Natural Science*. Nashville-TN: Abingdon Press, 1960.

DORRIEN, Gary. *Social ethics in the making*: interpreting an American tradition. United Kingdon: Wiley-Blackwell, 2011.

DORRIEN, Gary. *The making of American liberal theology*: idealism, realism & modernity – 1900-1950. Louisville/London: Westminster John Knox Press, 2003.

DORRIEN, Gary. *The making of American liberal theology*: imagining progressive religion – 1805-1900. Louisville/London: Westminster John Knox Press, 2001.

DORRIEN, Gary J. Dorrien. *Reconstructing the common good*: Theology and the social order. Maryknoll, New York: Orbis Books, 1990.

DREHER, Martin N. *De Luder a Lutero*: uma biografia. São Leopoldo: Sinodal, 2014.

DREHER, Martin N. *Para entender o Fundamentalismo*. São Leopoldo: Unisinos, 2002.

DREISBACH, Daniel L.; HALL, Mark D. *Faith and the folders of the American republic*. Oxford: Oxford University Press, 2014.

DUFF, Edward. *The social thought of the world council of churches*. New York: Association Press, 1956.

DUMONT, Louis. *O individualismo*: uma perspectiva antropológica da ideologia moderna. Rio de Janeiro: Rocco, 2000.

DUNN, James. *A teologia do apóstolo Paulo*. São Paulo: Paulinas, 2003.

DURKHEIM, E. *O suicídio*. São Paulo: Martins Fontes, 2000.

ESPINOSA, Baruch de. *Tratado teológico-político*. São Paulo: Martins Fontes, 2008.

EVANS, Christopher H. *The kingdom is always but coming*. Grand Rapids, MI: Eerdmans de 2004.

FEBVRE, Lucien. *Erasmo, la contrarreforma y el espirito moderno*. Barcelona: Ed. Martínez Roca, 1970.

FEBVRE, Lucien. *Martin Lutero*: un destino. México: FCE, 2004.

FERNGREN, Gary B. (ed.). *Science and religion*: a historical introduction. Baltimore: Johns Hopkins University Press, 2002.

FEUERBACH, Ludwig. *A essência do cristianismo*. Campinas: Papirus, 1997.

FILHO, José Bittencourt. *Matriz religiosa brasileira*: religiosidade e mudança social. Petrópolis: Vozes, 2003.

FORTE, Bruno. *Teologia em diálogo*. São Paulo: Loyola, 2002.

FORTES, Alexandre. "Razão e paixão na construção de uma historiografia engajada: uma homenagem a Eric J. Hobsbawm e E. P. Thompson". *Projeto História*, São Paulo, n. 48, dez. 2013. Disponível em: <http://revistas.pucsp.br/index.php/revph/article/viewFile/20696/15331>.

FOSDICK, Harry E. "Introduction: an Interpretation of the Life and Work of the Walter Rauschenbush". In: LANDIS, Benson Y. *A Rauschenbush reader*. New York: Harper & Brothers Publishers, 1957.

FREUD, Sigmund. *O futuro de uma ilusão*. Rio de Janeiro: Imago, 1997.

FREUD, Sigmund. *Totem e tabu*. Rio de Janeiro: Imago, 1999.

FROMM, Erich. *O medo à liberdade*. Rio de Janeiro: Zahar Editores, 1964.

GAGNEBIN, Laurent. *O protestantismo*. Lisboa: Instituto Piaget, 1998.

GALILEI, Galileu. *Ciência e fé*. São Paulo: Editora Unesp, 2009.

GEFFRÉ, Claude. *Como fazer teologia hoje*: hermenêutica teológica. São Paulo: Paulinas, 1989.

GEFFRÉ, Claude. *Crer e interpretar*: a virada hermenêutica da teologia. Petrópolis: Vozes, 2004.

GELLNER, Ernst. *Condições da liberdade*: a sociedade civil e seus rivais. Rio de Janeiro: Jorge Zahar, 1996.

GIBELLINI, Rosino. *A teologia do século XX*. São Paulo: Loyola, 2002.

GIDDENS, Anthony. *As consequências da modernidade*. São Paulo: Unesp, 1991.

GONZÁLEZ, Justo. *Historia del pensamiento Cristiano*. Miami-USA: Editorial Caribe, 1992. vol. III.

GRELL, Ole P.; SCRIBNER, Bob (ed.). *Tolerance and intolerance in the European reformation*. Cambridge: Cambridge University Press, 1994.

GROTIUS, Hugo. *A verdade da religião cristã*. São Paulo: Ed. Baraúna, 2011.

GROTIUS, Hugo. *Do direito da guerra e da paz*. Ijuí-RS: Unijuí, 2007. 2 volumes.

GRÜN, Mauro. *Ética e educação ambiental*: a conexão necessária. Campinas-SP: Papirus, 1996.

HAGUE, William. *William Wilberforce*: the life of the great anti-slave trade campaigner. London: Harper Press, 2008.

HAIGHT, Roger. *Dinâmica da teologia*. São Paulo: Paulinas, 2004.

HALÉVY, Elie. *History of the English people in the nineteenth century* – England in 1815. New York: Barnes & Noble, 1961. vol. 1.

HALÉVY, Elie. *History of the English people in the nineteenth century* – Victorian years. New York: Barnes & Noble, 1961. vol. 4.

HALÉVY, Elie. *The birth of Methodism in England*. Chicago/London: The University of Chicago Press, 1971.

HARNACK, Adolf. *O que é cristianismo?* São Paulo: Editora Reflexão, 2009.

HAWKINS, Michael J. (ed.). *Francis Bacon. Essays*. Essay 58: "Of Vicissitude of Things". London: J. M. Dent in Everyman's Library, 1994.

HEGEL, G. W. Friedrich. *Filosofia da história*. Brasília: UNB, 2008.

HEIDEGGER, Martin. *Ser e tempo*. Campinas: Editora Unicamp; Petrópolis: Vozes, 2012.

HEIMANN, Leopoldo. *Lutero, o teólogo*. Canoas: Ulbra, 2004.

HEITZENRATER, Richard P. *Wesley e o povo chamado metodista*. São Bernardo do Campo: Editeo, 2006.

HELMER, Christine (ed.). *Lutero*: um teólogo para tempos modernos. São Leopoldo: Sinodal, 2013.

HIGUET, Etienne (org.). *Teologia e modernidade*. São Paulo: Fonte Editorial, 2005.

HILL, Christopher. *A Bíblia inglesa e as revoluções do século XVII*. Rio de Janeiro: Civilização Brasileira, 2003.

HILL, Christopher. *A revolução inglesa de 1640*. Lisboa: Presença, 1977.

HILL, Christopher. *O mundo de ponta-cabeça*: as ideias radicais durante a revolução inglesa de 1640. São Paulo: Companhia da Letras, 1987.

HILL, Christopher. *O século das revoluções – 1603-1714*. São Paulo: Editora Unesp, 2012.

HILL, Christopher. "Virando o mundo de ponta-cabeça: o outro lado da revolução inglesa". *Revista Varia História*, Belo Horizonte, n. 14, set. 1995.

HILL, Michael. *Sociología de la religión*. Madrid: Ediciones Cristiandad, 1976.

HOBBES, Thomas. *Do cidadão*. São Paulo: Martins Fontes, 2002.

HOBBES, Thomas. *Leviatã ou matéria*: forma e poder de um Estado eclesiástico civil. São Paulo: Martin Claret, 2002.

HOBBES, Thomas. *Os elementos da lei natural e política*. São Paulo: Martins Fontes, 2010.

HOOFT, Willen A. Visser't. *The background of the social gospel in America*. Haarlem: Tjeenk Willink & Zoon, 1928.

HOOKER, R. *Of the laws of ecclesiastical polity*. Cambridge: Cambridge University Press, 1994.

HOOYKAAS, R. *A religião e o desenvolvimento da ciência moderna*. Brasília-DF: UNB, 1988.

HUNTER, Ian; SAUNDERS, David (org.). "Introdução" à obra de Samuel Pufendorf. *Os deveres do homem e do cidadão de acordo com as leis do Direito Natural*. Rio de Janeiro: Topbooks, 2007.

ILLANES, M. J.; SARANYANA, J. I. *Historia de la teología*. Madrid: BAC, 1995.

JENNINGS JR., Theodor. "Good News to the Poor: An agenda for Wesleyans". In: MEEKS, M. Douglas (ed.). *The portion of the poor in the Wesleyan tradition*. Nashville, TN: Abingdon Press, 1995.

JORDAN, W. K. *The development of religious toleration in England*: from the beginning of the English reformation to the death of Queen Elizabeth. Cambridge-MAS: Harvard University Press, 1932.

KAMEN, Henry. *The rise of toleration*. New York: McGraw-Hill Company, 1967.

KANT, Immanuel. *A paz perpétua*: um projeto filosófico. Covilhã (Portugal): Univ. da Beira Interior, 2008.

KANT, Immanuel. *Prolegómenos a toda a metafísica futura*. Lisboa: Edições 70, 1987.

KAPLAN, Benjamin. *Divided by Faith*: religious conflict and the practice of toleration in early modern Europe. Cambridge-Massachusetts: Harvard University Press, 2007.

KÖRTNER, Ulrich. H. J. "Dogmática como exegese consequente? Sobre a relevância da exegese para a teologia sistemática em conexão com Rudolf Bultmann". *Estudos Teológicos*, vol. 49, n. 1, 2009.

KÜNG, Hans; MOLTMANN, J. Fundamentalismo: um desafio ecumênico. *Concilium*/241. Petrópolis: Vozes, 1992.

LA BOÉTIE, Étienne. *Discurso sobre a servidão voluntária*. São Paulo: Revista dos Tribunais, 2009.

LATOURELLE, R. *Teologia da Revelação*. São Paulo: Paulinas, 1985.

LAU, Franz. *Lutero*. São Leopoldo: Sinodal, 1974.

LECLERC, Joseph. *Toleration and the reformation*. London: Longmans/Green and Co LTd, 1960.

LEIBNIZ, G. W. *Nuevos ensayos sobre el entendimiento humano*. Madrid: Editora Nacional, 1983.

LEITE, B. Cesar. "Extremos desígnios: a condição do escravo". *CAOS – Revista Eletrônica de Ciências Sociais*, n. 10, p. 45-53, mar. 2006. Disponível em: <http://www.cchla.ufpb.br/caos>.

LELIÈVRE, Mateo. *João Wesley*: sua vida e obra. São Paulo: Editora Vida, 1997.

LOCKE, John. *A paraphrase & notes on the epistles of St Paul*. Oxford: Clarendon Press, 1987.

LOCKE, John. *Cartas sobre a tolerância*. São Paulo: Ícone: 2004.

LOCKE, John. *Dois tratados sobre o governo*. São Paulo: Martins Fontes, 1998.

LOCKE, John. *Ensaios políticos*. São Paulo: Martins Fontes, 2007.

LOCKE. *Pensamientos sobre la educación*. Madrid: Akal, 1986.

LOSURDO, Domenico. *Nietzsche e a crítica da modernidade*. São Paulo: Ideias & Letras; Aparecida-SP: Santuário, 2016.

LÖWITH, Karl. *From Hegel to Nietzsche*: the revolution on nineteenth-century thought. New York: Anchor Books, 1967.

LÖWY, Michael. "E. P. Thompson (1924-1993): a religião dos trabalhadores". *História e Perspectivas*, Uberlândia (1): 295-311, jan./jun. 2014.

LÖWY, Michael. "Eric Hobsbawm, sociólogo do milenarismo campesino". *Estud. av.*, São Paulo, vol. 24, n. 69, 2010. Disponível em: <http://dx.doi.org/10.1590/S0103-40142010000200007>.

LÖWY, Michael. "Sobre o conceito de 'afinidade eletiva' em Max Weber". *Plural – Revista de Ciências Sociais da USP*, São Paulo, v. 17.2, 2011.

LUTERO, Martinho. *Obras selecionadas 2*: o programa da Reforma e escritos de 1520. São Leopoldo: Sinodal; Porto Alegre: Concórdia, 1989.

LUTERO, Martinho. *Obras selecionadas 4*: debates e controvérsias II. São Leopoldo: Sinodal; Porto Alegre: Concórdia, 1993.

MACCULLOCH, Diarmaid. *Reformation: Europe's house divided – 1490-1700*. London: Penguin Books, 2004.

MACCULLOCH, Diarmaid. *Thomas Cranmer*. New Haven & London: Yale University Press, 1996.

MACKAY, John A. *Heritage and destiny*. New York: Macmillan Company, 1943.

MAGALHÃES, Antonio C. *Uma Igreja com teologia*. São Paulo: Fonte Editorial, 2006.

MAIA, Felipe; RENDERS, Helmut. "Os 'Pensamentos sobre a Escravidão' (1774) de John Wesley: introdução e tradução para o português brasileiro". *Revista Caminhando*, v. 18, n. 1, p. 153-181, jan./jun. 2013. DOI: <http://dx.doi.org/10.15603/2176-3828/caminhando.v18n1p.168>.

MAQUIAVEL, Nicolau. *O príncipe*. São Paulo: Editora Moraes, 1999.

MARCIC, René. "Filosofía del Derecho". In: *Sacramentum Mundi: Enciclopedia Teológica 2*. Barcelona: Herder, 1982.

MARICONDA, Pablo R. "O *Diálogo* de Galileu e a Condenação". *Cad. Hist. Fil. Ci.*, Campinas, série 3, v. 10, n. 1, p. 77-160, jan.-jun. 2000. Disponível em: <http://www.cle.unicamp.br/cadernos/pdf/Pablo%20Mariconda.pdf>.

MARRAMAO, Giacomo. *Céu e terra*: genealogia da secularização. São Paulo: Editora Unesp, 1997.

MARRAMAO, Giacomo. *Poder e secularização*: as categorias do tempo. São Paulo: Editora UNESP, 1995.

MARTÍNEZ, José M. *Hermenêutica bíblica*. Barcelona: CLIE, 1984.

MARTY, Martin E. *Pilgrims in their own land*: 500 years of religion in America. New York: Penguin Books, 1985.

MARUYAMA, Natália. *A moral e a filosofia política de Hevétius*: uma discussão com J.-J. Rousseau. São Paulo: Associação Editorial Humanitas/Fapesp, 2005.

MARX, Karl. *Para a crítica da filosofia do direito de Hegel*. Covilhã-PO: Universidade da Beira Interior, 2008.

MATHISON, Keith. "Lutero, Calvino y Copérnico: un enfoque reformado a la ciencia y la Escritura". Blog: Evangelio segun Jesucristo. Disponível em:

<https://evangelio.wordpress.com/2012/06/22/lutero-calvino-y-coprnico-un-enfoque-reformado-a-la-ciencia-y-la-escritura/>.

MATTHEWS, Steven. *Theology and Science in the Thought of Francis Bacon.* Hampshire-England: Ashgate Publishing Ltd, 2013.

McGRATH, Alister. *A revolução protestante.* Brasília-DF: Palavra, 2012.

McGRATH, Alister E. *Teologia, sistemática, histórica e filosófica*: uma introdução à teologia cristã. São Paulo: Shedd Publicações, 2005.

MÉCHOULAN, Henry. *Dinheiro e liberdade*: Amsterdam no tempo de Spinoza. Rio de Janeiro: Jorge Zahar Ed., 1992.

MEEKS, M. Douglas (ed.). *The portion of the poor in the Wesleyan tradition.* Nashville, TN: Abingdon Press, 1995.

MENDIETA, Eduardo; VANANTWERPEN, Jonathan (ed.). *El poder de la religión en la esfera pública.* Madrid: Editorial Trotta, 2011

MERTON, Robert K. *Teoría y estrutura sociales.* México: FCE, 2002.

MEYER, Andre. *Etude critique sur les relations d'Erasme et de Luther.* Paris: F. Alcan, 1909.

MEYER, Harding. *Diversidade reconciliada*: o projeto ecumênico. São Leopoldo: Sinodal, 2003.

MILBANK, John. *Teologia e teoria social.* São Paulo: Loyola, 1995.

MILTON, John. *Areopagítica*: discurso pela liberdade de imprensa ao Parlamento da Inglaterra. Rio de Janeiro: Topbooks, 1999.

MILTON, John. *Escritos políticos.* São Paulo: Martins Fontes, 2005.

MIRANDOLA, Giovanni Pico De La. *Discurso sobre a dignidade do homem.* Lisboa: Edições 70, 1989.

MOLTMANN, Jürgen. *A vinda de Deus*: escatologia cristã. São Leopoldo: Unisinos, 2003.

MOLTMANN, Jürgen. *Experiências de reflexão teológica*: caminhos e formas da teologia cristã. São Leopoldo: Unisinos, 2004.

MOLTMANN, J. "Fundamentalismo e modernidade". In: KÜNG, H.; MOLTMANN, J. Fundamentalismo: um desafio ecumênico. *Concilium/* 241. Petrópolis: Vozes, 1992.

MOLTMANN, Jürgen. *O caminho de Jesus Cristo*: cristologia em dimensões messiânicas. Petrópolis: Vozes, 1993.

MOLTMANN, Jürgen. *O Deus crucificado*: a cruz de Cristo como base e crítica da teologia cristã. São Paulo: Academia Cristã, 2011.

MOLTMANN, Jürgen. *Teología de la esperanza*. Salamanca: Sígueme, 1989.

MOLTMANN, Jürgen. *Vida, esperança e justiça*: um testamento teológico para a América Latina. São Bernardo do Campo-SP: Editeo, 2008.

MONTES, A. Gonzalez. *Ante la unidad*: modelos, formas y etapas de la comunión eclesial luterano-católica. Salamanca: Universidad Pontificia de Salamanca, 1988.

MONTES, A. Gonzalez. *Enchiridion oecumenicum 1 e 2*. Salamanca: Universidad Pontificia de Salamanca, 1986 e 1993.

MORISON, Samuel Eliot. *The founding of Harvard College*. Cambridge-MA-USA: Harvard University Press 1935.

MULLER, George. *A autobiografia de George Muller*. Londrina-PR: Editora IDE, 2004.

MULLER, George. *Yours Affectionately George Muller*: Valuable Selections from the Writings of George Muller. Hannibal-MO-USA, 2009.

NADER, Paulo. *Filosofia do Direito*. Rio de Janeiro: Forense, 2010.

NARLOCH, Leandro. "Abolição da escravidão: a luz que veio da Inglaterra". *Aventuras na História*, 2007. Disponível em: <http://guiadoestudante.abril.com.br/aventuras-historia/abolicao-escravidao-luz-veio-inglaterra-435570.shtml>.

NEGRÃO, Lísias. Nem jardim encantado nem "Clube dos intelectuais desencantados". *Revista Brasileira de Ciências Sociais*, 20 (59), out. 2005.

NUOVO, Victor (ed.). *John Locke: writings on religion*. Oxford: Oxford University Press, 2002.

NIEBUHR, Richard H. *Cristo e cultura*. Rio de Janeiro: Paz e Terra, 1967.

NIEBUHR, Reinhold. *Moral man and immoral society*. New York: Charles Scribner's Sons, 1960.

NIEBUHR, Reinhold. *The Nature and destiny of man*. Louisville-KE-USA: Westminster John Knox Press, 1996 (1943).

NIETZSCHE, Friedrich. *Humano, demasiado humano*. São Paulo: Companhia das Letras, 2001.

OBERMAN, Heiko A. *Lutero: un hombre entre Dios y el diablo*. Madrid: Alianza Editorial, 1992.

OBERMAN, Heiko A. *The impact of the reformation*. Grand Rapids-Michigan: Eerdmans, 1995.

OCKHAM, Guiherme de. *Obras políticas*. Porto Alegre: EDIPUCRS/USF, 1999. vol. II.

OLSON, Richard G. *Science and religion, 1450-1900*: from Copernicus to Darwin. Wesport-Connecticut/London: Greenwood Press, 2004.

ORO, Ivo P. *O outro é o demônio*: uma análise sociológica do fundamentalismo. São Paulo: Paulus, 1996.

OVERBECK, Franz. *On the Christianity of theology*. San Jose-Califórnia: Pickwick Publications, 2002.

PALMER, Brian D. *E. P. Thompson*: objeciones y oposiciones. Valencia: PUV, 2004.

PANNENBERG, Wolfhart. *Fé e realidade*. São Paulo: Fonte Editorial, 2004.

PANNENBERG, Wolfhart. *Teologia sistemática*. São Paulo: Editora Academia Cristã, 2009. vol. 1.

PANNENBERG, Wolfhart (et al.). *Revelación como historia*. Salamanca: Ediciones Sígueme, 1977.

PERELMAN, Chaïm. *Ética e direito*. São Paulo: Martins Fontes, 2002.

PIERSON, Arthur T. *George Müller of Bristol*: a man of Faith and prayer. Harrington-DE-USA: Delmarva Publications, 2013.

PIERSON, Arthur T. *George Müller of Bristol*: his witness to a prayer-hearing God. Middletown-DE-USA, 2016

PIERUCCI, Antônio F. *O desencantamento do mundo*: todos os passos do conceito em Max Weber. São Paulo: Ed. 34, 2004.

PIERUCCI, Antônio F. "Secularização em Max Weber: da contemporânea serventia de voltarmos a acessar aquele velho sentido". *Revista Brasileira de Ciências Sociais*, 13 (37), jun. 1998.

PIKAZA, Xabier. *Dios y el tiempo*: el pensamiento de Oscar Cullmann. Barcelona: Editorial CLIE, 2014.

PIKAZA, Xabier. *Dios y la existencia*: el pensamiento de Rudolf K. Bultmann. Barcelona: Editorial CLIE, 2014.

POLANYI, Michael. *A lógica da liberdade*. Rio de Janeiro: Topbooks, 2003.
POLIN, Raymond. Introdução a John Locke. *Cartas sobre tolerância*. São Paulo: Ícone, 2004.
POPKIN, Richard. *História do ceticismo de Erasmo a Spinoza*. Rio de Janeiro: Francisco Alves, 2000.
PROUD, James (Ed.). *John Woolman and the affairs of truth*. The journalist's Essays, Epistles, and Ephemera. San Francisco-CA: Inner Light Books, 2010.
PUFENDORF, Samuel von. *Os deveres do homem e do cidadão de acordo com as leis do Direito Natural*. Rio de Janeiro: Topbooks, 2007.
QUEIRUGA, Andrés T. *Fim do cristianismo pré-moderno*. São Paulo: Paulus, 2000.
QUEIRUGA, Andrés T. "La teologia desde la modernidade". Conferência pronunciada no Simpósio Internacional *O Lugar da Teologia na Universidade do Século XXI* (Apostila). São Leopoldo: Unisinos, 2004.
RATZINGER, Joseph. "La interpretación Bíblica em Conflicto: problemas del fundamento y orientación en la exégesis contemporánea". Disponível em: <file:///C:/Users/Ronaldo/AppData/Local/Temp/Interpretacion%20biblica%20en%20conflicto-1.pdf>.
RAUSCHENBUSH, Walter. *A theology for the social gospel*. New York: The Macmillan Company, 1918.
RAUSCHENBUSH, Walter. *Christianity and the social crisis in the 21st century*. New York: Harper One, 2007.
RAUSCHENBUSH, Walter. *Christianizing the social order*. New York: The Macmillan Company, 1926.
RAUSCHENBUSH, Walter. *The righteousness of the kingdom*. Edition and Introduction: Max L. Stackhouse. Nashville/New York: Abingdon Press, 1968.
RAUSCHENBUSH, Walter. *The social principles of Jesus*. New York/London: Association Press, 1916.
RAWLS, John. *O liberalismo político*. Brasília: Inst. Teotônio Vilela; São Paulo: Ática, 2000.
REDDIE, Richard S. *Abolition!* The struggle to abolish slavery in the British colonies. Oxford: Lion Hudson, 2007.

REILY, Duncan A. "A influência do metodismo na reforma social da Inglaterra do século XVIII". *Folhetos*, Junta Geral de Ação Social da Igreja Metodista, 1953.

RENDERS, Helmut. *Andar como Cristo andou*: a salvação social em John Wesley. São Bernardo do Campo: Editeo, 2010.

RENDERS, Helmut. "As obras de misericórdia e piedade em John Wesley e no metodismo contemporâneo: base para uma teologia pública?". *Caminho*, Goiânia, v. 12, n. 2, p. 355-369, jul./dez. 2014.

RENDERS, Helmut. "As obras principais de Walter Rauschenbush na internet". *Mosaico, Apoio Pastoral*, Faculdade de Teologia da Igreja Metodista – Umesp, ano 16, n. 41, p. 16, jan./maio 2008.

RENDERS, Helmut. "Compromisso pastoral, clareza teológica e cidadania: a Declaração Teológica de Barmen como resultado de uma interação entre Igreja e academia teológica". *Revista Caminhando*, v. 14, n. 2, p. 109-128, São Bernardo: Umesp, jul./dez. 2009.

RENDERS, Helmut. "Vá em frente, em nome de Deus": seis cartas abolicionistas dos anos 1787 e 1791, escritas por John Wesley, traduzidas e interpretadas. *Revista Caminhando*, v. 18, n. 1, p. 183-198, jan./jun. 2013. Disponível em: <http://dx.doi.org/10.15603/2176-3828/caminhando.v18n1p183-198>.

RIBEIRO, Cláudio de Oliveira. *Pode a fé tornar-se idolatria?* Rio de Janeiro: Mauad/Instituto Mysterium, 2010.

RIBEIRO, Darcy. *O povo brasileiro*. São Paulo: Companhia das Letras, 1995.

ROBINSON, John A. T. *Honest to God*. Philadelphia: Westminster Press, 1963.

ROCHA, A. Penalves. *Abolicionistas brasileiros e ingleses*: a coligação entre Joaquim Nabuco e a British and Foreign Anti-Slavery Society (1880-1902). São Paulo/Santana do Parnaíba: Unesp/BBS, 2009.

ROCHA, Alessandro (org.). *Ecumenismo para o século XXI*: subsídios teológicos para a vocação ecumênica de todo cristão. São Paulo: Fonte Editorial, 2011.

ROLLET, Jacques. *Religião e política*. Lisboa: Instituto Piaget, 2002.

ROSSI, Paolo. *Francis Bacon*: da magia à ciência. Londrina/Curitiba: Eduel/Editora da UFPR, 2006.

ROTERDÃ, Erasmo de. *Sobre o livre-arbítrio*. Disponível em: <http://teologiaarminiana.blogspot.com/2009/01/erasmo-de-rotterdam-desidrio-1466-1536.html>.

ROUANET, Sérgio P. *A razão cativa*: as ilusões da consciência – de Platão a Freud. São Paulo: Brasiliense, 1987.

ROUSSEAU, Jean-Jacques. *Confissões*. Bauru-SP: Edipro, 2008.

ROUSSEAU, Jean-Jacques. *Emílio, ou Da educação*. São Paulo: Martins Fontes, 2004.

ROUSSEAU, Jean-Jacques. *O contrato social*. São Paulo: Martins Fontes, 1999.

ROUSSEAU, Jean-Jacques. *Os devaneios do caminhante solitário*. Porto Alegre: L&PM, 2011.

RUNYON, Theodore (ed.). *Sanctification & liberation*. Nashville: Abingdon Press, 1981.

RUSSELL, Bertrand. *Por que não sou cristão*. Porto Alegre: L&PM, 2008.

SANTANA, Julio de. *Ecumenismo e libertação*. Petrópolis: Vozes, 1987.

SCHILLING, Voltaire. "Cérebros: e canhões: intelectuais alemães ao lado do II Reich". Disponível em: <https://noticias.terra.com.br/educacao/historia/cerebros-canhoes-intelectuais-alemaes-ao-lado-do-ii-reich,30082b2f792ea310VgnCLD200000bbcceb0aRCRD.html>.

SCHLUCHTER, Wolfgang. *O desencantamento do mundo*: seis estudos sobre Max Weber. Rio de Janeiro: Editora UFRJ, 2014.

SCHLUCHTER, Wolfgang. *Paradoxos da modernidade*: cultura e conduta na teoria de Max Weber. São Paulo: Editora Unesp, 2011.

SCHMIDT-BIGGEMANN, W. "Samuel von Pufendorf: filosofia do Estado e do direito entre o barroco e o Iluminismo". In: KREIMENDAHL, L. (org.). *Filósofos do século XVII*. São Leopoldo: Unisinos, 2003.

SCHWEITZER, Albert. *O misticismo do apóstolo Paulo*. São Paulo: Novo Século, 2006.

SEMMEL, Bernard. *The Methodism revolution*. New York: Basic books Inc. Publishers, 1973.

SEVERANCE, Diane. "Evangelical revival in England" (*Church History Timeline*). Disponível em: <http://www.christianity.com/church/church-history/timeline/1701 1800/evangelical-revival-in-england-11630228.html>.

SHERWIN, Oscar. *John Wesley, friend of people*. New York: Twayne Publisher, 1961.

SINNER, Rudolf von. "Religião e paz: teses a partir de uma visão cristã em perspectiva evangélico-luterana". *Revista Horizonte*, Belo Horizonte, v. 4, n. 8, p. 17-30, jun. 2006.

SKINNER, Quentin. *As fundações do pensamento político moderno*. São Paulo: Companhia das Letras, 1996.

SKINNER, Quentin. *Liberdade antes do liberalismo*. São Paulo: Unesp, 1999.

SMUCKER, Donovan E. *The origins of social ethic of Walter Rauschenbusch*. Montreal: University Press McGill-Queen, 1994.

SOUZA, Etiane B. de C. "Sensibilidades religiosas em Christopher Hill e Edward Thompson". *Revista da UniCuritiba*. Apresentado na ANPUH de 2002. Disponível em: <http://revista.unicuritiba.edu.br/index.php/RIMA/article/viewFile/224/197>.

SOUZA, Maruílson M. de. *Teologia salvacionista em ação*: análise do caso da torre. São Paulo: 1999.

SPINOZA, Benedictus de. *Ética*. Belo Horizonte: Autêntica Editora, 2008.

STACKHOUSE, Max L. "Sociedade civil, teologia pública e a configuração ética da organização política em uma era global". In: *Conferência proferida no Simpósio Internacional sobre Teologia Pública*. São Leopoldo: Santuário/EST, jul. 2008.

STARK, Rodney. *For the glory of God*. Princeton-NJ: Princeton University Press, 2004.

STROHL, Henri. *O pensamento da Reforma*. São Paulo: Aste, 2004.

TAMBIAH, Stanley J. *Magic, Science, religion, and the scope of rationality*. Cambridge: Cambridge University Press, 1990.

TARNAS, Richard. *A epopeia do pensamento ocidental*: para compreender as ideias que moldaram nossa visão de mundo. Rio de Janeiro: Bertrand do Brasil, 2008.

TATO, Isidro G. Verbete: "Barth, Karl". In: PIKAZA, Xavier; SILANES, Nereo (dir.). *Dicionário Teológico: o Deus cristão*. São Paulo: Paulus, 1998.

TAWNEY, Richard. *A religião e o surgimento do capitalismo*. São Paulo: Perspectiva, 1971.

TAYLOR, Charles. *As fontes do* self: a construção da identidade moderna. São Paulo: Loyola, 2013.

THOMAS, Keith. *Religião e o declínio da magia*. São Paulo: Companhia das Letras, 1991.

THOMAS, Keith. *Religion and the decline of magic*. Middlesex-England: Penguin Books, 1973.

THOMPSON, E. P. *A economia moral da multidão na Inglaterra do século XVIII*. Lisboa: Editores Refractários, 2008.

THOMPSON, E. P. *A formação da classe operária inglesa*. Rio de Janeiro: Paz e Terra, 1987. vol. I – A árvore da liberdade.

THOMPSON, E. P. *A formação da classe operária inglesa*. Rio de Janeiro: Paz e Terra, 1987. vol. III – A força dos trabalhadores.

TILLICH, Paul. *A era protestante*. São Bernardo do Campo-SP: Ciências da Religião, 1992.

TILLICH, Paul. *Dinâmica da fé*. São Leopoldo: Editora Sinodal/EST, 1996.

TILLICH, Paul. *Perspectivas da teologia protestante nos séculos XIX e XX*. São Paulo: ASTE, 2004.

TILLICH, Paul. *Teologia da cultura*. São Paulo: Fonte Editorial, 2009.

TILLICH, Paul. *Teologia sistemática*. São Paulo: Paulinas; São Leopoldo: Sinodal/EST, 1987.

TOURAINE, Alan. *Crítica à modernidade*. Petrópolis: Vozes, 2002.

TREVOR-ROPER, Hugh. *A crise do século XVII*: religião, a reforma e mudança social. São Paulo: Topbooks, 2007.

TROELTSCH, Ernst. *El protestantismo y el mundo moderno*. México: Fondo de Cultura Económica, 2005.

TROELTSCH, Ernst. *The social teachings of the Christian churches*. New York: Macmillan, 1931. vol. 1.

TUCK, Richard. "Scepticism and toleration in the seventeenth century". In: MENDUS, Susan (ed.). *Justifying toleration*: conceptual and historical perspectives. Cambridge: Cambridge Press, 1988.

VATTIMO, Gianni. *O fim da modernidade*: niilismo e hermenêutica na cultura pós-moderna. São Paulo: Martins Fontes, 1996.

VISCHER, Lukas. *Pia Conspiratio: Calvin's Commitment to the Unity of Christ's Church, Theology and Worship Occasional Paper*, n. 20. Louisville: Presbyterian Church (USA), 2007.

WALZER, Michael. *Da tolerância*. São Paulo: Martins Fontes, 1999.

WALZER, Michael. *Las esferas de la justicia*: una defensa del pluralismo y la igualdad. México: FCE, 1997.

WALZER, Michael. *La revolución de los santos*: estudio sobre los Orígenes de la política radical. Buenos Aires: Katz Editores, 2008.

WALZER, Michael. *The revolution of de saints*: a study in the origins of radical politics. Cambridge-MA: Harvard University Press, 1965.

WEBER, Max. *A ética protestante e o espírito do capitalismo*. São Paulo: Pioneira, 2000.

WEBER, Max. *Economia e sociedade*. Brasília: Editora UNB, 1999. vol. 2.

WEBER, Max. *Ensaios de sociologia*. Rio de Janeiro: LTC, 1982.

WHITEHEAD, Alfred N. *A ciência e o mundo moderno*. São Paulo: Paulus, 2006.

WILBERFORCE, William. *Real Christianity*. Portland: Multnomah Press, 1982.

WILBERFORCE, William. *Cristianismo verdadeiro*: discernindo a fé verdadeira da falsa. Brasília-DF: Palavra, 2006.

WILSON, B. R. "La religión en la sociedad secular". In: ROBERTSON, Roland (comp.). *Sociología de la religión*. México: FCE, 1980.

WOOLMAN, John. *Some considerations on the keeping of Negroes*. Recommended to the professor of Christianity of every denomination. Philadelphia: Church Alley, 1754.

WOORTMANN, Klaas. *Religião e ciência no Renascimento*. Brasília-DF: UNB, 1997.

Impresso na gráfica da
Pia Sociedade Filhas de São Paulo
Via Raposo Tavares, km 19,145
05577-300 - São Paulo, SP - Brasil - 2017